Susanne Thiel

KulturSchock Islam

*So alt ich bin, zieh ich doch nach Medina,
Um glücklich, liebend dort mein Lied zu singen:
Ein Vogel, der zum Abend in der Steppe
Des Nests gedenkend breitet seine Schwingen.*

*Iqbal
(muslimischer Dichter und Philosoph)*

Impressum

Susanne Thiel
KulturSchock Islam

erschienen im
Reise Know-How Verlag Peter Rump GmbH
Osnabrücker Str. 79
33649 Bielefeld

© Reise Know-How Verlag Peter Rump GmbH
1. Auflage 2018

Alle Rechte vorbehalten.

Gestaltung
Umschlag: G. Pawlak
Inhalt: amundo media GmbH
Fotos: siehe Fotonachweis Seite 8

Lektorat: amundo media GmbH

Druck und Bindung:
D3 Druckhaus GmbH, Hainburg

ISBN 978-3-8317-2968-5
Printed in Germany

Dieses Buch ist erhältlich in jeder Buchhandlung
Deutschlands, der Schweiz, Österreichs, Belgiens
und der Niederlande.
Bitte informieren Sie Ihren Buchhändler
über folgende Bezugsadressen:
Deutschland
   Prolit GmbH, Postfach 9, D-35461 Fernwald (Annerod)
   sowie alle Barsortimente
Schweiz
   AVA Verlagsauslieferung AG
   Postfach 27, CH-8910 Affoltern
Österreich
   Mohr Morawa Buchvertrieb GmbH
   Sulzengasse 2, A-1230 Wien
Niederlande, Belgien
   Willems Adventure, www.willemsadventure.nl

Wer im Buchhandel trotzdem kein Glück hat,
bekommt unsere Bücher auch über unseren
Büchershop im Internet: www.reise-know-how.de

Wir freuen uns über Kritik, Kommentare
und Verbesserungsvorschläge, gern auch
per E-Mail an info@reise-know-how.de.

Alle Informationen in diesem Buch sind von
der Autorin mit größter Sorgfalt gesammelt
und vom Lektorat des Verlages gewissenhaft
bearbeitet und überprüft worden.

Da inhaltliche und sachliche Fehler nicht
ausgeschlossen werden können, erklärt der
Verlag, dass alle Angaben im Sinne der
Produkthaftung ohne Garantie erfolgen
und dass Verlag wie Autorin keinerlei
Verantwortung und Haftung für inhaltliche
und sachliche Fehler übernehmen.

Die Nennung von Firmen und ihren
Produkten und ihre Reihenfolge sind als
Beispiel ohne Wertung gegenüber anderen
anzusehen. Qualitäts- und Quantitätsanga-
ben sind rein subjektive Einschätzungen
der Autorin und dienen keinesfalls der
Bewerbung von Firmen oder Produkten.

Auf der Reise zu Hause
www.reise-know-how.de

- Ergänzungen nach Redaktionsschluss
- kostenlose Zusatzinformationen und Downloads
- das komplette Verlagsprogramm
- aktuelle Erscheinungstermine
- Newsletter und Social Media

Vorwort

Die verschiedenen islamischen Länder und Gesellschaften zeichnen sich durch einen hohen Grad an Diversität aus: Uns begegnen die unterschiedlichsten Kulturen, verschiedene Formen des „gelebten Islam", den wir in Deutschland auch als Alltagsislam bezeichnen, große Differenzen zwischen städtischen und ländlichen Gebieten innerhalb einzelner Länder, unterschiedliche soziale und Bildungsschichten und eine Vielzahl an ethnischen Gruppen. Auch Geschlechterunterschiede und das Verhältnis verschiedener Generationen zueinander tragen zu dieser Vielfalt bei. Der „gemeinsame islamische Nenner" sind die Grundlagen, die den orthodoxen Islam prägen; aber auch hier können wir 1000 Facetten beobachten, die sich zum Teil aus Einflüssen vorislamischer Glaubensvorstellungen und kultureller Erscheinungsformen ergeben. Politische Entwicklungen in den einzelnen Ländern nehmen zusätzlich Einfluss auf das jeweilige Erscheinungsbild des Islam, so wie auch globale politische und religiöse Strömungen. Historisch betrachtet, zeichnen sich Blütezeiten des Islam in den Jahren nach seiner Entstehung ab, seine Vorreiterrolle in Wissenschaft und Literatur während des europäischen Mittelalters, aber auch moderne, säkulare Tendenzen in den 1920er-Jahren, die von Vordenkern wie Atatürk und Jinnah zur Staatsformung und -bildung genutzt

wurden. Zu den bedeutenden Ereignissen im islamischen Kulturkreis gehören auch die Entstehung der Muslimbruderschaft als Reaktion auf koloniales Gebaren der westlichen Großmächte, die Iranische Revolution, die Anfänge der islamistischen Widerstandsbewegung in Afghanistan und schließlich die Formierung von Al Qaida, Taliban und IS, die auch heute noch großen Einfluss auf das globale Geschehen nehmen. Zu einem nicht unerheblichen Teil beeinflussen gerade die extremistischen und islamistischen Bewegungen das Bild „des Islam" und das Miteinander der unterschiedlichen Religionen.

Alltagsszene auf dem Naqsch-e Dschahan in Isfahan (Iran)

Es existieren viele Fragen zum Reisen, Leben und Arbeiten in islamisch geprägten Ländern, aber auch zum Zusammenleben und zur Arbeit mit Angehörigen der verschiedenen islamischen Gesellschaften hier in Deutschland. Einige Fragen betreffen Entstehung und Grundpfeiler der Religion, Erscheinungsformen des Alltagsislam oder Auswirkungen des politischen Islam, in den meisten Fällen geht es aber um das Verständnis von Phänomenen aus den verschiedenen kulturellen und gesellschaftlichen Bereichen islamischer Länder. Sie betreffen das Familienleben, die Trennung der Geschlechter und die Verschleierung der Frau, Werte und Erziehungsideale wie Ehre und Gastfreundschaft, Ehrenmorde und Tabus, aber auch aktuelle Entwicklungen im Kontext der Jugendkultur, Smartphone- und Internetgeneration, Migration, Suche nach Freiheit und Selbstverwirklichung „im Westen" sowie die Faszination (besonders für junge Männer) eines gewaltbereiten Islam, der durch islamistische Gruppierungen Terror verbreitet.

Der KulturSchock Islam stellt Hintergründe und Grundlagen dar, beantwortet aktuelle Fragen besonders zu Kultur und Gesellschaften islamisch geprägter Länder, bietet Beispiele und Erfahrungen aus unterschiedlichen Kulturkreisen und Situationen und verlangt den Lesern zusätzlich einen Perspektivwechsel ab. Einerseits wird der Blick nach draußen gerichtet, in islamisch geprägte Gesellschaften, die wir auf Reisen und beim Leben und Arbeiten in den entsprechenden Ländern erfahren und in denen sich Menschen aus unserem Kulturkreis erfolgreich bewegen wollen. Andererseits richten wir den Blick auf Menschen aus diesen Kulturkreisen in Deutschland, die wir verstehen und denen wir die Integration in unsere Gesellschaft und Kultur ermöglichen wollen. Das Buch soll aber auch gleichzeitig dazu ermuntern, den Blick auf sich selbst und den eigenen kulturellen Kontext zu richten und die persönlichen Werte und Normen zu reflektieren. Der Blick auf uns selbst findet auch durch die Augen der Ankommenden statt, die auf eine ihnen unbekannte Gesellschaft und die entsprechenden kulturellen Phänomene stoßen. Auch ihren Fragen und Irritationen soll in diesem Buch Raum gegeben werden. Ich hoffe sehr, dass es mir gelungen ist, diese Themen auf möglichst unterhaltsame Weise vorzustellen, und wünsche Ihnen viel Spaß beim Lesen des Buches.

Inhalt

Vorwort 4

■ Verhaltenstipps von A bis Z   11

■ Der Islam – ein kurzer Abriss   39

Die Entstehung des Islam	40
Das Erbe des Propheten	42
Die fünf Säulen des Islam	46
Sunniten und Schiiten – die Spaltung des Islam	48
Die religiöse Geistlichkeit	52
Die mystische Seite des Islam	55
Elemente des Volksislam	60
Die wichtigsten Feste und Feiertage	66
Fragen und Antworten	70

■ Gesellschaftliche und kulturelle Phänomene   83

Die Familie	84
Von der Wiege bis zur Bahre – der Lebenszyklus	96
Miteinander kommunizieren	104
Geschlechterdynamik in islamischen Gesellschaften	107
Fragen und Antworten	121

■ Muslime in Deutschland   135

Muslime als Teil der deutschen Gesellschaft	136
Wie sind Muslime in Deutschland organisiert?	138
Islamische und westliche Werte sind nicht unvereinbar	147
„Wir" und „die Anderen" – Identitätsbildung von deutschen Muslimen und Muslimen in Deutschland	149
Brauchen wir „Heimat" – und was ist das überhaupt?	155
Fragen und Antworten	160
Muslimische Jugendkultur	171
Fragen und Antworten	191

■ Kulturschock Deutschland — 199

Flucht und Migration	200
Ernüchterung nach der Ankunft	201
Die interkulturelle Begegnung	202
Gespräche in der Begegnungsstätte	205

■ Anhang — 233

Glossar	234
Literaturangaben	248
Empfohlene Einführungen zum Thema Islam	251
Internetseiten	251
Register	256
Karte: Verbeitung des Islam	262
Die Autorin	264

Extrainfos im Buch

ergänzen den Text um anschauliche Zusatzmaterialien, die von der Autorin aus der Fülle der Internet-Quellen ausgewählt wurden. Sie können bequem über unsere spezielle Internetseite **www.reise-know-how.de/kulturschock/islam18** durch Eingabe der jeweiligen Extrainfo-Nummer (z. B. „#1") aufgerufen werden.

Fotonachweis

Soweit der Fotograf nicht direkt am Bild vermerkt ist, stehen die Kürzel an den Abbildungen für folgende Personen, Firmen und Einrichtungen. Wir bedanken uns für ihre freundliche Abdruckgenehmigung.

fo	*fotolia.com by Adobe*
st	*Susanne Thiel*
ha	*Hirbod Aminlari*
cd	*Carine Debrabandere*
mb	*Markus Bingel*
uk	*Ulrich Kögerler*

Umschlagbilder: Susanne Thiel

Exkurse zwischendurch

Der Koran.. 41
Islam versus Demokratie? 44
Religionsgemeinschaften mit islamischen Elementen............................... 50
„Zurück zu den Wurzeln" versus „größte Shoppingmall"......................... 54
Intellektuelle Schwäche der Orthodoxie?... 59
Die besondere Bedeutung von Farben, Symbolen und Zahlen.............. 62
Religiöse Symbole 65
Die Sache mit der Ehre – ein Erklärungsversuch...................................... 90
Islamische Sexualtheorien und Blickverhalten 108
Länderbeispiele für den Einsatz von Schlichtern in Scheidungsfällen 114
Alltagsprobleme im Zusammenleben 138
Ein Leben im Widerstand 142
Das Recht auf das eigene Gotteshaus 144
Sind die liberalen Werte Europas bedroht? 144
Die Religion ist nur eine Facette meiner Identität 148
Polygamie in Deutschland 150
Kinderehen in Deutschland 154
Vermittlung von Wertvorstellungen durch
    Medien der islamischen Herkunftsländer.. 156
Nafiza, die mit ihren Söhnen seit zwei Jahren in Deutschland lebt,
    erklärt, was „Heimat"für sie bedeutet... 159
Islam als Identität 173
Steck mich nicht wegen meines Kopftuchs in eine Schublade!.............174
Ich bin Muslimin, aber keine unterdrückte Frau! 177
Leben in zwei verschiedenen Welten.. 182
Woran ich mich als junger deutscher Muslim orientiere 186
Natürlich will ich hier bleiben, aber auch mein Anderssein leben!........ 188
Psychologische Erklärungsversuche 188
Selbstverständliches hinterfragen –
    Wer sind „Wir", wer „die Anderen"?..204
Die besondere Beziehung der Deutschen
    zu Regeln und Vorschriften..208
Die Entwicklung des Individualismus und
    das Verhältnis des Einzelnen zum Staat... 212
Historische Hintergründe von Sachlichkeit und Direktheit 218
Woher stammt die deutsche Rationalität und Sachlichkeit?................223
Freie Partnerwahl in der westlichen Welt 226
Gesellschaftliche Umbrüche in den
    1960er-Jahren in Deutschland 230

Verhaltenstipps von A bis Z

◁ Bittgebet an einem Schrein in Afghanistan (005ki-st)

- **Aberglaube:** Der Hang zur Spiritualität, der manchmal etwas abschätzig als „Aberglaube" bezeichnet wird, ist in allen islamisch geprägten Ländern zu finden. Dies steht für viele Menschen nicht im Widerspruch zu den Regeln des Islam, auch wenn der Glaube an unsichtbare und oftmals unheilbringende Übermächte von vorislamischen Vorstellungen abstammt. Dämonen, Geistern und dem Bösen Blick wird mit einer Vielzahl von Abwehrpraktiken begegnet. Dazu gehören als Schutzformeln genutzte Koransprüche, Amulette, Spiegel, die „Hand der Fatima" oder die Darstellung des Auges, die als Schmuckelemente getragen werden, Kräuter, Weihrauch, Salz und türkisblaue Gegenstände. In Marokko werden hennagefärbte Hände auf Häuserwände gedrückt, um das Haus dadurch zu schützen und Böses zu vertreiben. Auch der Zuspruch „heiliger" Männer (und vereinzelt Frauen), die beispielsweise als Pir, Sheikh, Derwisch oder Marabout bezeichnet werden, und Besuche von Heiligenschreinen werden gern genutzt, um Segen zu erbitten und böse Kräfte abzuwehren. Auch wenn Reisenden manche Vorstellungen oder Praktiken befremdlich erscheinen mögen (so ganz frei von Aberglauben sind die Menschen in unseren Kulturkreisen ja auch nicht), ist ein verständnis- und respektvoller Umgang mit den unterschiedlichen Erscheinungsformen zu empfehlen. Außerdem bereichern sie das kulturelle Leben und sind spannend zu erkunden.
- **Alkohol:** Nach allgemeiner Rechtsauffassung ist Muslimen der Konsum von Alkohol verboten. Der Koran ermahnt die Gläubigen, nicht betrunken zum Gebet zu erscheinen, in einigen Versen wird Alkohol als Sünde und Satanswerk bezeichnet. Alkoholverkauf und -verzehr wird in den islamisch geprägten Ländern unterschiedlich gehandhabt. Die Bandbreite erstreckt sich von einem sehr toleranten Umgang mit dem Rauschmittel, bei dem die Verantwortung dem einzelnen Gläubigen übertragen wird, bis zu einem totalen Verkaufs- und Konsumverbot, welches auch Nichtmuslime einschließt. In Zentralasien, Indonesien, der Türkei und einigen islamischen Ländern Afrikas ist der Alkoholkonsum sowohl für Einheimische als auch für Reisende unproblematisch. In Kasachstan, Usbekistan oder Kirgistan gehört der Wodka sogar in jede gesellschaftliche Runde. In den Ländern Südasiens, z. B. dem Iran, Afghanistan oder Pakistan und den meisten arabischen Ländern ist der Alkoholgenuss für Einheimische und teilweise für Ausländer verboten und auch legal in der Öffentlichkeit nicht erhältlich. Hier sollten sich Reisende außerhalb der Hotelmauern an das Konsumverbot halten und bei der Einreise keinen Alkohol einführen. Aber auch in Ländern mit strengen Regelungen wird häufig hinter verschlossenen Türen Al-

kohol konsumiert und zum Teil selbst gebraut oder gebrannt. Gerade in einem Land mit sehr strengen islamischen Regeln wie Pakistan gibt es ausgesprochen gut bestückte Hausbars – allerdings beschränkt sich dieser Luxus auf wohlhabende Kreise. Ganz allgemein ist Reisenden ein sensibler und an die lokalen Gegebenheiten angepasster Umgang mit Alkohol zu empfehlen. Besonders im Monat Ramadan sollten tagsüber und in der Öffentlichkeit keine alkoholischen Getränke konsumiert werden. Kontrollverlust durch Alkoholgenuss ist auch in den diesbezüglich liberaleren Ländern verpönt, sodass fast nie Betrunkene im Straßenbild in Erscheinung treten.

- **Ansehen, Gesicht wahren:** Ansehen und Ehre spielen eine große Rolle in zwischenmenschlichen Beziehungen und nehmen Einfluss auf die Stellung eines Individuums in seiner Umgebung und der Gesellschaft. Viel Mühe wird darauf verwendet, „das Gesicht zu wahren"; Beleidigungen oder Ehrverletzungen können schnell zu heftigen Reaktionen führen, um die Ehre (s. S. 110) wiederherzustellen. Die Ehre der Frau ist oftmals mit Reinheits- und Moralvorstellungen verbunden. Reisende sollten im Umgang mit Angehörigen der Gastländer diese Empfindlichkeiten berücksichtigen und z. B. in Gesprächen oder bei verbalen Auseinandersetzungen die Ehre eines Mannes nicht anzweifeln oder ihn als „ehrlos" bezeichnen. Haus und Familie gehören zu den Bereichen, die ein Ehrenmann schützen muss – verhalten Sie sich entsprechend respektvoll. Insbesondere Mädchen und Frauen gegenüber ist ein freundlich-distanziertes Verhalten anzuraten. Männer fühlen sich bei Vertraulichkeiten gegen-

▷ Ein kühles Bier – garantiert alkoholfrei

über weiblichen Familienangehörigen schnell provoziert, gleichzeitig kann die Ehre der Frau durch zu vertrautes oder anzügliches Verhalten verletzt werden, woraus sich gesellschaftliche Konsequenzen ergeben können (s. S. 116).
- **Armut und Bettelei:** Die Mildtätigkeit und das Verteilen von Almosen gehören zu den wichtigsten religiösen Regeln und sind eine der fünf Säulen des Islam. *Zakat,* die Pflichtspende, soll jährlich entrichtet werden, in den meisten Ländern existieren aber keine organisatorischen Zwänge. Neben diesen Pflichtspenden gelten auch freiwillige Abgaben als ehrenhaft und sind ein Gebot der Frömmigkeit. Auch wenn Bettler manchmal sehr offensiv vorgehen und lästig erscheinen können und auch organisierte Gruppen als Bettlerkolonnen auftreten, sollten sie mit Respekt behandelt werden. Eine kleine mildtätige Gabe für Alte und Gebrechliche oder Bettler vor Schreinen und Moscheen wird das Reisebudget nicht zu sehr belasten.
- **Baden/Nacktbaden:** Aufgrund von islamischen Verhaltensvorschriften und Bekleidungsregeln ist Nacktbaden auch für Touristen und Touristinnen tabu. Baden in entsprechender Badekleidung (die nicht zu knapp ausfallen sollte) ist in der Regel unproblematisch. In einigen Ländern und besonders in konservativen Bevölkerungsgruppen müssen muslimische Frauen besondere Bekleidungsregeln beim Baden beachten, zu denen z. B. ein Ganzkörperbadeanzug (manchmal auch als „Burkini" bezeichnet) gehört. Teilweise ist das Badevergnügen für Frauen auch wegen einer hohen Geschlechterdistanz in der Gesellschaft ganz und gar unüblich oder sie nutzen sogenannte „Frauentage" in Schwimmbädern. An bestimmten Stellen der iranischen Küste ist z. B. der Strand in mehrere Abschnitte aufgeteilt. Es gilt strenge Geschlechtertrennung, aber in abgeschirmten Strandabschnitten, die nur für Frauen zugänglich sind, ist sogar das Baden „oben ohne" möglich. Außerhalb von abgeschirmten und kontrollierten Bereichen sollten Besucherinnen von solch freizügigem Verhalten absehen.
- **Begrüßung:** In den meisten islamisch geprägten Gesellschaften ist eine ausführliche und herzliche Begrüßung üblich. Die Frage nach dem Wohlbefinden des Gegenübers und seiner Familie steht dabei im Vordergrund. Teilweise haben sich lange Abfragerituale entwickelt, die einige Minuten in Anspruch nehmen. Begleitet werden Begrüßungen von Händeschütteln, Umarmungen, Wangenküssen und anderen körperlichen Ausdrucksformen, die sich in den einzelnen Ländern deutlich voneinander unterscheiden können. Aufgrund von vorherrschenden Moralvorstellungen und einer teilweise stark ausgeprägten Geschlechterdistanz in manchen islamischen Ländern finden körperliche Berüh-

Extrainfo 1 (s. S. 8): Islam erklärt: Eine Religion in (fast) fünf Minuten. Kurz und unterhaltsam von MrWissen2go.

rungen zwischen Männern und Frauen während der Begrüßung nicht statt. Sollten sich Besucher und Besucherinnen in diesem Kontext unsicher fühlen, tun eine verbale Begrüßung, ein freundliches Lächeln, die angedeutete Verbeugung durch Neigen des Kopfes oder die rechte Hand auf dem Herz auch ihren Dienst. Gegenüber höhergestellten Personen, z. B. geistigen Würdenträgern, sollten sich Besucher respektvoll und distanziert-freundlich verhalten. Bei der Begrüßung ist eine abwartende Haltung zu empfehlen, denn nicht immer ist es in diesem Personenkreis üblich, anderen die Hand zu reichen. Die Übernahme lokal üblicher Verhaltensweisen (der Handkuss, die tiefe Verbeugung, das Berühren der Füße der Autoritätsperson usw.) sind in der Regel nicht notwendig und würden, von Ausländern ausgeführt, auch befremdlich wirken.

- **Bekleidung:** Kleidung dient nicht nur dem Schutz vor Witterungseinflüssen, sondern nach Vorschriften des Koran auch dem Bedecken der Blöße und ist somit ein Ausdruck der Frömmigkeit. Diese Regeln gelten für beide Geschlechter, aber für Frauen ist die Kleidungsfrage in den meisten Fällen komplexer (siehe auch „Verschleierung", S. 36). In vielen islamisch geprägten Ländern gehören ärmellose T-Shirts oder kurze Hosen nicht zur typischen Herrengarderobe. Bei Frauen sind kurze Röcke, tiefe Dekolletés und sehr eng anliegende Kleidung unüblich. In vielen der hier behandelten Gesellschaften drückt gepflegte Kleidung Respekt vor dem Gegenüber aus. Generelle Hinweise sind aufgrund der unterschiedlichen Gepflogenheiten in den verschiedenen Ländern schwierig zu formulieren; Besucher und Besucherinnen sollten sich vorab über vorhandene Bekleidungsvorschriften informieren (s. S. 117).
- **Beten:** Das Pflichtgebet stellt eine der Fünf Säulen des Islam dar. Für viele Gläubige strukturiert das fünfmalige Gebet (der Sunniten) den Tagesablauf. Schiiten beten dreimal am Tag; sie verweisen aber darauf, dass auch sie fünf Gebete verrichten, nur würden das Mittags- und Nachmittagsgebet und das Abend- und Nachtgebet zusammengezogen und ergäben dann insgesamt drei Gebetsdurchgänge. Das Gebet kann nach einer kleinen Waschung an jedem beliebigen Ort durchgeführt werden, ein sauberes Tuch zum Niederknien reicht aus. Das mittägliche Freitagsgebet sollte allerdings – wenn möglich – in einer Moschee gemeinsam mit anderen Gläubigen vollzogen werden. Es gibt aber auch eine große Zahl von Muslimen, die nicht täglich oder regelmäßig betet, nur am Freitag eine Moschee besucht oder auch dies unterlässt. Eine Moschee sollte während der Gebetszeiten nicht besichtigt werden. Respektieren Sie den Gebetsvorgang und steigen Sie

nicht über Betende hinweg oder gehen direkt vor ihnen her. Sowohl auf Reisen als auch im beruflichen Kontext ist tolerantes Verhalten in Bezug auf Gebetsbedürfnisse angebracht, z. B. wenn eine Überlandfahrt für ein kurzes Gebet unterbrochen oder für eine Tagung eine lange Mittagspause eingeplant wird, damit die Anwesenden das Mittagsgebet in Ruhe verrichten oder eine Moschee aufsuchen können.

- **Beziehungspflege:** Die Gesellschaften islamisch geprägter Länder basieren auf einem weit verzweigten Beziehungsnetz, das Verwandtschaft, Freunde und berufliche Personengruppen umfasst. Diese Netzwerke beruhen auf Gegenseitigkeit, Solidarität und Gefälligkeiten und werden durch häufigen Austausch, Besuche und Smalltalk gefestigt. Ohne diese Beziehungsnetze sind ganz alltägliche Angelegenheiten, Behördengänge, Geschäfte oder beruflicher Aufstieg oftmals nicht zu meistern. Die Pflege der Beziehungen braucht Zeit: Man trifft sich in Tee- oder Kaffeerunden, tauscht sich aus, diskutiert und trifft Entscheidungen. Wenn Besucher Sinn, Zweck und Notwendigkeit dieser für sie manchmal zeitaufwendig erscheinenden Zusammenkünfte und Rituale erkennen, werden sie diese nicht vorschnell als ineffektiv oder Zeitverschwendung verurteilen (s. S. 104).

Gemeinsame Koranstunde

- **Frauen unterwegs in islamischen Ländern:** Nicht verschleierte Frauen, die sich frei auf den Straßen, in Ämtern und Geschäften bewegen oder sogar selbst Auto fahren, können in einigen islamischen Ländern immer noch die Ausnahme sein und erregen dementsprechend viel Aufsehen. Besonders interessant für die (männliche) Bevölkerung sind Ausländerinnen. Auch in ländlichen Gebieten, wo die Menschen wenig Kontakt zu Fremden haben, erhalten reisende Frauen viel Aufmerksamkeit. Die ständige Beobachtung und das „Anstarren" werden von den meisten Frauen als Belästigung und äußerst störend empfunden. Treten Sie bestimmt und selbstbewusst auf und lassen Sie sich von den starrenden Blicken nicht aus der Ruhe bringen. Vermeiden Sie provozierende Reaktionen. Laufen Sie nicht allein durch unübersichtliche Basare oder Ihnen unbekannte Stadtteile/Gegenden. Sollten Sie belästigt werden, wenden Sie sich an Passanten, ältere Männer oder Ladenbesitzer, welche die meist jugendlichen Störenfriede zur Ordnung rufen können. Das kleine arabische Wort *aib* (Schande) kann im arabischen Raum Wunder wirken. Laut ausgerufen, kann es „Belästigern" zur Besinnung verhelfen und die Aufmerksamkeit der Umstehenden wecken. Stellen Sie sich darauf ein, dass autofahrende Frauen eventuell Belästigungen und rüdem (Verkehrs-)Verhalten ausgesetzt sind.
- **Ehre:** Die Begriffe „Ehre" und „Ansehen" spielen in vielen islamischen Gesellschaften eine große Rolle und bestimmen das zwischenmenschliche Miteinander. Der Ehrenmann ist sehr auf seinen tadellosen Ruf bedacht – er kann durch sein eigenes unehrenhaftes Verhalten, das seiner Familienmitglieder und besonders das seiner Frau, Schwester oder Tochter beschädigt werden. Sofortige Reaktionen auf die Verletzung der Ehre sind erforderlich und führen manchmal zu Vergeltungstaten, Ehrenmorden und Familienfehden. Das Idealbild der ehrenhaften Frau beinhaltet Keuschheit vor der Ehe, bedingungslose Loyalität gegenüber der Familie und tadelloses moralisches Verhalten (s. S. 116). Auch wenn der vorherrschende Moralkodex nicht direkt Auswirkungen auf Ausländer und Ausländerinnen hat, sollte das Verhalten beider Geschlechter in manchen Situationen daran ausgerichtet werden: Begegnen Sie, besonders als ausländischer Mann, den Frauen in diesen Gesellschaften mit distanziert höflichem Verhalten, um diese nicht in Situationen zu bringen, die Zweifel an ihrer Ehrbarkeit aufwerfen. Vermeiden Sie unter allen Umständen Vertraulichkeiten und intimere körperliche Kontakte; in einigen arabischen oder südasiatischen Ländern ist selbst das Händeschütteln als Begrüßung nicht statthaft. Auch ausländische Frauen sollten einheimischen Männern gegenüber ein eher distanziertes Verhalten zeigen, um Missverständnissen vorzubeugen.

- **Einladungen:** Menschen aus Gesellschaften islamisch geprägter Länder sind häufig sehr gastfreundlich und sprechen gerne Einladungen aus. Sie anzunehmen, ist eine wunderbare Gelegenheit, die Bewohner der besuchten Länder und ihre Gepflogenheiten kennenzulernen und sich mit ihnen auszutauschen. Meistens erfolgt die Einladung aus Gründen der Wahrung der Privatsphäre nicht nach Hause, sondern in ein Café oder in eine Teestube. Häufig steht hinter der Einladung nichts als reine Gastfreundschaft, aber manchmal ist sie auch mit Verkaufsabsichten verbunden oder dem Versuch, sich einen Gefallen zu erbitten. Sollten sie länger vor Ort verweilen, können Sie durchaus Gegeneinladungen aussprechen. Einladungen können auch eine geschlechtsspezifische Komponente haben; wenn Frauen von einheimischen Männern eingeladen werden, sind eventuell bestimmte Erwartungen oder amouröse Absichten damit verbunden. Auch Händler laden gern zum Tee oder Kaffee ein; auch dies ist eine freundliche Geste, bindet den Kunden jedoch auch eine Weile an das Geschäft und gibt Gelegenheit für ein Gespräch oder das Anpreisen der jeweiligen Waren. Auch wenn mit dem Tee eine Verkaufsabsicht verbunden ist, entsteht für den Kunden dadurch kein Zwang, etwas zu erwerben. Im Iran, in Afghanistan oder Pakistan werden häufig Ausländer, die an einer Gruppe Menschen vorbeigehen, die gerade eine Mahlzeit einnehmen, mit einer freundlichen Geste zum Mitessen eingeladen. Es wird nicht unbedingt erwartet, dass der Eingeladene der Aufforderung folgt – es reicht aus, sich herzlich für diese Freundlichkeit zu bedanken und den Weg fortzusetzen.
- **Ess- und Trinksitten:** Ess- und Trinksitten sind in den islamisch geprägten Ländern so unterschiedlich, dass sie kaum auf einen gemeinsamen Nenner gebracht werden können. In einigen Staaten und besonders in ihren ländlichen Bereichen, wird auf dem Boden sitzend gespeist. Zum Essen wird dann meist ein Tuch auf dem Boden ausgebreitet oder es wird ein niedriger Tisch genutzt, auf dem die Speisen angeboten werden. Man sitzt mit eingeschlagenen Beinen um das Tuch oder den Tisch herum und nimmt die Speisen ein. Im ländlichen Familienverband wird oft gemeinsam aus Schüsseln gegessen und man bedient sich dabei der Finger. Gegessen wird ausschließlich mit der rechten, der „reinen" Hand. Gästen werden aber auch in diesem Kontext oft eigenes Geschirr und Besteck gereicht. Getränke werden meist erst nach dem Essen angeboten, denn Überlieferungen zufolge soll auch der Prophet bevorzugt nach dem Essen zu Getränken gegriffen haben. Über die reine Funktion als Getränk hinaus werden Kaffee und Tee auch oft im Rahmen der sozialen Kontaktpflege angeboten und ergänzen und „versüßen" Gespräche und das gesellschaftliche Miteinander.

- **Fotografieren:** Aufgrund religiöser und gesellschaftlicher Vorstellungen wie dem islamischen Bilderverbot und der Zurückgezogenheit von Frauen stehen einige Muslime dem Fotografieren kritisch gegenüber. Männer und besonders kleine Jungen posieren in der Regel aber gern für Fotos – auch die Smartphone-Kultur und die sozialen Netzwerke haben sicherlich zu Veränderungen beigetragen. Trotzdem: Fotografieren Sie Menschen – und ganz besonders Frauen – nur mit deren Erlaubnis. Findige Einheimische haben die Fotografierlust der Besucher auch als Einkommensquelle entdeckt und bitten um einen Obolus dafür, dass sie sich bereitwillig ablichten lassen. Ein weiterer sensibler Bereich sind religiöse Einrichtungen und Würdenträger: Moscheen als Sehenswürdigkeiten abzulichten, stellt kein Problem dar, aber im laufenden Moscheebetrieb sollten sich möglichst keine Aufnahmen von Mullahs, Imamen oder den Betenden gemacht werden. Ein solches Verhalten könnte als Belästigung angesehen werden, weil in der Moschee im Augenblick der Andacht gegen das islamische Bilderverbot verstoßen wird (auch Besucher eines christlichen Gottesdienstes möchten nicht gern im Blitzlichtgewitter von Touristen beten). Bei Angehörigen von Polizei und Militär sollten Sie ebenfalls Zurückhaltung üben, weil Empfindlichkeiten vorliegen könnten; militärische Einrichtungen, Flughäfen oder ähnliche öffentliche Einrichtungen sind – wie in den meisten Ländern – für Fotografen tabu.
- **Frau und Mann:** Innerhalb jeder Gesellschaft gibt es unterschiedliche kulturelle Sphären für Frauen und Männer – in einigen islamisch geprägten Gesellschaften ist diese Spaltung sehr ausgeprägt. In der männlichen Sphäre, die gleichzeitig auch die Öffentlichkeit darstellt, können Frauen fast gänzlich fehlen, was sich in allen politischen, gesellschaftlichen und sozioökonomischen Bereichen bemerkbar macht und Frauen auf breiter Linie benachteiligt. Die hohe Geschlechterdistanz hat auch Auswirkungen auf Ausländer und Ausländerinnen in den Gastländern. Akzeptieren sie die Spielregeln der Geschlechtertrennung und Aufteilung der Räumlichkeiten in privaten und beruflichen Zusammenhängen und vermeiden Sie vorschnelle Kritik an den vorherrschenden Verhältnissen. Männern bleibt der Einblick in weibliche Sphären meist verwehrt; sie sollten die Privatsphäre und geschlechtsspezifische Empfindlichkeiten beachten und sich zurückhaltend verhalten. Im ländlichen Pakistan z. B. würde ein männlicher Fremder noch nicht einmal an eine Hoftür klopfen, da er nicht weiß, ob Männer oder eventuell nur Frauen im Haus sind. Sein Verhalten würde als Affront gewertet, also spricht er ein Kind auf der Straße an und schickt es zu dem Haus, das er besuchen möchte. Der kleine Kundschafter kommt

dann zurück und berichtet, ob die Annäherung erlaubt ist. In der Regel wird der Gast vom Gastgeber draußen abgeholt und in die Gästeräume geführt. Ausländische Frauen haben hier eine größere Flexibilität und können sich meistens sowohl in den männlichen als auch den weiblichen Sphären aufhalten (s. S. 94).

- **Freitag:** Der Freitag gilt im islamischen Kulturraum als „Tag der Versammlung". Das gemeinsame freitägliche Mittagsgebet in einer Moschee ist Pflicht für jeden männlichen erwachsenen Muslim. Im Gegensatz zum christlichen Sonntag und dem jüdischen Sabbat ist der islamische Freitag kein eigentlicher Ruhetag. Die Vorstellung, dass Gott von seinem Schöpfungswerk ausruhen müsste, wird nicht geteilt. Viele Geschäfte sind deshalb nur während der mittäglichen Gebetszeit geschlossen. In einigen islamischen Ländern gilt der Freitag auch als offizielles Wochenende (an dem dann z. B. staatliche und Verwaltungseinrichtungen usw. geschlossen sind). Je nach Land kann das Wochenende den Donnerstagnachmittag oder auch den Samstag mit einschließen. Andere islamische Länder haben das „westliche Wochenende", welches Samstag und Sonntag umfasst, übernommen. Bedenken Sie die unterschiedlichen Wochenendzeiten bei Ihrer Reiseplanung und Festlegung von Terminen.

- **Freundschaften** entstehen aufgrund der Geschlechterdistanz in der Regel zwischen gleichgeschlechtlichen Menschen. Für Ausländer gelten diese gesellschaftlichen Regeln zwar nur bedingt, aber auch sie sind den Moralvorstellungen unterworfen. Im modernen städtischen Kontext verlieren diese traditionellen Verhaltensweisen aber an Bedeutung. In einigen Ländern haben Freundschaften einen anderen Stellenwert und sind oftmals nicht uneigennützig. Man erwartet von Freunden kleine Ge-

◁ Dieser freundliche Imam führt Gäste höchstpersönlich durch die Blaue Moschee in Mazar-e Sharif (Afghanistan)

Extrainfo 2 (s. S. 8): Der islamische Gebetsruf aus Mekka

fälligkeiten, indem sie beispielsweise ihre Beziehungen spielen lassen. Freundschaft und diese Erwartungshaltung sind kein Widerspruch – man kann sich gernhaben und sich gleichzeitig gegenseitig nützen. Reisende sollten nicht enttäuscht oder frustriert sein, wenn der neue Freund oder gute Bekannte z. B. darum bittet, dass ihm bei einem Visumsgesuch geholfen wird.

- **Gastfreundschaft:** In vielen Gesellschaften islamisch geprägter Länder ist die Gastfreundschaft ein hohes Gut. Der ausländische Gast wird manchmal in dieses System der Gastfreundschaft einbezogen. Nehmen Sie die angebotene Gastfreundschaft an – eine freundliche Begrüßung, ein kleines Gespräch und eine Tasse Tee oder Kaffee gehören oftmals dazu. In der Regel wird von dem Gast keine Gegenleistung in Form von Geld oder Geschenken erwartet. Die meisten Menschen freuen sich aber ungemein über lobende Bemerkungen über das Essen, die Landschaft, ihre hochgeschätzte Gastfreundschaft und überhaupt das ganze Land!
- **Geduld:** In vielen Gesellschaften islamischer Länder nimmt man sich Zeit, um Sachverhalte zu klären. Ungeduld und offen gezeigter Ärger beschleunigen die Vorgänge meistens nicht – oftmals tritt das Gegenteil ein und im besten Fall wird man mitleidig belächelt. Lautstarke Unmutsäußerungen oder Anschuldigungen können zu Gesichtsverlust und Ehrverletzungen führen. Bleiben Sie ruhig und gelassen, auch wenn Ihnen das in vielen Kulturen übliche „Aussitzen", „Abwarten" oder „Schönreden" befremdlich erscheint.
- **Geschenke:** Bei Einladungen ist es üblich und gern gesehen, wenn kleine Geschenke mitgebracht werden. Mit ortsüblichen Süßigkeiten oder Obst kann man nichts falsch machen, Blumen als Mitbringsel hingegen sind nicht überall bekannt und oftmals auch als Schnittblumen nicht erhältlich. Bei aus dem Ausland mitgebrachten Nahrungsmitteln sollte auf die Speisevorschriften geachtet werden. Bei Hochzeiten sind in der Regel höherwertige Geschenke oder Geldbeträge angebracht; in diesem Fall sollte man sich über die örtlichen Gepflogenheiten informieren. In manchen islamischen Ländern und besonders in traditionellen ländlichen Kontexten haben Geburtstage eine untergeordnete Bedeutung und werden selten gefeiert (besonders ältere Menschen auf dem Land wissen oftmals nicht so genau, wann sie geboren wurden). Geburtstagsgeschenke oder Partys (insbesondere für Kinder) haben als moderne Erscheinungen verstärkt in den städtischen Gebieten Einzug gehalten. Bei Einladungen in Privathäuser sollten dort vorhandene Einrichtungsgegenstände nicht zu enthusiastisch bewundert werden – schnell werden sie als Zeichen der Gastfreundschaft eingepackt und

als Geschenk mitgegeben. Diese sollten aber freundlich und hartnäckig abgelehnt werden, besonders wenn es sich um nicht verhältnismäßige Gaben handelt. Eine Tüte Äpfel von dem Baum, unter dem man beim Teetrinken gesessen hat, ist sicherlich akzeptabel, der Perserteppich, auf dem man saß, sicherlich nicht.

- **Gespräche:** In Gesellschaften, in denen die Beziehungspflege einen hohen Stellenwert einnimmt, haben häufige und ausgedehnte Gespräche auch eine wichtige soziale Funktion. In einigen Gesellschaften verursachen Schweigen und Alleinsein den Menschen Unbehagen. Treffen sich zwei oder mehrere Personen, führen sie zumindest ein kurzes Gespräch und selten sitzen mehrere Menschen schweigend beisammen. Am Anfang eines Gesprächs können lange Abfragerituale stehen, in denen man sich nach dem Wohlbefinden des Gesprächspartners, der Familie und der Kinder erkundigt. Erst wenn diese Erkundigungen mehrmals hin und her gegangen sind, beginnt die eigentliche Unterhaltung. In hierarchisch stark gegliederten Gesellschaften gibt es manchmal Gesprächsordnungen, die höhergestellten Menschen, Würdenträgern oder Älteren Vorrang einräumen. Jüngere Menschen halten sich in diesem Kontext aus Höflichkeit und Respekt mit ihren Meinungen oder Redebeiträgen oft zurück. Auf Reisen, in öffentlichen Verkehrsmitteln, in Cafés usw. kommt man schnell ins Gespräch. Einheimische interessieren sich oft für die Eindrücke, die Besucher von ihrem Land haben – und freuen sich über eine freundlich-positive Rückmeldung! Kritik an der Regierung, an politischen Führern, der Religion oder anderen sensiblen kulturellen Phänomenen sollte man – zumindest im Rahmen von Smalltalk – umgehen oder vermeiden.
- **Gesprächsthemen:** Alles rund um die Familie und Verwandtschaft, die aktuelle Lebens- und Berufssituation, das Herkunftsland, das Wetter, aber auch Politik und Sport sind immer und überall beliebte Gesprächsthemen. Schwierige politische oder religiöse Fragen oder Kritik an bestehenden Verhältnissen sollten zunächst ausgeklammert und erst bei größerer Vertrautheit angesprochen werden.
- **Halal und Haram:** Beachten Sie die Einteilung von Dingen, Nahrungsmitteln, Verhaltensweisen usw. in *halal* und *haram,* was als „erlaubt" und „verboten" interpretiert werden kann. So sind z. B. Schweinefleisch oder Alkohol *haram,* also für Muslime verboten, was Sie bei Einladungen beachten sollten. Dem erweiterten Konzept der „Reinheit" zufolge gelten auch manche Tiere, z. B. Hunde, als unrein und manche Muslime vermeiden den Kontakt zu ihnen. Die enge Beziehung von Angehörigen westlicher Gesellschaften zu ihren Haustieren, besonders

Hunden, wird von manchen Muslimen mit Unverständnis oder gar Verachtung betrachtet.
- **Hand:** Die linke Hand gilt in islamisch geprägten Gesellschaften als unrein, mit ihr wird die Reinigung nach dem Toilettengang vorgenommen. Gegessen wird mit der rechten Hand und auch das Anreichen von Speisen und Getränken oder anderen Gegenständen wird mit der „reinen" Hand vorgenommen, um das Gegenüber nicht zu beleidigen. Eine Ausnahme ist ein in manchen Ländern (z. B. Iran) zu beobachtendes Verhalten, das besondere Höflichkeit und Respekt ausdrückt: Hier werden z. B. Geld oder Geschenke mit beiden Händen gleichzeitig überreicht.
- **Handeln und Feilschen** gehören auf dem Basar zum Einkauf dazu. Die Rituale und die Höhe der angesetzten Preise können dabei ganz unterschiedlich sein; häufig werden bei Ausländern die Preise etwas höher angesetzt (sie kennen die Preissituation nicht so gut, sind wahrscheinlich nicht so erfahren im Feilschen und verfügen sowieso über mehr Geld – so zumindest die üblichen Annahmen). In Kaufhäusern und Supermärkten der meisten Länder sind die Waren mit Preisen ausgezeichnet, Handeln ist hier nicht üblich.
- **Heiligenkult:** Im orthodoxen islamischen Religionsverständnis gibt es keine Heiligen, nur Menschen, die sich durch besondere Frömmigkeit oder Taten auszeichnen und meist aus dem Umfeld der sufistischen Mystik stammen. Man sagt, sie seien „Freunde Gottes" und diesem durch ihren Lebenswandel näher als andere Gläubige. Von vielen Menschen werden sie aber vergleichbar mit den christlichen Heiligen verehrt. Ihre Grabmale werden regelmäßig besucht – und besonders an Feier- und den Todestagen der „Heiligen". Man bittet dort um Beistand und Hilfe. Diese Menschen werden als Pir, Sheikh, Marabout und manchmal auch als Derwisch bezeichnet, ihre Grabmale als Ziarat oder Marabout. Dort wirkt auch ihre positive Segenskraft oder spirituelle Energie, das Baraka oder Barakat, noch immer nach und kann durch das Berühren des Grabmals übertragen werden. Beim Besuch eines Grabmals verhält man sich wie in einer Moschee; meistens werden die Schuhe ausgezogen und Frauen bedecken ihren Kopf. Für einen Besuch sollte keine freizügige Kleidung ausgewählt werden. Am Todestag des „Heiligen" werden an manchen Schreinen jahrmarktähnliche Feiern zu dessen Ehren veranstaltet. Das bunte Treiben ist sehr sehenswert und oft mit faszinierender Sufi-Musik verbunden. Pilger von nah und fern besuchen an diesen Tagen das Grabmal. Islamische Fundamentalisten lehnen Phänomene des Volksislam und die Heiligenverehrung ab. Ihrer Meinung nach stellen sich diese Menschen zwi-

schen Gott und die Gläubigen. Aufgrund dieser ablehnenden Haltung gehören Schreine zu den Orten, an denen häufig Anschläge verübt werden. Dies macht sie zu potenziell gefährlichen Plätzen, was Sie bei Besuchen berücksichtigen sollten.

- **Hochzeit:** Die Hochzeit gehört im Leben der meisten Muslime zu den wichtigsten Ereignissen. Hochzeiten werden meistens lange im Voraus geplant und die Feierlichkeiten können sich über viele Tage hinziehen. In vielen Gesellschaften erhöht eine große Anzahl von Gästen das Ansehen der Familien von Braut und Bräutigam. Besonders im traditionellen Kontext verschulden sich manche Familien für den eventuell zu entrichtenden Brautpreis, die Mitgift und die Hochzeitsfeierlichkeiten über Jahre. Selbst im modernen städtischen Umfeld ist die Hochzeit meist eine Familienangelegenheit und nicht ein Bündnis zwischen zwei Individuen, das in kleinstem Kreise gefeiert wird. Eine Einladung zu einer Hochzeit ist eine schöne Gelegenheit, Einheimische und lokale Traditionen kennenzulernen – ganz abgesehen von Musik, Tanz und gutem Essen. In den verschiedenen Ländern kommen die unterschiedlichsten Gepflogenheiten vor, zu dieser besonderen Feier ist in allen Ländern gepflegte Kleidung angebracht, um dem Anlass und den Gastgebern Respekt zu zollen. Ausländische Besucher gelten als Ehrengäste und sind interessante Gesprächspartner. Über angemessene Hochzeitsgeschenke sollten Sie sich vor Ort erkundigen (s. S. 99).

- **Homosexualität** ist in den meisten islamisch geprägten Gesellschaften und besonders in traditionellen Kreisen ein Tabuthema und die offen gelebte Homosexualität nach religiösen Regeln und Gesetzen verboten. Viele Homosexuelle versuchen, eine heterosexuelle Fassade aufrechtzuerhalten, um gesellschaftlichen Sanktionen zu entgehen. Die „Szene" bleibt im Verborgenen; man trifft sich und kommuniziert unter Ausschluss der Öffentlichkeit, z. B. über spezielle Internetforen. Ein sehr dezenter Umgang mit diesem Thema wird empfohlen. Paare sollten sich möglichst nicht als homosexuell zu erkennen geben, denn dies kann in manchen Ländern strafrechtliche Folgen haben.

- **Kaffeehaus und Teestube:** Diese Einrichtungen sind in allen islamisch geprägten Ländern Orte der Entspannung und des kommunikativen Austauschs. In traditionellen ländlichen Gesellschaften werden sie überwiegend von Männern frequentiert, im städtischen Umfeld kann die Klientel gemischt sein. Kaffee oder Tee werden häufig als Zeichen der Gastfreundschaft angeboten, sie sind unverzichtbarer Bestandteil von Geschäftsgesprächen und Einladungen, werden oft aber auch auf dem Bazar, beim Einchecken im Hotel und bei vielfältigen anderen Gelegenheiten gereicht. In Süd- und Südostasien ist es eher üblich, grünen oder schwarzen Tee, gesüßt oder ungesüßt, mit Nüssen, Obst oder Süßigkeiten anzubieten. In Nordafrika stellt der aus frischen Minzblättern gebrühte Tee eine erfrischende und belebende Besonderheit dar. Kaffee wird besonders in arabischen Ländern gern gereicht; er wird aus frisch gerösteten Kaffeebohnen mit Kardamom und viel Zucker in kleinen Tässchen serviert. Die gemeinsame Tasse Tee oder Kaffee bietet eine gute Gelegenheit für ein kleines Gespräch und verpflichtet in der Regel zu keiner weiteren Interaktion – kann diese aber erheblich erleichtern.

- **Kinderreichtum:** Kinder gelten in vielen muslimischen Gesellschaften als Geschenk Gottes. Gläubige sehen es als ihre religiöse Pflicht an, die *ummah*, die Gemeinschaft aller Muslime, durch reichen Kindersegen zu vergrößern und zu stärken. Konservative Gruppen stehen Familienplanung und Abtreibung ablehnend gegenüber. Gründe für die Bevorzugung von großen Familien sind aber auch in kulturellen und sozialen Bereichen zu finden. Da in vielen der hier behandelten Länder die staatliche Versorgung der Bürger und Bürgerinnen durch soziale Sicherungssysteme unzureichend ist, kann ein großer und stabiler Familienverband mit vielen Kindern auch eine Absicherung für das Individuum darstellen. Die Familie übernimmt Versorgungsfunktionen für die arbeitslosen, kranken oder alten Familienmitglieder. Dort, wo nur unzureichende Kranken- und Rentenversicherungen existieren, sind Kinder ein Garant für Pflege, Versorgung und Schutz im Alter. Die hohe Kinderzahl ist in den einzelnen Gesellschaften aber auch oftmals ein Phänomen in der ländlichen Bevölkerung und den sozial schwächeren Schichten. Wohlhabende Stadtbewohner leben meist in weitaus kleineren Familien. Diese Gründe für Kinderreichtum sollten bedacht werden, um einer vorschnellen Kritik („Wenn doch der Familienvater arbeitslos ist, warum hat er dann so viele Kinder") vorzubeugen (s. S. 84).
- **Koran:** Das heilige Buch des Islam, der Koran, wird mit großem Respekt behandelt. Er gilt als Gottes Wort, das dem Propheten Muhammad offenbart und nach dessen Tod aufgezeichnet wurde. In den meisten Familien wird er im Haushalt aufbewahrt, oftmals in ein schönes Tuch gehüllt, um ihn vor Verunreinigung zu schützen. Die ungebührliche Behandlung des Koran (Entfernen oder Zweckentfremden von Seiten, usw.) wird unter dem Tatbestand der Blasphemie geahndet. Ein nicht mehr gebrauchtes Exemplar wird nicht entsorgt, sondern aufbewahrt oder in manchen Ländern in Moscheen rituell bestattet. Behandeln Sie den Koran mit Respekt und Achtsamkeit, sodass er nicht verunreinigt oder beschädigt wird; schreiben Sie auch möglichst keine Kommentare in ein Exemplar, das Sie u. U. mit sich führen. Der Ko-

ran wird im Original, also in arabischer Sprache, gelesen und gelehrt. Dies bedeutet auch, dass in nicht arabischsprachigen Ländern nur die Ulema, die einen höheren religiösen Bildungsweg mit Arabischstudium eingeschlagen haben, die Inhalte verstehen. In den Koranschulen wird das heilige Buch in der arabischen Originalsprache verwendet. Der Grund dafür ist die Annahme, dass Gott den Koran in dieser Form dem Propheten übermittelt hat – und damit ist er eigentlich unveränderlich. Trotzdem gibt es Übersetzungen in alle möglichen Sprachen, von fundamentalistischen Gruppen wird aber nur die Originalversion akzeptiert (s. S. 41).

- **Kritik (im Gespräch):** In vielen Gesellschaften steht in der Kommunikation das Bewahren von Harmonie im Vordergrund. Man zieht es vor, zunächst Gemeinsamkeiten zu thematisieren, um durch den Konsens ein angenehmes Umfeld zu schaffen. Man kommt nicht wie in Deutschland direkt zum Punkt, sondern kreist das Problem langsam ein. Das klare und direkte deutsche „Nein" gilt als unhöflich und wird möglichst vermieden. Kritik sollte immer behutsam und höflich vorgebracht werden, denn direkte Kritik kann sehr verletzend sein und wird in vielen Gesellschaften sehr vorsichtig gehandhabt. Kritisieren Sie Menschen nur „unter vier Augen", um eine Kränkung der Ehre oder dem Verlust von Ansehen vorzubeugen.
- **Mondkalender:** Für religiöse Zwecke und die Festlegung der islamischen Feiertage dient der islamische Mondkalender. Das Mondjahr besteht aus zwölf Monaten, die stets bei Neumond beginnen, mit jeweils 29 Tagen. Der Mondkalender ist mit 354 Tagen elf Tage kürzer als der Sonnenkalender, weshalb sich die Feiertage im Lauf von 33 Jahren rückwärts durch das Sonnenjahr bewegen (pro Jahr verschieben sich die Feiertage um ca. elf Tage). Die genaue Festlegung der Daten der islamischen Feiertage richtet sich nach der tatsächlichen örtlichen Mondbeobachtung. Aufgrund der geografischen Lage und der unterschiedlichen Zeitzonen ergeben sich manchmal zwischen den einzelnen islamischen Ländern Verschiebungen um einen Tag.
- **Moscheebesuch:** Erkundigen Sie sich, welche Moscheen (auch von Frauen) problemlos besucht werden können, aber verzichten Sie am Freitag auf Besuche. An diesem Tag wollen viele der zahlreichen Moscheebesucher nicht gestört werden. Ziehen Sie vor dem Betreten einer Moschee die Schuhe aus; Frauen müssen den Kopf bedecken. Steigen Sie nicht über einen Betenden hinweg oder laufen vor ihm her. Traditionell gibt es in einer muslimisch geprägten Stadt eine Freitagsmoschee, in der auch die Freitagspredigt gehalten wird, sowie mehrere einfache Gebetshäuser und -räume für das alltägliche Gebet. Charak-

teristisch für eine Moschee sind unter anderem die Gebetsnische, welche die Gebetsrichtung nach Mekka angibt, und Waschgelegenheiten für die rituelle Reinigung vor dem Gebet.
- **Müll, Umgang mit:** Der teilweise wenig regulierte Umgang mit Müll führt bei vielen Reisenden zu Unverständnis und kritischen Äußerungen. Viele weniger wohlhabende Stadtviertel und Dörfer verfügen über keine oder zumindest keine regelmäßige Müllentsorgung. Mülltrennung oder Recyclingsysteme sind nur schwach – wenn überhaupt vorhanden – ausgeprägt. Menschen pflegen einen scheinbar achtlosen Umgang mit der Müllentsorgung, es gibt viele „wilde" Müllkippen und die Verunreinigung von Landschaft und Wasserläufen ist unübersehbar. Beliebte Picknickplätze sind nach den Besuchen von zahlreichen Familien mit Müll übersät; Tausende von Plastiktüten verunstalten Straßenränder oder Strände. Angesichts der eingeschränkten geregelten Müllentsorgungsmöglichkeiten sollten Besucher Verständnis für das Verhalten der Einheimischen zeigen. Generell ist die Tendenz zu beobachten, dass für den inneren Bereich (Häuser und Höfe) Verantwortung und Pflege übernommen wird, das Verantwortungsgefühl für den äußeren Bereich (Gemeinplätze, Straßen, Öffentlichkeit) aber

Traditionelle Nauroz-Tafel einer deutsch-iranischen Familie in Indonesien nicht so stark ausgeprägt ist. In vielen Ländern ist der Umgang mit Müll noch kein Thema und hat beispielsweise auch noch keinen Eingang in die Schulerziehung gefunden. Gehen Sie mit gutem Beispiel voran und vermeiden Sie beispielsweise den Gebrauch von Plastiktüten. Beachten Sie, dass in einigen südostasiatischen und arabischen Ländern (zumindest in den Städten) auch empfindliche Strafen für achtlos weggeworfenen Müll verhängt werden und z. B. Bußgelder gezahlt werden müssen.

- **Nauruz** bezeichnet das Neujahrs- und Frühlingsfest, das in vielen islamisch geprägten Ländern und besonders im iranischen Kulturraum am 20. oder 21. März gefeiert wird. Wörtlich aus dem Persischen übersetzt bedeutet es „neuer Tag". Die Begehung des Festes lässt sich bis zu den zoroastrischen Vorfahren der heutigen iranischen Völker zurückverfolgen. Das Neujahrsfest wird heute von mehr als 300 Millionen Menschen gefeiert, die in den Ländern Süd- und Zentralasiens leben, aber auch auf der Balkanhalbinsel, in der Schwarzmeerregion und im Nahen Osten. Große Bedeutung hat Nauruz auch für kurdische Bevölkerungsgruppen. In vielen Ländern ist Nauruz ein offizieller Feiertag. Da das Fest auf vorislamische Ursprünge zurückgeht, wird es von den fundamentalistischen Strömungen im Islam abgelehnt.
- **Privatsphäre:** Beachten Sie, dass in vielen Gesellschaften islamisch geprägter Länder deutlich zwischen öffentlichen und privaten Räumen unterschieden wird: Betreten Sie fremde Häuser oder Höfe nicht unaufgefordert, besuchen Sie Dörfer möglichst nur mit Einladung. Männer sollten nie ohne Voranmeldung und Abstimmung mit dem Hausherrn ein fremdes Haus besuchen, um die anwesenden Frauen nicht in Verlegenheit oder Schwierigkeiten zu bringen. Männer sollten sich bei Besuchen in Häusern nur in den Gasträumen aufhalten und nicht ungefragt die Familienräume betreten. Halten Sie ganz generell Distanz zum anderen Geschlecht, um Missverständnisse zu vermeiden.
- **Prostitution:** Prostitution wird – wie in allen Ländern – ausgeübt und genutzt, auch wenn sie offiziell verboten ist. Größere Städte verfügen über entsprechende Etablissements, die aber eher im Verborgenen existieren. Personen, die in diesem Gewerbe tätig sind, gehören oft zu den benachteiligten Bevölkerungsgruppen einer Gesellschaft, werden diskriminiert und ausgegrenzt. Halten Sie Abstand von diesen Einrichtungen und einschlägig bekannten Stadtvierteln, die auch als Unterschlupf für kriminelle Elemente dienen. In manchen Regionen (z. B. Zentralasien oder einigen afrikanischen Ländern) gibt es auch auf Touristen zugeschnittene Angebote: Hier klopfen Damen und Herren abends direkt an die Zimmertür im Hotel, um ihre Dienste anzubieten.

- **Pünktlichkeit:** Viele Menschen in Gesellschaften islamischer Länder haben eine offene und entspannte Zeitauffassung und machen gern „dehnbare" Zeitangaben. Besonders in ländlichen Gebieten und traditionellen Gruppen reicht die Angabe „nach dem Mittagsgebet" oder „kommt zum Essen im Laufe des Abends" – Letzteres kann sehr spät sein, muss es aber nicht. In den großen Städten und der Geschäftswelt hat sich längst ein moderner Umgang mit der Zeit etabliert – dort läuft das Leben wie bei uns schnell und hektisch ab. Menschen, die Pünktlichkeit gewohnt sind und einen Hang zum Planen und Organisieren haben, fühlen sich leicht verunsichert durch einen entspannten Umgang mit der Zeit und ärgern sich schnell über vermeintliche Unpünktlichkeit oder Unzuverlässigkeit. Um dies zu relativieren, reicht es oft aus, sich vor Augen zu führen, dass das erlebte Verhalten nichts mit Gleichgültigkeit oder Respektlosigkeit zu tun hat, sondern einfach auf einer anderen Zeitauffassung basiert. Ärgern Sie sich nicht über eine eventuelle kleine Wartezeit, sondern gewinnen Sie der Flexibilität und Entspanntheit etwas Positives ab – besonders im Urlaub!
- **Ramadan:** Im „heiligen Monat" Ramadan legt der Koran die Bedingungen der Enthaltsamkeit (in Bezug auf Essen, Trinken, Rauchen, Geschlechtsverkehr) von der Morgendämmerung bis zum Sonnenuntergang fest. Es finden viele zusätzliche Koranlesungen und gemeinsame Gebete in Moscheen statt. Beachten Sie die besonderen Verhaltensregeln im Fastenmonat Ramadan: Essen, trinken und rauchen sie tagsüber möglichst nicht in der Öffentlichkeit. Auch gegenüber Kollegen, Reiseführern, Fahrern und anderen ist besonders in dieser Zeit Verständnis und Toleranz angebracht. Hunger, Durst und vielleicht das Verlangen nach der ersten Zigarette des Tages plagen die Fastenden besonders in den Nachmittagsstunden. Zum Zeitpunkt des Iftars, des Fastenbrechens (Sonnenuntergang), sollte man bei Reisen möglichst am Bestimmungsort oder in der Nähe eines Restaurants sein, sodass die Fastenden Getränke und Speisen zu sich nehmen können.
- **Rauchen:** Das Rauchen von Zigaretten ist in islamischen Kulturkreisen nicht verboten, aber viele Menschen – und besonders Frauen – gehen in der Öffentlichkeit zurückhaltend damit um. In öffentlichen Einrichtungen, Verkehrsmitteln usw., ist in den meisten Ländern das Rauchen inzwischen verboten und die Verbote weiten sich kontinuierlich aus. In einigen Ländern sind mittlerweile auch Parks, Freizeitstätten und Strände davon betroffen. Als Aspekt des Respektsverhaltens ist zu beobachten, dass Raucher in der Interaktion mit Autoritätspersonen häufig auf die Zigarette verzichten oder, bei unvorhergesehenen Begegnungen, die Hand mit der brennenden Zigarette hinter dem Rücken verbergen.

Selbst erwachsene Männer, z. B. in Afghanistan (aber auch in anderen Ländern), würden nie vor ihrem Vater oder einem alten Lehrer rauchen, dies würde in ihren Augen gegen Anstandsregeln verstoßen. Beachten Sie Rauchverbote in öffentlichen Einrichtungen und entsprechend gekennzeichneten Arealen und verzichten Sie insbesondere in Moscheen und anderen heiligen Stätten auf die Zigarette. Auch im Ramadan sollten Sie das Rauchen in der Öffentlichkeit vermeiden.

- **Rauschmittel:** In allen Kulturen ist der Genuss von Rauschmitteln üblich und islamisch geprägte Länder sind da keine Ausnahme, auch wenn religiöse Lehrmeinungen eine ablehnende Haltung ausdrücken und Alkohol und Drogen verbieten. Neben Alkohol und Tabak (zu dem auch Kau- und Schnupftabak sowie die Shisha, die Wasserpfeife, gehören) werden als traditionelle Rauschmittel beispielsweise auch Pan, Qat, Opium und Cannabis konsumiert. Pan ist ein Päckchen aus Betelblatt mit Arecanuss-Füllung, dem teilweise Tabak, Limone, Minze, Anis und süße Pasten hinzugefügt werden. Verziert wird das Päckchen manchmal mit Silberfolie. Pan wird in die Backentasche geschoben, die sich mit dem Speichel lösenden Substanzen haben eine leicht berauschende Wirkung und färben den Mundraum rot. Beliebt ist dieses Mittel besonders in Süd- und Südostasien. Besonders im Jemen und Oman werden Qat-Blätter, die auch als Abessinischer Tee bezeichnet werden, gekaut. Sie haben ebenfalls eine berauschende Wirkung.

Auch Würdenträger brauchen hin und wieder eine Zigarettenpause

Passionierte Qat-Kauer beginnen schon mittags mit dem Ritual und geben umgerechnet einen bis 50 Dollar für eine Tagesration aus. Aus Schlafmohn gewonnenes Rohopium wird besonders in Afghanistan und angrenzenden Ländern als traditionelles Heil-, Beruhigungs-, und Rauschmittel genutzt. Schon unruhige Kleinkinder bekommen Opiumtee verabreicht. Cannabis wird in vielen Ländern konsumiert, was in Marokko beispielsweise nicht als Drogenkonsum gilt, in anderen Regionen dagegen schon. Die Wasserpfeife, Shisha, ist wohl arabischen Ursprungs und wird häufig in diesem Kulturraum, aber auch in vielen anderen islamischen Ländern geraucht. Der Tabak wird mit Fruchtaromen angereichert und der Rauch mit einem Schlauch durch ein mit Wasser gefülltes Gefäß gesogen. Die Shisha gilt als Symbol für entspannte gemeinsame Runden und Gastfreundschaft. Reisende sollten beachten, dass viele Länder, z. B. Indonesien, Malaysia oder die Golfstaaten, drakonische Strafen (bis hin zur Todesstrafe) für Ein- und Ausfuhr oder den Erwerb von Cannabis, Heroin und anderen Drogen verhängen. Schon der Besitz kleiner Mengen kann zu strafrechtlicher Verfolgung und Gefängnisstrafe führen.

- **Respekt:** In traditionellen Gesellschaften mit starker hierarchischer Gliederung und einem ausgeprägten Senioritätsprinzip wird bestimmten Mitmenschen gegenüber besonderer Respekt bezeugt. Man lässt ihnen den Vortritt, begrüßt sie höflich und behandelt sie zuvorkommend. Ihnen wird beim Essen oftmals als erstes aufgetischt und man geht ihnen bei alltäglichen Verrichtungen zur Hand, besonders, wenn es sich um ältere Menschen handelt, die selbst nicht mehr so mobil sind. Bei formellen Anlässen wird oft auf eine bestimmte Gesprächsordnung geachtet: Ältere Menschen, Würdenträger, Vorgesetzte und überhaupt alle sozial höherstehenden Personen haben das Recht auf das erste und letzte Wort, auch werden ihre Monologe selten unterbrochen. Bei gesellschaftlichen und Familienangelegenheiten werden sie um Rat gefragt, ihre Meinung genießt häufig Priorität. Respektsbezeugungen gegenüber z. B. politisch mächtigen Menschen, Stammesfürsten oder Großgrundbesitzern können die Form von Unterwürfigkeit annehmen und sind oftmals mit starker Abhängigkeit verbunden. Im Kontext von Ehre und Ansehen gehört es aber auch zum „guten Benehmen", dass sich „anständige" Menschen respektvoll behandeln. Diese traditionellen Systeme stehen oftmals in einem Widerstreit mit Auffassungen und Lebensentwürfen moderner und junger Menschen. Auch wenn Ausländer nicht in lokale Systeme integriert sind, sollten sie sich besonders älteren Menschen gegenüber sehr höflich und respektvoll verhalten (s. S. 91).

- **Schrift und Zahlen:** In vielen arabischen Ländern werden die arabischen Schriftzeichen (manchmal in leicht abgewandelter Form, z. B. im persischsprachigen Raum) verwendet. Aber auch die lateinische Schrift findet Gebrauch, beispielsweise in der Türkei, Tadschikistan, Südostasien oder in verschiedenen afrikanischen Ländern. Arabisch wird von rechts nach links geschrieben; Bücher schlägt man (für uns) hinten auf und blättert sie nach vorne durch. Die gebräuchlichen Zahlen stammen aus dem arabischen Raum, sie werden in Fachkreisen auch als indisch-arabische Zahlen bezeichnet, weil es gegenseitige Beeinflussungen gegeben hat. Die von uns verwendeten Zahlen haben ihren Ursprung in den arabischen Zahlen, waren im Laufe der Zeit aber Umformungen unterworfen. Die Zahlen werden – anders als die Schrift – von links nach rechts geschrieben, was für Ausländer manchmal etwas verwirrend ist. Das Zeichen für die arabische Zahl „5" sieht der europäischen „0" sehr ähnlich, und die arabische „6" ähnelt der „7" unserer Zahlschrift – dies kann eventuell zu Verwechslungen führen.
- **Schuhe** gelten generell als unrein. Um den Schmutz der Straße nicht in die Häuser und auf die oftmals als Sitzfläche dienenden Teppiche zu tragen, werden die Schuhe an der Haustür abgestellt. Häuser werden nur in Socken oder barfuß betreten; auch als Tourist sollte man es den Einheimischen gleichtun und vor dem Betreten eines Hauses die Schuhe abstreifen. Oftmals stehen auch schon Hausschuhe für die Besucher bereit. Vor jedem Betreten einer Moschee ist das Schuheausziehen obligatorisch. Die Schuhe können in Regalen vor der Moschee zurückgelassen werden, manchmal werden sie bewacht –

dann kann eine kleine Gebühr fällig werden. In einigen Fällen gibt es ein Aufbewahrungssystem mit Nummern, sodass die Schuhe eindeutig zugeordnet werden können. Besonders in der arabischen Welt und in nordafrikanischen Ländern ist der Schuh Inbegriff von Unreinheit und Schmutz. Verachtung und Geringschätzung für eine Person kann durch das Schlagen mit der staubigen Sohle eines Schuhs ausgedrückt werden. Statuen von verhassten Despoten oder politische Gegner im Parlament werden mit Schuhen beworfen. Um politischen Abscheu zu demonstrieren, werden die Staatsflaggen der jeweiligen verhassten Länder mit Schuhen betreten. Araber tragen ihre Schuhe nur mit aneinander gelegten Laufflächen; in diesen Kulturkreisen kann schon das offensive Zeigen der Schuhsohle als Beleidigung gelten. Auch im asiatischen und insbesondere südostasiatischen Raum (z. B. Indonesien) gilt das Zeigen der Schuh-, aber auch Fußsohlen beim Sitzen als unschicklich. Bedenken Sie als Besucher diese Empfindlichkeiten in der Interaktion mit Einheimischen, bei der Schuhe eine Rolle spielen könnten.

- **Speisegebote:** Die religiösen Speisevorschriften für Muslime beruhen auf dem Koran. Verboten sind der Konsum von Alkohol (hier gibt es unterschiedliche Interpretationen, aber die meisten Rechtsgelehrten leiten aus einigen Koranversen ein Alkoholverbot ab), Schweinefleisch, das Fleisch von verendeten Tieren und Blut. Tiere müssen unter Anrufung Gottes und entsprechend den Regeln der Schächtung (s. S. 168) getötet werden. Sollten Sie selbst Gastgeber sein und Muslime einladen, beachten Sie diese Speisegebote bezüglich des Anbietens von Alkohol oder Schweinefleisch. Auch bei Mitbringseln aus der Heimat ist darauf zu achten, dass sie „rein" (halal) sind und nicht den Speiseverboten unterliegen. So werden z. B. auch Fruchtgummibärchen inzwischen ohne tierische Gelatine hergestellt und erhalten dann den Aufdruck „halal".
- **Spucken:** Das bei uns übliche Naseputzen und die Benutzung eines Taschentuchs sind in vielen islamisch geprägten Ländern unüblich. Es gilt sogar als unfein, sich die Nase in Gesellschaft anderer oder speziell beim Essen zu putzen. Diese Tätigkeiten verrichtet man allein im Badezimmer. Ein benutztes Taschentuch wieder in die Tasche zu stecken, verursacht bei vielen Menschen Ekelgefühle. Das kräftige Ausspucken der Männer zur Reinigung von Nasen- und Rachenraum auf der Straße ist aber durchaus üblich und wird ausgiebig praktiziert.

Im Lauf der Zeit wurde die Kalligrafie immer weiter verfeinert

- **Tabus:** Zu den Tabuthemen islamisch geprägter Gesellschaften können (bei aller Vielfalt) Homosexualität, Prostitution, Diskriminierung von Frauen und Minderheiten in den jeweiligen Ländern, politische Konflikte und Kritik an der Religion gehören. Das bedeutet nicht, dass niemals Gespräche über diese Themen geführt werden dürfen, aber gerade wenn ein Gesprächspartner noch nicht näher bekannt ist, sollten manche Themen mit Vorsicht angesprochen werden. Halten Sie sich besonders mit Kritik an religiösen Themen zurück und sprechen Sie nicht negativ über die islamische Religion und den Propheten Muhammad. Auch das Bekenntnis, man sei „Atheist", kann Befremden auslösen. In islamischen Gesellschaften sind die Begriffe Religion, Werte und Moral eng miteinander verwoben; es herrscht nicht selten die Meinung vor, einem Mensch ohne Religion mangelte es auch an anderen moralischen Werten.
- **Tiere:** Haus- und Kuscheltiere sind in den islamisch geprägten Ländern weit weniger verbreitet als in vielen anderen Weltregionen. Besonders in ländlichen Gebieten wird oft ein recht rauer Umgang mit Tieren gepflegt, der vom Gedanken der Zweckdienlichkeit geprägt ist. Tiere dienen in der Regel der Ernährung der Menschen oder werden als Arbeitskräfte eingesetzt. Taschenhündchen, Tierpflegesalons und das Katzenfutter auf dem Präsentierteller mit Minzblättchen werden mit Unverständnis betrachtet und manchmal spöttisch-höhnisch kommentiert. Ausnahmen bilden Tiere, die für Kämpfe und Wetten abgerichtet werden (z. B. Hunde und Rebhühner) oder Singvögel, an deren Sangeskunst man sich gern erfreut. Obwohl Hunde als „unrein" gelten und von vielen Muslimen gemieden werden, gibt es bei nomadisch lebenden Gruppen und Hirten häufig große Hüte- und Wachhunde. Auch Windhunde werden für Wettkämpfe gezüchtet. Und dann gibt es noch die Tiere, die für die Jagd oder aus Prestigegründen gehalten werden. Dazu zählen besonders im arabischen Raum Pferde, Kamele und Raubvögel, z. B. Falken. Diese edlen und teuren Tiere sind mit dem Status ihrer wohlhabenden Besitzer verknüpft. Tolerieren Sie diesen anders gearteten Umgang mit Tieren, auch wenn Ihnen einzelne Tiere leidtun – in unseren Mast- und Schlachtbetrieben hat das Tierwohl auch keine Priorität.
- **Toiletten:** In vielen Ländern und besonders im ländlichen Raum ist die einfache Hocktoilette verbreitet. Meistens steht dort ein mit Wasser gefülltes Gefäß bereit oder es ist fließendes Wasser vorhanden, mit dem die Reinigung vorgenommen werden kann. Diese Reinigung erfolgt mit der linken Hand, weshalb sie für andere Verrichtungen als *haram,* als verboten oder unrein gilt. Vielerorts und besonders im städti-

schen Bereich gibt es aber auch Toiletten nach westlichem Vorbild und Toilettenpapier zur Reinigung.

- **Verbote:** In islamischen Ländern trifft man auf andere Empfindlichkeiten und Kultur- oder Moralstandards. Respektloses Verhalten gegenüber dem Islam kann schnell als Blasphemie ausgelegt werden. Besonders Moscheen und der Koran sind mit Respekt zu behandeln, aber auch in Gesprächen und Diskussionen sollte keine vorschnelle Kritik angebracht werden, z. B. am Propheten oder der Scharia. Auch mit negativen Äußerungen an der Regierung oder dem jeweiligen Herrscher sollte man vorsichtig sein; vielfach werden auch Staatssymbole, z. B. eine Flagge, mit besonderer Ehrerbietung behandelt. Der Umgang mit Alkohol und Rauschmitteln sollte sehr sensibel gehandhabt werden: So ist es verpönt, deutlich alkoholisiert in der Öffentlichkeit zu agieren. Nacktbaden und intime Handlungen sind in jedem Fall zu unterlassen und Homosexualität sollte nicht offen demonstriert werden. Der Verstoß gegen diese Regeln und Verbote kann – auch bei Ausländern – geahndet und mit Bußgeldern belegt werden oder in einer Ausweisung münden.

Buzkashi-Reiter sind die jungen Helden dieses Dorfes in Kirgistan

- **Verschleierung:** Die Verschleierung von Frauen reicht von einem leichten Tuch, das lose um den Kopf gelegt wird, bis zur Burka, einem Ganzkörperumhang, der die Person komplett verhüllt. Dazwischen gibt es viele verschiedene Verschleierungsformen, wie den *hidschab,* der Kopf und Haaransatz bedeckt, aber das Gesicht frei lässt, den iranischen *tschador* (s. S. 118) oder den *nikab,* der nur die Augen der Trägerin freilässt. Die Frage, ob und wie sich muslimische Frauen verschleiern sollen, wird seit langer Zeit heftig diskutiert. Ein eindeutiges Verschleierungsgebot lässt sich aus dem Koran nicht herauslesen. Wichtiger als religiöse Regeln scheint die Zugehörigkeit zu Stadt- oder Landbevölkerung zu sein, zu wohlhabenden, modernen oder konservativen gesellschaftlichen Schichten, die den Grad der Verschleierung bestimmt. Viele muslimische Frauen verzichten ganz auf eine Kopfbedeckung. Eine Verschleierung oder die Bedeckung des Kopfes ist für Ausländerinnen in den meisten Ländern nicht notwendig, in abgelegenen Provinzen oder Dörfern mancher Länder kann es aber durchaus angebracht sein, ein Kopftuch zu tragen. Einem gesetzlich vorgeschriebenen Kopftuchzwang sind Ausländerinnen nur im Iran und in Saudi-Arabien unterworfen. Für Moscheebesuche ist auch für Ausländerinnen ein den Kopf und den eventuellen Ausschnitt verhüllendes Tuch obligatorisch.
- **Vetternwirtschaft und Korruption:** Netzwerke – und besonders verwandtschaftliche – sind für Menschen in den meisten islamisch geprägten Gesellschaften von großer Wichtigkeit. Um die persönliche Position im Netzwerk zu stabilisieren und auszubauen, kann es beispielsweise von Vorteil sein, einem entfernten Verwandten einen Gefallen zu tun – er wird sich bei Gelegenheit revanchieren. Das persönliche Verhältnis kann dann Vorrang haben vor jeder sachlichen Aufgabe und jedem Auftrag. Auch bei Stellenbesetzungen werden oftmals die Angehörigen der eigenen Gruppe bevorzugt. Nicht jede Handlung, die durch diesen soziokulturellen Kontext bedingt wird, ist mit „Korruption" in unserem Sinne zu vergleichen. Für viele Menschen ist die Bevorzugung eines Angehörigen eine Selbstverständlichkeit und/oder Notwendigkeit. Aber auch Korruption ist in vielen Ländern weit verbreitet und eine Plage besonders für die wirtschaftlich weniger gut gestellten Schichten, da z. B. für viele einfache Dienstleistungen ein Obolus entrichtet werden muss. Auch Touristen können zur Kasse gebeten und aufgefordert werden, zusätzliche Zahlungen für Dienstleistungen oder „bevorzugte Behandlung" zu leisten. Es muss natürlich jeder Reisende selbst entscheiden, wie die beste Verhaltensstrategie in solchen Fällen aussieht, aber um diese Systeme nicht zu verstärken und weitere

- **Zärtlichkeiten:** Kulturelle und religiöse Vorstellungen haben zu einer großen Distanz der Geschlechter in der Öffentlichkeit geführt, dies gilt besonders für die konservativeren der islamisch geprägten Länder und ländliche Gebiete. Sollten Sie mit Ihrem Partner oder Ihrer Partnerin reisen, sollten Sie zurückhaltend mit dem Austausch von Zärtlichkeiten in der Öffentlichkeit sein. Was in der modernen Stadt oder einem Touristenzentrum völlig unproblematisch erscheint, kann in einem entlegenen Bergdorf Empörung hervorrufen. In einigen Ländern (z. B. arabischer Raum, Jemen, Afghanistan, Pakistan) gilt selbst in den Städten das zwischengeschlechtliche Händchenhalten als ungehörig, wohingegen es bei gleichgeschlechtlichen Partnern akzeptabel ist. In letzterem Fall gilt es als Zeichen der Freundschaft und wird nicht als homosexuelle Sympathiebezeugung verstanden.

Anreize zu schaffen, sollte das Zahlen von „Schmiergeldern" möglichst vermieden werden. Lieber auf eine fragwürdige Bevorzugung verzichten und bei Dienstleistungen, die einem zustehen, auf diese auch ohne Zuzahlung bestehen.

- **Zeitrechnung:** Die islamische Zeitrechnung beginnt mit der Auswanderung (arab. *hidschra*) des Propheten Muhammad von Mekka nach Medina im Jahr 622 n. Chr. Sie beruht auf einem Mondjahr ohne Schalttage und -monate, wodurch es zehn bis elf Tage kürzer ist als das Sonnenjahr. 33 Jahre islamischer Zeitrechnung entsprechen etwa 32 Jahren christlicher Zeitrechnung (nach dem Gregorianischen Kalender). Das ist der Grund, warum die Daten des islamischen Kalenders mit den religiösen Festen rückwärts durch die Jahreszeiten wandern. Der neue Tag beginnt jeweils mit dem Sonnenuntergang, da der Mond der eigentliche Zeitregler ist. Das Jahr 2017 entspricht dem Jahr 1438 nach islamischem Kalender.

- **Zeitverständnis:** In den westlichen Gesellschaften ist es üblich, sich permanent an der Uhrzeit zu orientieren; man nimmt exakte Planungen und Zeiteinteilungen vor und misst Zeitvorgaben und Pünktlichkeit einen großen Wert bei. Angehörige traditioneller Gesellschaften geben sich eher mit ungefähren Zeitangaben zufrieden. Die Zeit wird subjektiv-persönlich gehandhabt. Die Zeiteinteilung hat besonders in ländlichen Gebieten eine geringere Bedeutung, was sich auf die Pünktlichkeit auswirken kann. Im geschäftigen Stadtleben haben aber bereits große Veränderungen stattgefunden. Der in vielen Fällen eher entspannte Umgang mit Zeit, Planung und Organisation sollte nicht gleich mit Unzuverlässigkeit gleichgesetzt werden. Unpünktlichkeit (manchmal auch in ritualisierter Form) lässt nicht unbedingt auf Desinteresse am Treffen oder der (vielleicht wartenden) Person schließen.

Extrainfo 3 (s. S. 8): Hintergrundwissen über „den Islam", aktuelle Infos und viele Links

Der Islam – ein kurzer Abriss

Die Entstehung des Islam | 40

Das Erbe des Propheten | 42

Die fünf Säulen des Islam | 46

Sunniten und Schiiten – die Spaltung des Islam | 48

Die religiöse Geistlichkeit | 52

Die mystische Seite des Islam | 55

Elemente des Volksislam | 60

Die wichtigsten Feste und Feiertage | 66

Fragen und Antworten | 70

◁ Dieser Geistliche aus Isfahan (Iran) konzentriert sich auf die religiösen Texte (013ki-st)

Der Islam umfasst mehr als 14 Jahrhunderte Geschichte, geschätzte 1,6 Milliarden Menschen und vielfältige religiöse und kulturelle Traditionen. Ausgehend von seinem Ursprungsland auf der arabischen Halbinsel hat sich der Islam auf der ganzen Welt ausgebreitet; besonders präsent ist er im Nahen und Mittleren Osten, in Nordafrika und im Afrika südlich der Sahara, in Süd- und Zentralasien und mit Indonesien und Malaysia in der Region Südostasien. Er vermittelt dem Leben seiner Anhänger einen Sinn und hat die Menschen unterschiedlicher Länder und unterschiedlichen Ursprungs gelehrt, wie Brüder und Schwestern miteinander zu leben. Er hat eine Zivilisation hervorgebracht, die durch ihre Errungenschaften die ganze Menschheit bereichert hat. Im Namen dieser Religion (wie auch anderer) werden leider auch Hass und Gewalt verbreitet; auch diese Facette gehört zu einer der großen Religionen unserer Welt.

Die Entstehung des Islam

Der **Prophet Muhammad** wird von den Muslimen als Gesandter Gottes verehrt und als Vorbild und gutes Beispiel in allen Belangen des Lebens betrachtet. Er wurde um das Jahr 570 in der Handelsstadt **Mekka** geboren. Bis zu seinem 40. Lebensjahr führte er das Leben eines Händlers und zog mit Karawanen durch Arabien. Im Jahr 610 hatte er auf einem Berg nahe Mekka eine göttliche Erscheinung: Der Erzengel Gabriel verkündete ihm dort den Willen **Allahs,** des alleinigen Gottes. Der Händler Mu-

Kuppellandschaft im Iran

hammad verstand sich nach diesem einschneidenden Ereignis als Prophet und predigte die neue Botschaft. Bis zu seinem Tod im Jahr 632 empfing er Offenbarungen durch den Erzengel Gabriel, die später im Koran zusammengestellt wurden. Zunächst verbreitet Muhammad seine Lehre nur in seiner Heimatstadt Mekka. Diejenigen, die den neuen Glauben annehmen, heißen später **„Muslime" – die „sich Gott Unterwerfenden".** Er wird mit seinen Lehren und Taten zum Begründer einer neuen Religion, des Islam. Aufgrund von machtpolitischen Auseinandersetzungen der vorherrschenden arabischen Stämme sind Muhammad und seine Gefährten in der Heimatstadt Mekka bedroht. Einige der vorherrschenden Gruppen aus **Medina** sind sowohl religiös als auch politisch von Muhammad überzeugt und bieten ihm Asyl an. Mit der **hidschra,** der **Auswanderung des Propheten von Mekka nach Medina,** beginnt die **Zeitrechnung der Muslime.** Im Jahr 621 wird **Jathrib,** die Stadt des Exils, zu Medina, der Stadt des Propheten. **632 stirbt Muhammad** im Haus seiner Frau Aischa, deren Vater, Abu Bakr, zu seinem ersten Nachfolger gewählt wird.

Der Koran

Der Koran, das aus islamischer Sicht unumstößliche und unveränderliche Wort Gottes, ist die Grundlage des Islam und baut religionsgeschichtlich auf den heiligen Büchern der monotheistischen Religionen der Juden und Christen (Thora und Bibel) auf. Die Offenbarung des Korans erstreckte sich über einen Zeitraum von zwei Jahrzehnten.

Die Sammlung der Verkündigungen Muhammads wurde um 650 erstmals in eine verbindliche Fassung gebracht. Das heilige Buch wurde von Osman, dem dritten Kalifen und Nachfolger Muhammads, aufgezeichnet. Anders als die Bibel, die man auch als Geschichtswerk lesen kann, gilt der Koran allein als Gottes Offenbarung. Der Koran enthält Richtlinien und Anordnungen für das tägliche Leben und die gesellschaftliche Ordnung. Nicht nur der wörtliche Inhalt des Korans hat für die Gemeinde der Gläubigen höchste Bedeutung, sondern auch die korrekte Rezitation der Suren in der arabischen Originalsprache. Die wohlklingende Wiedergabe soll magische Wirkung haben und das Hören und Rezitieren der Suren gilt als verdienstvolle Beschäftigung. Der Koran als Buch wird von den Gläubigen besonders pfleglich behandelt und in Ehren gehalten. In vielen Haushalten wird er, in ein schönes Tuch gewickelt, an einem hoch gelegenen Ort aufbewahrt, damit kein anderes Buch „über ihm steht". Verunglimpfungen des Korans können als Gotteslästerung geahndet und hart bestraft werden.

Das Erbe des Propheten

Der Koran ist die Manifestation des Wortes Gottes, bietet aber nicht genug Informationen, um alle Belange des Lebens zu regeln. Schon die Gläubigen der Frühzeit benötigten **neben dem Koran weitere Quellen,** auf die sie bei ungeklärten Fragen zurückgreifen konnten. Im Lauf der Jahrhunderte kamen weitere überlieferte Berichte über das, was der Prophet Muhammad gesagt, getan und gebilligt hatte, hinzu, die als „**hadithe**" (wörtlich: Gespräch, Mitteilung) bezeichnet werden. Die Gesamtheit der *hadithe* bildet die **sunna** (wörtlich: Brauch, Tradition). Diese Schriftensammlung dokumentiert das Leben des Propheten und empfiehlt den Gläubigen, sich am Vorbild des Propheten zu orientieren. Die Anordnungen über die religiösen Pflichten sowie ein Großteil der **Scharia,** des islamischen Strafrechts, lassen sich sowohl aus dem Koran als auch aus der *sunna* ableiten. Viele der *hadithe* waren allerdings gefälscht oder neu erfunden und mussten geprüft und bewertet werden. Bei jedem *hadith* musste festgestellt werden, ob sich die Kette der Überlieferer lückenlos bis zu Muhammad oder dem Kreis seiner Vertrauten zurückverfolgen ließ. Der Gelehrte Bukhari, der im 9. Jahrhundert lebte, soll 60.000 *hadithe* auf ihre Echtheit überprüft und 7000 als authentisch beurteilt haben. Die **Hadith-Sammlung von Bukhari** stellt die bedeutendste und bekannteste dar. Weite Teile der sunnitischen Rechtsprechung basieren auf Bukharis Zusammenstellung. Lassen sich neu entstehende Probleme nicht mit Koran und *sunna* allein lösen, können **Konsens und Analogieschluss** zu Hilfe genommen werden. Der Konsens ist ein von den Rechtsgelehrten gemeinschaftlich gefundenes Urteil zu bestimmten Fragen der Rechtsprechung. Bei der Anwendung des Analogieschlusses wird von einem im Koran oder der *sunna* behandelten Fall auf einen ähnlich gelagerten geschlossen. Ein oft genanntes Beispiel ist das in beiden Schriften festgehaltene Verbot des Weingenusses – im Analogieschluss

◁ Florale Ornamente statt Bilder, hier in Isfahan (Iran)

wird das Verbot auf alle alkoholischen Getränke ausgeweitet. An der Frage, ob ein Konsens als Mittel der Rechtsfindung zulässig ist, entzweien sich die vier sunnitischen Rechtsschulen. Malikiten, Schafiiten, Hanafiten und Hanbaliten stehen aber trotzdem gleichberechtigt nebeneinander (zu den anderen Rechtsschulen siehe die entsprechenden Einträge im Glossar). Die **Scharia** („was vorgeschrieben ist") ist das **islamische Religionsgesetz** und basiert auf den in Koran und *sunna* festgelegten Vorschriften. Sie ist der Wegweiser, mit dem die Gläubigen zu einem Leben im Sinne des Islam gelangen können. Sie wurde über drei Jahrhunderte hinweg von muslimischen Theologen und Rechtsgelehrten entwickelt. Entscheidungen zu Einzelfragen wurden zu größeren Sachgebieten zusammengefasst (eingeteilt in Ehe, Scheidung, kriegerische Auseinandersetzungen usw.). Als Fallsammlungen wurden sie in umfassenden Rechtskompendien schriftlich niedergelegt. Das islamische Recht gilt für alle Lebensbereiche und schließt ausdrücklich auch Fragen der Moral mit ein. Die rechtskundigen Gelehrten können großen Einfluss ausüben, weil in ihren Verantwortungsbereich sowohl große politische Entscheidungen als auch intimste Handlungen, Verbrechen und Fragen des alltäglichen Lebens fallen. Da die Scharia nicht von Herrschern oder staatlichen Autoritäten entwickelt wurde, hat sie in den Bereichen Staat, Verwaltung und Finanzen wenig Aussagekraft. Ihr **Schwerpunkt** liegt auf den **Bereichen des Alltags- und Familienlebens,** der **Religionsausübung** und den **Traditionen.** Die Scharia ist weder ein kodifiziertes Gesetzbuch noch ein Katalog von harten Strafen. Sie ist ein Gebilde, dessen Regeln je nach Rechtsschule variieren und das von den Rechtsgelehrten ständig erweitert wird. Im Lauf der Jahrhunderte stellten sich den Gläubigen und Rechtsgelehrten immer neue Fragen – waren es in den Anfangszeiten des Islam Themen, die sich beispielsweise um den Karawanenhandel und Tributzahlungen drehten, können es heute ganz aktuelle Themen sein wie die Einhaltung von Fastenzeiten im Ramadan in Ländern, in denen im Sommer die Sonne nicht untergeht, die Nutzung der Gentechnik oder Bekleidungsregeln für muslimische Mädchen im Sportunterricht.

Auch das Strafmaß der Scharia richtet sich zum größten Teil nach den in Koran und *sunna* beschriebenen Bestrafungen – es ist gottgegeben und verbindlich. Bei Ehebruch z. B. droht Verheirateten die Steinigung. Einem Dieb ist die rechte Hand abzuschlagen und auf den, der vom Glauben abfällt, wartet ebenfall die Todesstrafe durch Steinigung. Für Mord wird das Vergeltungsrecht angewandt: Der nächste männliche Verwandte des Opfers erhält das Recht, den Täter eigenhändig zu töten. Viele islamische Länder haben im 19. Jahrhundert begonnen, **Strafgesetzbücher** zu erlassen, die sich an der Rechtsprechung europäischer Länder orientieren.

> **Extrainfo 4** (s. S. 8): ZDF History befasst sich mit Muhammads Erben, der Geschichte der Araber

Islam versus Demokratie?

Demokratie ist ein Gesamtkonzept, das auf verschiedene Revolutionen im europäischen Raum zurückgeht. Sie ist Folge eines langen historischen Entwicklungsprozesses und der Aufklärung. Demokratie kann nicht funktionieren, wenn nur Elemente wie beispielsweise freie und geheime Wahlen herangezogen werden, aber der Schutz der Menschrechte des Individuums abgelehnt wird oder die Gleichstellung von Frauen und Männern nicht stattfindet. Untersuchungen deuten in die Richtung, dass Demokratie in ihrer Idealform nur verbunden mit dem Laizismus, der strikten Trennung von Staat und Religion, verwirklicht werden kann. In diesem politischen System steht das Individuum im Mittelpunkt – auf der Grundlage seiner Individualität und nicht der/seiner Zugehörigkeit zu einer Glaubensgruppe.

Um die Frage zu klären, ob es islamische Demokratien oder ein islamisches Demokratieverständnis gibt, muss zunächst in die Anfangszeit der Religion zurückgeblickt werden. Das islamische Staatsverständnis entwickelte sich bereits in der unmittelbaren Nachfolge des Propheten und basiert auf dem Koran und der Sunna. Gott ist demnach der oberste Souverän, der Kalif oder Imam sind seine Stellvertreter auf Erden und die weltlichen religiösen Herrscher. Rechtsgelehrte und herausragende Persönlichkeiten der Gemeinde bilden ein Beratungsgremium, welches auch als Schura bezeichnet wird. Die Basis in diesem Konstrukt bildet die Ummah, die Gemeinschaft der Gläubigen. Der Kalif, der an der Spitze des Staates steht, muss sich innerhalb des islamischen Normensystems bewegen und wird ernannt oder gewählt. Obwohl es zu diesem Vorgang keine genaueren Angaben gibt, sehen einige Islamwissenschaftler hier demokratische Elemente. Auch die Schura-Versammlung bietet Anknüpfungspunkte für demokratische Vorstellungen, wenn man von einer Wahl durch die Gläubigen ausgeht, wodurch die Versammlung einen parlamentarischen Charakter erhält. Nach dem Zusammenbruch des Osmanischen Reichs und der Abschaffung des Kalifats gibt es keinen islamischen Staat mehr, der dem klassischen Staatskonzept entspricht. Die meisten Muslime leben inzwischen in Staaten, die bis zu einem gewissen Grad als demokratisch bezeichnet werden

Damit wurde auch die Lücke geschlossen, die die Scharia im rechtsstaatlichen Bereich offen lässt. Im Zuge der Re-Islamisierung wurde die Scharia in einigen islamischen Ländern wieder eingeführt bzw. ist ein **Rechtspluralismus** durch parallel existierende Rechtssysteme entstanden. In vielen islamischen Ländern ist die Scharia eine der Grundlagen der Gesetzge-

Extrainfo 5 (s. S. 8): Der Islam im Konflikt: ARTE-Dokumentation aus der Reihe „Mit offenen Karten"

können – oder von totalitären Regimen beherrscht werden, die sich einen demokratischen Anstrich geben. Die Türkei galt lange Zeit als Sonderfall, denn sie hatte Strukturen entwickelt, die als demokratisch galten. Die Verbindung aus westlicher Demokratie und islamischem Erbe konnte funktionieren, weil dem Staat Laizismus verordnet worden war. Der Islam war fortan nicht mehr Grundlage des Staates, sondern ein Element der Zivilgesellschaft. Inzwischen scheint sich in der Türkei aber wieder ein anderes Staats- und Religionsverständnis zu verbreiten – zumindest in der Regierung und in Teilen der Bevölkerung. Islamistische Gruppierungen in den unterschiedlichsten Ländern propagieren die Rückkehr zu den Idealen des klassischen islamischen Staatskonzepts, gemäßigte Islamisten versuchen die Staatstheorie dabei an westliche Demokratiekonzepte anzubinden. Mit Gott als Souverän, der Verpflichtung, dem Kalifen Gehorsam zu leisten und unklaren Wahl- oder Ernennungsprozessen ist die Vereinbarkeit von klassischem islamischen Staat und Demokratie zweifelhaft. Auch die Scharia ist ein Streitpunkt in der Diskussion um Kompatibilität von Islam und Demokratie. Sie stellt kein kodifiziertes Recht in Form einer Gesetzessammlung dar, sondern ist eine Auslegung von Quellen. Sie kann immer wieder neu interpretiert werden, was im Lauf der Geschichte auch geschehen ist. In Konflikt mit der Demokratie kommen die als unveränderlich geltenden Bestandteile der Scharia, die Religionsfreiheit, Gleichheit der Geschlechter und Todes- und Körperstrafen betreffen (Amputationen von Gliedern, Steinigung, usw.). Auch wenn auf der Basis der vorhandenen religiösen Konzepte in der Regel eine moderne Demokratie nicht aufzubauen ist, sprechen sich verschiedene islamische Organisationen heute für demokratische Staatsformen aus, darunter auch die Organisation für islamische Zusammenarbeit (OIC), die sich als politischer Zusammenschluss aller islamischen Staaten versteht. Seit einigen Jahren ruft die Organisation dazu auf, demokratische Strukturen zu entwickeln und die Regierungsführung zu verbessern. Für viele Muslime, die in quasi-demokratischen Staaten leben, ist die theoretische Diskussion über die Vereinbarkeit von Islam und Demokratie überflüssig. Ihnen ist wichtig, dass die Demokratie in ihrem Land verwirklicht wird oder funktioniert, auch wenn sie nur unvollkommen ist.

bung, besonders was familienrechtliche Fragen angeht. In Saudi-Arabien dominiert die dortige Auslegung sogar alle anderen Rechtsquellen.

Die Fragen der Gläubigen werden von Rechtsgelehrten durch religiösrechtliche Gutachten, die **„fatwas",** beantwortet. Diese Antworten können das Regelwerk der Scharia erweitern – je nach Rechtsschule können die *fatwas* aber ganz unterschiedlich und teilweise sogar gegensätzlich ausfallen. Ein Rechtsgelehrter kann mit einer weiteren *fatwa* ein Gegengutachten erstellen. Daraus erklärt sich, dass sich die Scharia von Region zu Region unterscheidet, auch die verschiedenen Rechtsschulen und manchmal sogar einzelne Rechtsgelehrte vertreten „eigene Versionen".

Die **Kolonialherrschaft** brachte **neue Rechtskonzepte** in die verschiedenen islamischen Länder, die Idee von der Trennung von Religion und Staat und Gesetze nach europäischem Vorbild. Der **Einfluss von Rechtsgelehrten** wird dadurch in vielen Ländern, deren Regierungen sich westlich orientieren, auf religiöse Bereiche beschränkt. Erst durch das Aufleben islamistischer Bewegungen konnten sie in einigen Ländern eine größere Einflusssphäre inklusive politischer Macht zurückerobern (z. B. die Islamische Revolution im Iran, die Taliban in Afghanistan, Herrschaftsansprüche des IS).

Die fünf Säulen des Islam

„Der Islam ist auf fünf Säulen gebaut: dem Bekenntnis, dass es keinen Gott gibt außer Gott und dass Muhammad der Gesandte Gottes ist; dem Verrichten des Gebets; dem Almosengeben; der Pilgerfahrt und dem Fasten im Monat Ramadan."

Dieser überlieferte Ausspruch des Propheten *(hadith)* enthält die fünf Grundpflichten, die für jeden Muslim und jede Muslima gelten.
Das **Glaubensbekenntnis** ist die erste der fünf Säulen des Islam, mit dem die Annahme des islamischen Glaubens ausgedrückt wird. „Ich bezeuge, dass es keinen Gott außer Gott gibt und dass Muhammad sein Gesandter ist". Muhammad gilt als der letzte Prophet in der langen Reihe der Propheten und schließt somit die früheren Offenbarungen ab.

Die zweite Säule ist das **Pflichtgebet**, das fünfmal am Tag verrichtet werden muss. *Azan,* der Ruf vom Minarett der Moschee, soll die Gläubigen daran erinnern. Bedingung für ein korrektes Gebet ist die Reinheit des Körpers, weshalb vor jedem Gebet eine kurze Waschung stattfindet. Nach groben Verunreinigungen oder vor dem Freitagsgebet in der Moschee ist eine ausführliche Waschung erforderlich. Frauen verrichten ihre Gebete üblicherweise in ihren Häusern und nicht öffentlich in Moscheen.

> Die Gebetszeiten

Extrainfo 6 (s. S. 8): Umfassende Dokumentation über die Geschichte des Islam: Grundlagen und die Säulen der Religion werden erläutert.

Zakat ist die dritte Säule des Islam und bezeichnet das festgelegte Almosengeben. Es handelt sich um eine Art Steuer, die für Arme und Bedürftige oder den Aufbau von Religionsschulen verwendet wird. Im Idealfall soll *zakat* als Teil eines Sozialsystems die Versorgung der Armen durch „Besteuerung" der Reichen sichern und wird vom Staat erhoben.

Die vierte Säule ist die **Pflicht des Fastens im Monat Ramadan,** dem neunten Monat des 354-tägigen islamischen Mondkalenders. Der Ramadan gilt als der heilige Monat des Islam, weil zu diesem Zeitpunkt die Offenbarung des Korans begann. Von Sonnenaufgang bis Sonnenuntergang nehmen die Gläubigen keinerlei Speise oder Flüssigkeit zu sich. Erst am Abend nach dem Gebet trifft man sich zum *iftar,* dem Fastenbrechen und gemeinsamen Mahl. Der Mensch soll sich eine Zeit lang von profanen Bedürfnissen abwenden und auf Gottes Wort konzentrieren. Das Eid-Fest am Neumondtag beendet die Fastenzeit.

Die fünfte und letzte Säule des Islam ist die **„hadsch", die Pilgerfahrt nach Mekka.** Die große Pilgerfahrt findet jährlich im Monat Dhu al-hidja statt, die kleine Pilgerfahrt, auch *umrah* genannt, kann zu jeder beliebigen Zeit erfolgen. Der Geburtsort des Propheten ist das Ziel von Millionen Gläubigen, die diese Reise zumindest einmal in ihrem Leben unternehmen sollten. Ein Zustand der rituellen Reinheit ist angestrebt – die Pilger scheren ihre Köpfe (zumindest die Männer) und legen reine weiße Gewänder an. Sie verrichten ihre Gebete und umrunden die **„kaaba",** die als religiöses Symbol an den Stein erinnert, auf dem Abraham Gott sein größtes Opfer, seinen eigenen Sohn, darbringen wollte. Überreste des Tempels, den Abraham für Gott errichtet hat, sollen in das Gebäude der *kaaba*

integriert sein. Der mit schwarzen Tüchern abgedeckte Schrein verfügt über eine große Tür aus Gold und Silber, die einmal im Jahr zu Beginn der Pilgersaison von hohen islamischen Würdenträgern geöffnet wird. Die große Pilgerfahrt beginnt und endet in Mekka. An verschiedenen anderen heiligen Orten, die als Zwischenstationen dienen, werden aber weitere religiöse Rituale durchgeführt. Viele Pilger besuchen auch Medina, die Stadt des Propheten, 300 km von Mekka entfernt. Hauptbestandteil der kleinen Pilgerreise ist das Umrunden der *kaaba* in Mekka. Kein Gläubiger muss sich für die *hadsch* in Schulden stürzen, aber wer es sich finanziell leisten kann, soll sich auf die Pilgerreise begeben. Die in die Heimat zurückkehrenden Pilger werden mit allen Ehren empfangen und tragen zukünftig den Titel *hadschi* – oder *hadscha* für Frauen, denn auch für sie gilt die heilige Pflicht der Pilgerreise.

Sunniten und Schiiten – die Spaltung des Islam

Die Spaltung des Islam in die sunnitische und die schiitische Glaubensrichtung geht fast bis zu den **Ursprüngen der Religion** zurück und ergab sich aus dem Streit um die Führerschaft der religiösen Gemeinschaft nach dem Tod des Propheten Muhammad. Dieser hatte keine direkten männlichen Nachkommen und weder einen Nachfolger bestimmt noch eine Vorgehensweise zu dessen Wahl festgelegt. Sollte sich die Führungsrolle aus der Abstammungslinie, also der Erbfolge ergeben – oder sollten die Anführer von den Gläubigen gewählt werden? Zunächst blieb unklar, wie man die Führer auswählen und welche Macht man ihnen zugestehen sollte. Die Anhänger des Propheten, die nach seinem Tod zusammenkamen, wählten **Abu Bakr,** den Vater von Muhammads Lieblingsfrau Aisha, zum Nachfolger. 634 wurde **Omar ibn al-Chattab** zum zweiten **Kalifen** (siehe „Islam versus Demokratie?" auf S. 44) gewählt und zehn Jahre später wurde **Uthman ibn Affan,** ein Schwiegersohn des Propheten, der dritte Kalif. Seine Regierungszeit erhielt durch die endgültige Abfassung des Korans Bedeutung. Seine politischen Gegner waren Anhänger des Vetters des Propheten, **Ali ibn Abi Talib,** und wählten diesen zum vierten Kalifen. Die **Omaiyaden** aber, eine einflussreiche, mit dem Propheten verwandte Familie aus Mekka, verweigerten Ali, dem vierten Kalifen, die Gefolgschaft. Die Auseinandersetzungen nahmen kriegerische Ausmaße an und schließlich fiel Ali im Jahr 661 einem Attentat zum Opfer. Die Anhänger Alis, des letzten der „vier rechtgeleiteten Kalifen", nannten sich **Schiiten.** Sie hielten daran fest, dass **Alis Nachkommen die rechtmäßigen Führer der muslimischen Gemeinde** seien. Alis Sohn Hassan verzichtete auf den

Extrainfo 7 (s. S. 8): ZDF-Info-Beitrag zum Unterschied zwischen Sunniten und Schiiten

Herrschaftsanspruch, aber sein Bruder Hussain versuchte mit Waffengewalt, der nächste Kalif zu werden. Er wurde 680 in der Schlacht von Kerbela mit seinen Gefährten niedergemetzelt.

Die Mehrheit der Schiiten gehört den Zwölfer-Schiiten an, es gibt aber zahlreiche weitere Untergruppierungen, zu denen auch die sogenannten Siebener-Schiiten gehören. Der **Imam** ist der religiöse Führer der muslimischen Gemeinde und gilt wie die Propheten als göttlich legitimiert. Anhänger der *schia* glauben, dass Imam und Koran die zwei untrennbar miteinander verbundenen Säulen religiöser Erkenntnis sind.

Die **Zwölfer-Schiiten** führen die Reihe der Nachfolge bis zum zwölften **Imam Muhammad al-Mahdi** fort, der als „Verborgener Imam" bezeichnet wird, weil er angeblich als Kind in die Verborgenheit „entrückt" wurde. Es wird erwartet, dass er einst als Erlöser (*„mahdi"*) zur muslimischen Gemeinde zurückkehrt. Die schiitische Geistlichkeit übt in der Zwischenzeit nur vertretungsweise die Macht für den „verborgenen Imam" aus. Eine Minderheit unter den Schiiten sind die **Ismaeliten**, deren eine Untergruppe (Nizari-Ismaeliten) als Anhänger des Aga Khan bekannt geworden sind. Die Ismaeliten sind **Siebener-Schiiten**, die eine Reihe von sieben Imamen verehren und sich auf den siebten und letzten Imam Ismail stützen. Der jetzige Karim Aga Khan IV. ist ihre unfehlbare religiöse Autorität, sein Vorfahre, Aga Khan III., hat 60 Jahre lang die Gemeinde geführt und ihr behutsam eine weitsichtige Reformpolitik und moderne Weltanschauung nähergebracht. Die Imame der Siebener-Schiiten gelten als Imam-Kalifen, obwohl das **Kalifat** seit 1926 faktisch nicht mehr besteht. In jenem Jahr versuchte man, nachdem die Kalifate in der Türkei und in Saudi-Arabien beendet worden waren, auf einem muslimischen Kongress in Kairo einen neuen Kalifen zu wählen, aber der Versuch scheiterte.

Ajatollah Khomeini wacht über die Gläubigen

Religionsgemeinschaften mit islamischen Elementen

- **Aleviten** *(arab. für „Anhänger Alis")* sind Mitglieder einer Glaubensrichtung, die im 13. und 14. Jahrhundert in der Türkei entstand. Die Zuordnung des Alevitentums in seiner heutigen Form zum (schiitischen) Islam ist umstritten – sowohl unter den Aleviten selbst als auch in der Religionswissenschaft, obwohl die Verehrung der zwölf schiitischen Imame und besonders Alis Bestandteil ihres Glaubens ist. Da die meisten der für Sunniten und Schiiten geltenden Gebote aus dem Koran und den Überlieferungen nicht befolgt werden, sind die Aleviten seit osmanischer Zeit Unterdrückung und Verfolgung ausgesetzt. Werte wie Nächstenliebe, Bescheidenheit und Geduld prägen den Glauben. Aleviten vertreten humanistische und universalistische Prinzipien und hoffen auf die Erleuchtung des Gläubigen. Mit schätzungsweise 15–25 % der Bevölkerung stellen sie die zweitgrößte Religionsgruppe der Türkei dar.
- Die **Drusen** *(arab. für „Bekenner der Einheit Gottes")* sind als Religionsgemeinschaft seit dem 11. Jahrhundert in Ägypten bekannt. Sie gelten als Abspaltung der ismaelitischen Schia und sind von dieser Tradition geprägt. Durch die Beimischung anderer religiöser Prinzipien und Glaubensvorstellungen (z. B. der Seelenwanderung und der Reinkarnation) haben sie sich von den Ursprüngen so weit entfernt, dass man von einer eigenständigen Religion spricht und die Drusen nicht mehr als eine Richtung des Islam ansieht. Angehörige dieser Religionsgemeinschaft leben heute vor allem im Nahen Osten (Syrien, Libanon, Israel und Jordanien).

◩ Ali war der Vetter und Schwiegersohn Muhammads
(Porträt des persischen Hofmalers Hakob Hovnatanyan)

▷ Gruppe von Ahmadiyya um Mirza Ghulam Ahmad (in der Mitte des Bildes)

- *Die Bezeichnung der Religionsgemeinschaft der **Ahmadiyya** leitet sich von Mirza Ghulam Ahmad ab, der sie in den 1880er-Jahren in Britisch-Indien gründete; einige Jahre später wurde sie unter dem Namen „Ahmadiyya Musalmans" in die offiziellen Zensuslisten der britisch-indischen Verwaltung eingetragen. Die Gemeinde versteht sich als Reformbewegung des Islam und orientiert sich an den religiösen Quellen wie Koran und Sunna, räumt aber auch den Schriften des Gründers breiten Raum ein. Er bezeichnete sich nicht nur als der vom Propheten Muhammad angekündigte „mahdi" (s. S. 49), sondern verstand sich auch als die prophezeite Wiederkehr von Jesus, Krishna und Buddha in einer Person. Ghulam Ahmed strebte die Vereinigung aller Religionen unter dem Schirm des Islam an. Besonders aufgrund dieser letztgenannten Interpretationen werden die Ahmadiyya von anderen islamischen Gruppierungen als Abweichler vom Islam betrachtet und die Anhänger als „Ungläubige" oder „Gotteslästerer" verfolgt.*

- *Die **Bahai** berufen sich auf die Lehren des persischen Religionsstifters Bahaullah (1817–1892) und sind nach ihm benannt. Für diese Religionsgemeinschaft gehören die Heiligen Schriften aller Weltreligionen zum gemeinsamen religiösen Erbe der Menschheit, weil alle Religionsstifter aus derselben göttlichen Quelle geschöpft hätten. Nach dem Glauben der Bahai sind die Unterschiede zwischen den Religionen historisch bedingt und gelten als Ausdruck unterschiedlicher Bedürfnisse und kultureller Prägungen. Die formelle Trennung vom Islam erfolgte 1948 als Ergebnis eines Konzils einflussreicher Anhänger der Bewegung. Das Werk Bahaullahs wird als Gottesoffenbarung betrachtet. Die Bahai werden auf acht Millionen Anhänger geschätzt und leben heute außer im Iran in Israel, Indien, Afrika, Süd- und Nordamerika. In Haifa, Israel, befindet sich heute das geistige und administrative Zentrum der Bahai. Der Schrein des Religionsgründers auf dem Berg Kamel und zahlreiche andere Gebäude, z. B. die große Bibliothek, stehen den Bahai-Pilgern und Besuchern aus aller Welt offen. In ihrem Ursprungsland Iran bilden sie die größte religiöse Minderheit, sind dort aber Verfolgung und Diskriminierung ausgesetzt.*

Die religiöse Geistlichkeit

In fast allen Ausrichtungen des Islam gibt es **keine einzelne Institution,** welche die Lehre vorgibt: keinen Papst, kein Konzil, keine Bischofsversammlung. Die „**ulema**", wie die islamische Geistlichkeit genannt wird, verfügt über keine zentrale Institution, keine einheitliche Führung oder geschlossene Organisationsstruktur. Die geistlichen Würdenträger beziehen ihre **Autorität** aus unterschiedlichen Quellen: aus einem theologischen Studium und der Kenntnis religiöser Schriften, aus der direkten Abstammung von für die Religion bedeutenden Menschen wie dem Propheten oder aus dem ererbten oder erworbenen mystischen Wissen und dem Besitz von Segenskraft. Vielfach streiten die Gelehrten über die korrekten, gottgefälligen Interpretationen der Texte. Sie gehören unterschiedlichen **Rechtsschulen** an, die zwar die meisten Grundsätze teilen, in Einzelfragen aber deutlich voneinander abweichen. Besonders die **Schiiten,** die sich zu einer eigenständigen Konfession entwickelten, folgen dem Vorbild ihrer eigenen höchsten religiösen Autoritäten und einer besonderen Auswahl der *hadithe* (s. S. 42).

Die **Nachfahren des Propheten,** die den Namenszusatz **Sayed** tragen dürfen, genießen in allen islamischen Gemeinden ein besonderes Ansehen, auch wenn sich ihre Abstammung in den meisten Fällen nicht wirklich nachweisen lässt. *Sayeds* können zu regional einflussreichen und wohlhabenden Familien gehören, – auch verfügen sie über das *barakat,* die religiöse Segenskraft, müssen aber nicht zwangsläufig religiöse Funktionen erfüllen. Die **Geistlichen** werden durch **Akzeptanz und Inanspruchnahme ihrer Autorität seitens der Gläubigen legitimiert** – und nicht durch den Staat. Ihre weltanschauliche Basis ist die Botschaft des Islam, ihre grundlegende Verbindung mit der Gesellschaft ist in erster Linie die des Lehrers *(alim)* zum Schüler *(talib).* Doch gibt es

◁ Gebetsnische in einer omanischen Moschee

aufgrund des großen Einflusses der Geistlichkeit auf alle religiösen Bereiche, auf Recht und Gesetz sowie auf Bildung und Wissenschaft eine starke Vernetzung und Verflechtung mit allen Teilen der Gesellschaft. Der Staat hat seine eigenen Mechanismen, um religiöse Gelehrte in staatliche Strukturen einzubinden und ihren Einfluss zu kontrollieren; dies geschieht teilweise durch die religiösen Stiftungen, die *waqf,* die in die staatliche Verwaltung eingebunden sind.

Auf der **höchsten Ebene der islamischen Würdenträger** stehen die „**ulema",** religiöse Gelehrte, die ein theologisches Studium abgeschlossen haben. Im Islam gibt es theoretisch keine eigentliche Priesterschaft als Vermittlung zwischen Gott und den Gläubigen, keine Ordination, keine Sakramente und keine Rituale, die nur geweihte Geistliche austeilen oder abhalten dürfen. Es gibt keine Bischöfe, Konzile oder Synoden, die die orthodoxe Lehre definieren oder ihre Beachtung kontrollieren; eine gewisse Einschränkung muss hier allerdings bezüglich des schiitischen Systems im Iran gemacht werden. Die primäre **Funktion der islamischen Geistlichen** besteht darin, das heilige Gesetz zu bewahren und auszulegen.

Die einflussreiche **Position der „ulema"** basiert auf ihrer religiösen Bildung und der Kenntnis der arabischen Sprache; häufig gehören sie auch zur traditionellen Oberschicht. Ihre Bildung qualifiziert sie, als Rechtsprecher die Einhaltung der islamischen Gebote und der Moral zu überwachen und das religiöse Leben zu organisieren. Die religiöse Geistlichkeit ist auch im Besitz der Lehrbefugnis für islamische Hochschulen.

Innerhalb der Gruppe der Gelehrten gibt es Spezialisierungen: Der **Mufti** beantwortet religiöse Fragen und trifft verbindliche religiöse Aussagen. Jeder Gläubige kann sich an einen *mufti* wenden und um Auskunft in einer Frage bezüglich der Scharia bitten. Auf der Grundlage der wichtigsten Rechtsquellen erstellt der Mufti ein **religiöses Rechtsgutachten,** die *fatwa* (s. S. 45). Sie dient der Klarstellung und Empfehlung – rechtsverbindliche Folgen hat sie nicht. In den letzten Jahren wurden zwei interessante Fälle bekannt, in denen sowohl arabische als auch pakistanische Rechtsgelehrte den Terrorismus im Namen des Islam verurteilten. Inzwischen gibt es auch zahlreiche Online-Dienste und Online-Archive, durch die man *fatwas* erhalten oder sich über sie austauschen kann.

Der **Qadi** bekleidet das **Amt des obersten Richters,** Mufti und *qadi* können aber auch als Prediger oder Vorsteher großer Moscheen auftreten. Diejenigen, die eine islamische Hochschule besucht und ein theologisches Studium abgeschlossen haben, dürfen den Titel **Maulawi** tragen. Die religiösen Vertreter, die in direktem Kontakt zur Gemeinde stehen, sind die Imame (Moscheevorsteher), die Mullahs (Dorfgeistlichen), die Muezzin (Gebetsrufer) und die *kari* (Koranrezitatoren). Sie verfügen oft –

aber nicht immer – nur über eine rudimentäre Ausbildung, die sich auf das Lesen und Rezitieren des Korans beschränkt.

Während die *Maulawis* zumindest noch regionale Bedeutung haben, ist die religiöse Erziehungsfunktion der **Mullahs** meistens beschränkt. Eine ihrer wichtigsten Aufgaben ist es, Kindern die elementaren islamischen Regeln zu vermitteln und ihnen in ländlichen Gebieten als **Dorflehrer** das Lesen und Schreiben beizubringen. Sie leiten auch die religiösen Handlungen bei Geburten, Beschneidungen, Hochzeiten und Beerdigungen. Da viele Dorfgeistliche schreibkundig sind und über mehr Bildung als die meisten Bewohner verfügen, beraten sie manchmal auch in Rechtsfragen oder wirken als Vermittler zwischen ihrer Gemeinde und staatlichen Be-

„Zurück zu den Wurzeln" versus „größte Shoppingmall"

Vieles in der islamischen Welt, sei es in der Kultur, der Poesie oder den mystischen Ausdrucksformen der Religion, steht im Widerspruch zur reinen Lehre. Die Rückkehr zu dieser und einer ursprünglichen und eindeutigen Lebensweise, die auf Überlieferungen aufbaut, schließt - trotz aller offensichtlichen Widersprüche - eine liberale Wirtschaftsordnung nicht aus. Das beste Beispiel ist Saudi-Arabien, wo einerseits nicht nur eine fundamentalistische Auslegung des Islam gelebt wird, sondern auch der Export dieses religiösen und gesellschaftlichen Modells intensiv betrieben wird, und wo andererseits ausgeprägter Kapitalismus und Konsumverhalten Einzug gehalten haben. In den arabischen Ländern, die über die entsprechenden finanziellen Möglichkeiten verfügen, ist nicht nur ein ungebremster Bauboom zu beobachten, sondern auch das Bestreben, alle anderen zu übertreffen und das Höchste, Größte und Schönste zu schaffen. Die größte Shoppingmall soll nicht in der Touristen-Hochburg Dubai stehen, sondern direkt neben der „kaaba" (s. S. 47), dem innersten Heiligtum der islamischen Pilgerstädte. Aus den teuersten und luxuriösesten Hoteltürmen ist der direkte Blick auf die heiligste Stätte möglich. Die fromme Pilgerreise kann mit einem Rund-um-die-Uhr-Shoppingerlebnis verbunden werden, um Produkte aller renommierten und exklusiven Marken zu erwerben. Inmitten dieser bombastischen Zurschaustellung von Reichtum und Überfluss wirkt die Kaaba unscheinbar und klein. Das „Zurück zu den Wurzeln" der Fundamentalisten wird hier auf sehr merkwürdige Art und Weise interpretiert und umgesetzt.

hörden. In manchen Fällen ist der Mullah aber auch Ankläger und Richter in einer Person und bestraft Vergehen gegen die islamische Moral. Im Rahmen der religiösen Stiftung *(waqf)* verwalten Mullahs die Moschee des Dorfes. Die Moschee dient oftmals nicht nur als Haus des Gebets und als Schule, sondern wird auch als Gemeindezentrum und Gästehaus genutzt. Die religiöse **Autorität** der einzelnen Mullahs ist sehr unterschiedlich: Manche verfügen über ein hohes gesellschaftliches Ansehen, andere gelten als eher ungebildet.

In den religiösen Institutionen der islamischen Welt sind **Frauen stark unterrepräsentiert** bis gar nicht vorhanden. So ist es beispielsweise heftig umstritten, ob auch Frauen das Amt des **Mufti** (Rechtsgelehrte, die auch Rechtsgutachten ausstellen) ausüben dürfen. In Indien sind bereits weibliche Muftis tätig, in der Türkei versehen sie momentan nur als „stellvertretende Muftis" ihren Dienst. Für Aufregung sorgte im Jahr 2009 eine *fatwa* des Großmuftis Ahmed al-Haddad, dem Vorsitzenden des Ministeriums für Islamische Angelegenheiten im Emirat Dubai. Dieses Rechtsgutachten erlaubte auch Frauen die Ausübung dieser wichtigen religiösen Funktion. Im Anschluss daran fanden sich sofort drei Interessentinnen, die die zweijährige Ausbildung durchliefen.

Die mystische Seite des Islam

Der Begriff **Sufismus** ist eine Übersetzung des arabischen Wortes *tasawwuf*, abgeleitet von der Vokabel *suf* (Wolle). *Tasawwuf* beschreibt die Gewohnheit der islamischen Mystiker, sich als Ausdruck ihrer asketischen Lebensweise in eine grobe Kutte aus Wolle zu kleiden. Der Sufismus ist **integraler Bestandteil des Islam** und wird als die „innere Dimension des Islam" oder „mystischer Islam" bezeichnet. In jeder Religion existieren ein äußerer Bereich, die Exoterik, und ein innerer Bereich, die Esoterik. Zu den äußeren Inhalten des Islam gehören Gebet, Fasten und die Abkehr vom Bösen. Sie werden von der Scharia, dem islamischen Gesetz, geregelt. Der innere Bereich fußt auf mystischen Quellen und enthält den Glauben, die Dankbarkeit gegenüber Gott, die Reinheit und die Bekämpfung der Triebseele. Ein Kerninhalt des Sufismus ist die **Suche des Einzelnen nach reiner Gottesliebe oder Gottesvereinigung.**

Die islamische Mystik lebt von spirituellen Traditionen und der Begegnung von Kunst und Religion. Die **Literatur** bildet einen Kern der mystischen Bewegung. Die großen Denker und Dichter des persischen Mittelalters – Omar Khayyam, Farid ud-Din Attar, Djalal ad-Din Rumi und Chadshe Shams al-Din Muhammad Hafez-e Shirazi, bekannt unter dem Namen

Hafez – beeinflussten die spirituellen Traditionen erheblich. Auch heute noch nutzen Lehrer des Sufismus mystische Texte zur Unterrichtung ihrer Schüler. Die Verse sind aber auch im alltäglichen Sprachgebrauch der Menschen präsent und in der klassischen Musik werden sie vertont. Die Dichtung der oben genannten Klassiker ist zeitlos und hilft den Menschen, die Welt um sie herum zu verstehen. Die Spiritualität der Sufis wurzelt in der direkten und ungestörten Verbindung zwischen Gott und den Gläubigen. Diese angestrebte direkte Beziehung zu Gott ist intimer und persönlicher als die institutionalisierte Religion, so wie sie von den islamischen Geistlichen repräsentiert wird. Die Mystiker preisen die Offenheit des Menschen und seine Bereitschaft, mit der Welt zu kommunizieren. Ihre Ausgangsbasis ist die **Liebe zu Gott und allen Mitmenschen.** Der Sufismus ist das Ergebnis einer **Mischung aus verschiedenen Kulturen und Religionen,** denn es sind Elemente aus dem Hinduismus, dem Glauben der Zoroastrier, dem jüdischen Mystizismus und dem Islam zu finden.

Die orthodoxen und rechtlichen Aspekte des Islam erfüllen für viele Gläubige nicht alle geistigen und spirituellen Bedürfnisse. Die Mystiker bedienen sich bildhafter Darstellungen, um ihre Vorstellungen und Glaubensinhalte zu vermitteln. Viele einfache Menschen können mit den **leicht verständlichen, moralisierenden Geschichten** mehr anfangen als mit trockener und komplexer islamischer Theorie. Menschen brauchen Hilfe bei der Bewältigung von Alltagsproblemen und die wurde von den oft als Wanderpredigern auftretenden Sufis angeboten. Sie erzielten ihre Erfolge durch Warmherzigkeit und Humanität. Die Mystiker fühlten sich immer **eng mit dem Volk verbunden,** boten nicht nur eine volkstümliche Interpretation des Islam, sondern predigten auch **Toleranz und Großzügigkeit.** Ihre leidenschaftlichen Gefühle werden in Gedichten, Liedern und mitreißender Musik ausgedrückt, die auch dazu genutzt werden, dem Schöpfer durch Liebe und ekstatische Bewusstseinszustände näher zu kommen und schließlich mit ihm eins zu werden. Dieser mystische Aspekt wird oft „Volksislam" genannt, obwohl sich auch Herrschende und Intellektuelle zu ihm bekennen – auch mancher Mullah, der sonst eher den orthodoxen Aspekt des Islam zu vertreten hat. Die meisten Muslime sehen keinen Widerspruch zwischen orthodoxer Ausrichtung des Islam und mystischer Volksreligiosität. Seit dem 11. Jahrhundert formierten sich sufistische Bruderschaften, die oft auf einen spirituellen Meister zurückgeführt werden. Die Orden sind in der gesamten islamischen Welt zu finden. Durch eine Verzahnung mit anderen gesellschaftlichen Bereichen wie der

> Haben die Bittgebete am Schrein des Ali in Afghanistan geholfen?

Politik und der Kultur konnte der Sufismus seine Position in der Gemeinschaft der Muslime zu jeder Zeit behaupten. Die **Bruderschaften** bilden **religiöse Netzwerke** mit gesellschaftlichen Bindungen, die für persönliche soziale und wirtschaftliche Vorteile genutzt werden können.

Mit der Entwicklung der islamischen Mystik hat sich auch die **Heiligenverehrung** etabliert. Spirituelle Führer werden aufgrund ihrer Lehren und Taten als Heilige verehrt und diese Wertschätzung erlischt auch nach ihrem Tod nicht. Dazu gehören bedeutende Mystiker wie die Gründer der Orden, religiös besonders herausragende Menschen und die Dichter des Sufismus. Sie werden u. a. als „Sheikh" bezeichnet, als „Pir" (besonders in Südasien) und als „Marabout" (in Nord- und Westafrika).

Als Orte der Heiligenverehrung dienen die **Schreine,** in denen mystische Lehrer begraben wurden, diese nennt man je nach Region „Ziarat" oder „Marabout". Diese **Wallfahrtsorte** sind oftmals farbenprächtige,

reich geschmückte Grabanlagen, in denen auch mehrere geistige Führer beigesetzt sein können. In allen islamisch geprägten Ländern gibt es Heiligenschreine, die regelmäßig von Tausenden von Pilgern besucht werden. Letztere erbitten Heilung, Trost, Kraft und Hilfe in schwierigen Lebenslagen. Viele Menschen glauben, dass der mehrfache Besuch der Heiligengräber gleichwertig mit der Pilgerfahrt nach Mekka sei. Das Grabmal ist der Mittelpunkt des Schreins und das Zentrum der Kraftübertragung. Den Heiligen wird nachgesagt, dass sie **Wunder** (karamat) vollbringen konnten und über eine spezielle **Segenskraft** (baraka oder barakat, je nach Region) verfügten. Die Kraft, die heilen und segnen kann, wird durch **Berührung** übertragen, deshalb ist es sehr wichtig für die Gläubigen, direkten Kontakt mit dem Heiligengrab oder einer Reliquie aufzunehmen. Es ist nicht nur eine Übertragung der segenspendenden Kräfte möglich, sondern auch eine Speicherung in einem Behältnis, das als Amulett getragen wird. Schreinbesucher schreiten um das Grab, entnehmen Staub und Erde (die in Wasser oder Tee aufgelöst getrunken werden, um barakat direkt aufzunehmen) und bringen **Spenden** und **Opfergaben** dar, um ihren Bitten und Wünschen Nachdruck zu verleihen. Speisen, Salz oder Wasser werden mit Gebeten „besprochen", damit sie sich mit heiliger Kraft aufladen. Barakat kann sich auch symbolisch in Stoffstreifen oder Rosenblättern vergegenständlichen.

Schreine erfüllen auch eine **gesellschaftliche Funktion als Ort des sozialen Austausches** und bieten besonders den **Frauen** einen willkommenen Anlass zu Ausflügen mit spirituellem Hintergrund. Die Grabstätten der Heiligen und die dort praktizierten religiösen Handlungen sind auch für sie oftmals greifbarer und lebensnaher als die orthodoxe Seite der Religion und bieten Trost und Hoffnung. Besonders in Krisenzeiten oder bei familiären Problemen werden diese Stätten besucht und die Heiligen um Beistand gebeten. Sie spielen auch bei der Heilung von **Krankheiten** und dem **Austreiben von Geistern** eine große Rolle, die in unterschiedlichen Formen auftreten können. Viele Erkrankungen, besonders psychischer Art, werden auf Besessenheit durch Geister zurückgeführt. Den unterschiedlichen Heiligen werden Fähigkeiten bei der Heilung verschiedener Erkrankungen oder Leiden zugeschrieben.

Zahlreiche Vertreter des Sufismus sind nicht in Orden organisiert und streben die Vereinigung mit Gott (ittihad) individuell an. Dazu gehören **Derwisch, Malang, Qalandar und Faqir**, aber auch **Madari** („Zauberer") und **Diwane** („Verrückte"). Obwohl sie durchaus rechtgläubige Muslime sein können, leben sie ihre Religiosität nicht unbedingt in Übereinstimmung mit den islamischen Grundlagen. Nach der islamischen Gesetzgebung verstoßen sie teilweise sogar gegen die religiösen Gebote, indem sie beispielsweise Alkohol und Drogen konsumieren, um mystische Erlebnisse hervorzurufen. Diese **Mystiker** unterscheiden sich von anderen Menschen durch ihr Äußeres (auffällige Kleidung, langes, wirres Haar, reichlicher Gebrauch von Schmuck und Amuletten) und durch die Ablehnung von konventionellen Lebensweisen wie geregeltem Arbeits- und Familienleben. Sie ziehen oft ohne Wohnsitz durch das Land, praktizieren Magie und fertigen Amulette an, verdingen sich als Schreinwächter oder erbitten Almosen. In diesen Gruppen, zu denen vereinzelt auch Frauen gehören können, befinden sich viele Menschen mit geistigen oder körperlichen Behinderungen, die ihr **Leben am Rande der Gesellschaft** fristen.

Islamistische Gruppierungen versuchten in den letzten Jahrzehnten immer wieder, den **Volksislam zu unterdrücken** und die orthodoxe Seite der Religion in den Vordergrund zu rücken. Die Verehrung von Heiligen und der Besuch von Heiligengräbern sind ihnen ein besonderer „Dorn im Auge". Sie verurteilen diese Handlungen als unislamisch und abergläubisch; die Praktiken des Sufismus und der Heiligenverehrung stehen dieser Interpretation zufolge nicht im Einklang mit der islamischen Scharia und damit können die Sufis jederzeit zu Ungläubigen erklärt werden.

Intellektuelle Schwäche der Orthodoxie?

Die Azhar-Universität in Kairo ist die größte Institution des sunnitischen Islam. Der oberste Sheikh der Universität äußert sich regelmäßig in den Freitagspredigten gegen Terror und extremistische Auswüchse. Er ist ein Vertreter der islamischen Orthodoxie, von der es heißt, dass sie momentan durch eine intellektuelle Schwäche gekennzeichnet sei. Dieser Zustand wird von einigen Islamwissenschaftlern als Nährboden für das Entstehen des Fundamentalismus gesehen. Die Orthodoxie befinde sich in einer Krise und könne besonders den gebildeteren Schichten keine Antworten auf aktuelle religiöse Fragen bieten, deshalb hätten sich die neuen Formen des politischen Islam gebildet. Viele Vertreter fundamentalistischer Strömungen oder extremistischer Gruppierungen hätten sich nicht aus der Orthodoxie heraus entwickelt, sondern wendeten sich vom Religionsverständnis ihrer Eltern ab und einem religiösen Milieu zu, das sich von westlichen Einflüssen abzuschotten versuche. Sie wählten eine Islaminterpretation, die von bestimmten, nach außen abgeschlossenen Gruppierungen angeboten würde, die teilweise wie Sekten aufgebaut seien. Ihr Islam scheine rückwärtsgerichtet und aus uralten Überlieferungen erwachsen zu sein, sei aber eigentlich ein modernes Konstrukt, das konstruierte Traditionen gleich mitliefere.

Elemente des Volksislam

Das Böse abwehren

In der volkstümlichen Vorstellung existiert neben der körperlichen und sinnlich wahrnehmbaren Welt eine **Geisterwelt,** zu der man durch **Magie** oder **Zauberei** Kontakt aufnehmen kann. **Schwarze Magie, teuflisches Zauberwesen** und **Wahrsagerei** wurden **von der islamischen Glaubenslehre strikt abgelehnt.** Trotzdem haben die Menschen zu allen Zeiten hilfesuchend nach diesen schützenden und trostspendenden Praktiken und Gegenständen gegriffen. Orthodoxer Islam und volkstümliche Umsetzung der Religion klaffen hier weit auseinander.

Die beiden letzten Suren des Koran heißen „die Schutzverleihenden", ihr Text wird oft als Amulett getragen bzw. als Beschwörung gegen böse Geister verwendet. Der Prophet Muhammad wollte seiner Gemeinde mit diesen Formeln einen wirksamen Schutz gegen ungute Einflüsse und böse Geister geben. Der Glaube an den „Bösen Blick" ist in islamischen Kulturkreisen – und nicht nur dort – weit verbreitet und es existieren viele Vorbeugungs- und Verhaltensmaßregeln. Im **„Bösen-Blick-Glauben"** spielt der Mensch eine aktive Rolle, mit seiner Seele und seinen Augen kann er Ungutes tun und anderen Menschen schaden. Das **Auge** erhält eine **enorme Bedeutung,** weil es als Ein- und Ausgang der Seele verstanden wird; es führt also in die Tiefen des Menschen und kann aus diesen unergründlichen Tiefen ungute Absichten hinauslassen. Das Böse, das in jedem Menschen lauert, kann sich durch die Augen äußern.

Der „Böse Blick" ist eine missgünstige, schadenstiftende Kraft, die von dem, der ihn an sich hat, ausgehen und jeden treffen kann. Lähmungen, Schwächeerscheinungen, Brustentzündungen bei stillenden Frauen und Impotenz werden häufig auf den „Bösen Blick" zurückgeführt. Auch ein plötzlicher und unerklärlicher Tod kann diese Ursache haben. **Geister** *(dschinns)* können ebenfalls das Wachstum von Kindern behindern, Tiere krank oder

Geschützt gegen den bösen Blick

das Land unfruchtbar machen. Es gibt aber auch gute Geister, die heilen und helfen. Dass gerade Neid und Eifersucht mit dem „bösen Blick" in Verbindung gebracht werden, zeigt der afghanische Brauch, auf ein Kompliment über jemandes Gesundheit oder gutes Aussehen *nam-i-khoda* („Im Namen Gottes") zu entgegnen. Falls das Kompliment also von einer bösen Absicht begleitet war, wird dieses Ansinnen so auf den Absender zurückgeworfen. Wie auch bei der blauen „Augenperle" spielt hier das Motiv der Reflektion eine große Rolle.

Die Wirkung des „Bösen Blickes" kann mit spezifisch islamischen Mitteln vereitelt werden. Die Abbildung der **Hand,** die auf die **„Hand der Fatima",** der Tochter des Propheten Muhammad, zurückgeführt wird, ist eines der wirksamsten Abwehrmittel. Der auf eine Person gelenkte Blick wird abgefangen, indem ihm die Hand entgegengestreckt wird. Die Hand kommt in einer Vielzahl stilisierter und abgewandelter Formen vor, vielfach in florale Ornamente aufgelöst. Die **Zahl Fünf,** nach der Anzahl der Finger, ist ebenfalls sehr bedeutsam und taucht in den unterschiedlichsten Abwandlungen auf.

Spiegel sind in vielen islamischen Gesellschaften gebräuchliche Abwehrmittel und finden sich eingearbeitet in Kleidung, Tücher, Kappen und Taschen. **Türkise und blaue Keramikperlen,** sogenannte „Augenperlen", weil sie die Zeichnung eines Auges tragen, sollen den „Bösen Blick" zurückwerfen. Das Flüstern von Koranversen ins Ohr des Kindes und das völlige **Einwickeln oder Verhüllen der Kinder** soll sie vor bösen Einwirkungen schützen. Babys erwecken manchmal einen etwas sonderbaren Eindruck: Ihre Augen sind manchmal mit schwarzer Schminke umrandet. Die Bemalung soll das Kind hässlich machen und neidische Geister abschrecken, außerdem sollen die Substanzen die Augen schützen. Koranverse, von heiligen Männern aufgeschrieben, schützen vor üblen Einflüssen und Verwünschungen übelmeinender Personen. Schwarze Stofffahnen sind ebenfalls von schützender Natur und begleiten Auto-, Bus- und Lastwagenfahrer auf ihren gefährlichen Wegen.

Schmuckstücke ganz besonderer Art sind **Amulette,** die zum Schutz, zur Heilung und zur Abwehr des Bösen getragen werden. Der Glaube an Amulette ist ebenso weit verbreitet wie die Furcht vor dem „Bösen Blick", die Angst vor den Geistern der Nacht oder trickreichen Feen. Im gesamten islamischen Kulturkreis ist der Gebrauch von Schutzamuletten für verschiedene Wirkungsbereiche verbreitet. Besonders in ländlichen Gebieten werden Amulette verwendet, aber auch Städter, die diese Schmuckform oft mit einem überlegenen Gesichtsausdruck und einer abwehrenden Handbewegung als Manifestation des Aberglaubens abstempeln, sind insgeheim nicht ganz frei davon.

Der **Mullah** ist als Dorfpriester nicht nur religiöser Lehrer, sondern oft auch **„Arztersatz"**. Er „bespricht" Kranke und fertigt Amulette an, Verse des heiligen Koran haben beschützende oder heilende Funktion. Der „Thronvers" wird gern in Amuletten verwendet, er ist die wichtigste Formel im islamischen Zauberwesen. Der „Vers der Heilung" (Sure 26.80) oder der „Vers des Schutzes" (Sure 13.12) werden gern als Schriftamulette auf von Krankheiten befallene Körperteile gebunden. Auch die „99 Schönen Namen Gottes" werden, auf Papier geschrieben, als schutzbringender Amulettinhalt verwendet.

Für Amulette geeignete Sprüche werden meistens auf Papier geschrieben – beliebt sind die magischen Substanzen Rost und Safran als Tintenersatz – und in **Amulettbehältern** aus den verschiedensten Materialien untergebracht. Die meisten werden an Ketten oder Schnüren um den Hals getragen oder um den Oberarm gewickelt, häufig gibt es Kombinationen mit anderen Schmuckelementen. Die meisten metallenen Amulettbehälter sind mit reichhaltigen Verzierungen versehen und tragen Schmucksteine und Korallen auf ihrer Oberfläche. Der Karneol ist sehr beliebt – ihm werden blutstillende Eigenschaften nachgesagt. Außerdem ist überliefert, dass der Prophet empfohlen haben soll, einen solchen Stein bei sich zu tragen. **Reisende** werden während ihres Aufenthaltes wahrscheinlich

Die besondere Bedeutung von Farben, Symbolen und Zahlen

- *Die **Farbe Grün** wird als Farbe des Islam bezeichnet und daher häufig im religiösen Kontext verwendet. Es ist überliefert, dass der Prophet gern ein grünes Gewand trug. Die Farbe wird auch mit dem Paradies in Verbindung gebracht. Grüne Kleidung wird von heiligen Männern, Sufis, Mullahs und anderen Geistlichen getragen.*
- *Die **Mondsichel** symbolisiert das Mondjahr und das Ende des Fastenmonats Ramadan. Die Mondsichel erlangte erst in der westlichen Welt den Status eines Symbols des Islam und wurde daraufhin von islamischen Ländern explizit als Identifikationsmerkmal benutzt.*
- ***Rot** ist die Farbe der Freude, des Feuers und der Leidenschaft, Hochzeitskleider und Schmucksteine werden gern in dieser Farbe verwendet. Es ist die Farbe Alis, des Schwiegersohns des Propheten, der ein rotes Gewand getragen haben soll.*

relativ **wenig Kontakt mit übersinnlichen Phänomen** haben. Amulette werden von ihnen hauptsächlich zu Schmuckzwecken und als Souvenirs erworben. Im Umgang mit Einheimischen dreht sich das Gespräch selten um die Geisterwelt. Höchstens geben Hochzeiten, Feiertage und Wallfahrten zu Heiligenschreinen Anlass, Rituale zu beobachten und auch einbezogen zu werden. Bei solchen Gelegenheiten ist ein Hintergrundwissen über die Natur des „Bösen Blicks", der *dschinns* und der Amulette sehr hilfreich, um Geschehnisse richtig zu interpretieren, den Erfordernissen entsprechend zu handeln und sich Fettnäpfchen zu ersparen.

Reinheitsvorstellungen

Nach den Vorschriften des Islam müssen Gläubige die **rituelle Reinheit** wahren. Der Verzehr von **Schweinefleisch** ist verboten, es gilt nicht nur im Islam als unrein, sondern in allen semitischen Kulturen. Schweinefleisch enthält oft Trichinen, Fadenwürmer, und verdirbt schnell; vielleicht hat das Verbot gesundheitliche und pädagogische Bedeutung. Auch **Blut** und **Aas** sind **„haram",** verboten und unrein und dürfen deshalb nicht verzehrt werden. Damit Fleisch, **„halal",** rein und als Nahrungsmittel zugelassen wird, muss das Tier bei der Schlachtung **geschächtet** werden,

- *Schwarz kann Trauer bedeuten, muss es aber nicht; Schiiten tragen gern schwarze Kleidung. Gleichzeitig ist die Farbe ein Schutzmittel, um den „Bösen Blick" abzuwenden. Aus diesem Grund wehen an vielen Gefährten und Gegenständen schwarze Fähnchen.*
- *Weiß symbolisiert Reinheit, Unschuld, Frieden und steht auch für den Propheten Muhammad. Das Leichenhemd ist weiß. Ältere Frauen und Witwen bevorzugen weiße Kleider oder zumindest sehr unauffällige helle Farben. Sie verzichten auf bunte und grelle Farben, die im Alter als unschicklich gelten. Auch Sayids, Nachfahren des Propheten, tragen Weiß, die Tücher der Pilger in Mekka sind ebenfalls weiß.*
- *Die Zahl Fünf ist eine beliebte und besondere Zahl. Sie steht für die fünf Grundpfeiler des Islam, für fünf Gebete täglich und die fünf wichtigsten Menschen des Islam: den Propheten Muhammad, Fatima (die Tochter des Propheten), Ali (Muhammads Schwiegersohn), Hassan und Hussein (Söhne von Fatima und Ali und somit der Enkelsöhne des Propheten).*
- *Die Zahl Sieben hat eine starke magische Bedeutung. Die Gebete werden siebenmal wiederholt und auch die Kaaba wird bei der „hadsch", der Pilgerreise, siebenmal umrundet (s. S. 47).*

d. h. das Blut wird durch Öffnen der Halsschlagader komplett abgelassen. Nur gesunde Tiere dürfen geschlachtet werden. Auf den Genuss von **Pferde- und Eselsfleisch** soll verzichtet werden, nur in Notzeiten sind Ausnahmen möglich.

Sauberkeit hat im islamischen Kulturraum einen hohen Stellenwert. Es gibt feste Regeln der Reinigung, besonders vor Gebeten und dem Besuch der Moschee. Eine Verunreinigung kann durch das Berühren unreiner Tiere oder Fäkalien erfolgen.

Häufiges **Räuspern** und **Ausspucken** sind im Freien üblich und dienen der Mundpflege. Die Nase wird nur bei der Reinigung ausgeschnäuzt, ansonsten wird das Sekret hochgezogen. **Naseputzen** ist unüblich (wie kann man das abgesonderte Nasensekret bloß in die Tasche stecken?) und wird angeekelt beobachtet. Besonders bei Tisch oder in Gesellschaften sollte sich der Gast nicht geräuschvoll die Nase putzen. Es ist für Männer und Frauen üblich, ihre **Achsel- und Schamhaare** zu entfernen, denn diese Körperbehaarung wird als unrein empfunden. Haare werden mit Sexualität in Verbindung gebracht und durch Rasieren und Verhüllen kontrolliert und unschädlich gemacht. Abgeschnittene Haare, gebrauchte Stofffetzen und Hygieneartikel werden nicht einfach weggeworfen, sondern oft verbrannt. **Schamgefühl** und **Schadensmagie** spielen dabei gleichermaßen eine Rolle.

Im Volksglauben werden durch den reinigenden Akt des **Ausräucherns** übelwollende Mächte und Geister vertrieben. Diese für die menschlichen Sinne nicht wahrnehmbaren Existenzen aus der Geisterwelt versuchen, in den menschlichen Körper einzudringen, um dort Schaden, beispielsweise in Form von Krankheiten, anzurichten. Sie halten sich besonders gern an Orten auf, wo gegessen und getrunken wird. Speiselokale bedürfen

Diese Snacks in Madagaskar sind halal

deshalb eines besonders gründlichen und häufigen Ausräucherns und „Säuberns". Aus diesem Grund ist es auch wichtig, jede Mahlzeit mit dem frommen Ausruf *bismillah,* „im Namen Gottes", zu beginnen. In den Basaren treten Männer mit Holzkohlebecken und Kinder mit qualmenden Konservendosen, die an langen Schnüren befestigt hin- und hergeschwenkt werden, an die einzelnen Verkaufsstände heran. Steckt ihnen der Händler ein wenig Kleingeld zu, legen sie geheimnisvolle Bröckchen auf die Holzkohlestücke, worauf sich ein weihrauchartiger Geruch verbreitet, der schnell den ganzen Raum erfüllt.

Religiöse Symbole

Der Volksislam enthält Elemente eines ausgeprägten **Rechts-Links-Symbolismus.** *„Die Gefährten der Rechten – was sind die Gefährten der Rechten? (selig!). Und die Gefährten der Linken – was sind die Gefährten der Linken? (unselig!)" (Koran, Sure 56, 8–9). Die rechte Hand wird für „reine" Verrichtungen verwendet, die linke dient zur Reinigung des Körpers. Die Benutzung der rechten Hand für „reine" Verrichtungen wird schon in frühester Kindheit antrainiert. Die linke Hand dient zur Reinigung nach dem Toilettengang. Traditionell ist der Gebrauch von Toilettenpapier unüblich, man reinigt sich mit Wasser. Koransprüche werden ins rechte Ohr des Neugeborenen geflüstert. Der Tote wird auf die rechte Gesichtshälfte gebettet. Die Moschee soll mit dem rechten Fuß zuerst betreten werden. Auch im europäischen Kulturkreis gibt es noch Überbleibsel alter Traditionen, die „das Linke" als schlecht und böse, dem Teufel zugeordnet, bezeichnen. Zum Beispiel wird gesagt, jemand sei mit dem linken Fuß zuerst aufgestanden, wenn die Dinge schlecht laufen oder unbegründet üble Laune aufkommt.*

Das heilige Buch, der **Koran,** *muss – am besten eingewickelt – an einem geschützten Ort aufbewahrt werden. Die arabische Schrift ist ein Symbol des Islam, weil in ihr der Koran verfasst ist. Der Koran darf nicht verunreinigt werden und nichts darf auf ihm liegen. In vielen Haushalten befindet er sich in schöne bunte Tücher gehüllt auf dem Schrank. Vor Reisen wird der Koran vom Schrank heruntergehoben, über den Kopf und dann in Höhe des Mundes des Abschiednehmenden gehalten, damit er ihn küssen kann. So gewappnet und geschützt kann er die Reise beruhigt antreten.*

Dem **Brot** *als Gabe Gottes wird eine sehr hohe Wertschätzung entgegengebracht. Liegt ein Stückchen Brot auf der Straße, wird es aufgehoben und auf eine erhöhte Stelle gelegt, damit Menschen nicht darüberlaufen oder es verunreinigt wird.*

Die wichtigsten Feste und Feiertage

Die beiden bedeutendsten Feiertage der islamischen Welt sind das **Fest des Fastenbrechens** (arab. *Id al-Fitr,* türk. *Seker Bayrami*) nach dem Fastenmonat *Ramadan* und das **Opferfest** (arab. *Id al-Adha,* türk. *Kurban Bayrami,* und *Eid ul-Azha* oder *Eid-e Qurban* im asiatischen Sprachgebrauch). Beide Feste ziehen sich über mehrere Tage hin und sind ausgesprochene Familienfeste. In den Ländern herrscht dann rege Reisetätigkeit, weil die Familienangehörigen versuchen, rechtzeitig zueinander zu kommen, um die Festlichkeiten gemeinsam begehen zu können. Ähnlich wie in der Vorweihnachtszeit sind die Wochen vor den Festen durch erhöhte Konsumbereitschaft gekennzeichnet – neue Kleidung und gutes Essen gehören einfach dazu!

Id al-Fitr, das **Fest des Fastenbrechens,** beginnt am 1. Shawwal, wenn die höchsten religiösen Gelehrten den neuen Mond am Himmel gesehen haben. Da die Sichtung oft von der Witterung abhängt, lassen sich solche Feiertage nur schwer bestimmen. Das ganze Land wartet dann gespannt auf die Ankündigung. Das **Opferfest** wird am 10. Zu al-hijja gefeiert und ist gleichzeitig Höhepunkt der *hadsch* (s. S. 47). Das Fest dient dem **Gedenken an Abrahams Bereitschaft, Gott seinen Sohn Isaak als Opfer darzubringen.** Da ihm Gott erlaubte, stattdessen einen Hammel zu opfern, wird das Fest mit dem Schlachten eines Opfertieres – meist Schaf, Ziege, Kamel

oder Rind – gefeiert. Vor dem Feiertag floriert der Handel mit Opfertieren und nach dem Fest sind manche Stadtteile regelrecht mit Schlachtresten gepflastert. Die Familien verbrauchen meist nur einen Teil des Fleisches selbst, eine große Portion wird an Verwandte verteilt und auch Bedürftige werden bedacht, die sich in manchen Ländern an diesem Tag vor den Häusern der potenziellen Spender versammeln.

Das **Fasten** im Monat **Ramadan** ist eine der Säulen des Islam, in diesem Zeitraum soll der Prophet erstmalig den Koran empfangen haben. In diesem „Heiligen Monat" finden in Moscheen zusätzliche nächtliche Gebete und Koranlesungen statt. Die Gläubigen sollen sich besonders auf ihre Glaubensinhalte konzentrieren und viel Zeit im Gebet verbringen. Ein *hadith* (s. S. 42) besagt: „Wenn der Monat Ramadan beginnt, werden die Tore des Himmels geöffnet und die Tore der Hölle verschlossen, und die Teufel werden in Ketten gelegt." Die Gläubigen bemühen sich auch, in der Gemeinschaft Gutes zu tun und die Bedürftigen zu versorgen. Während des Fastenmonats nehmen Muslime vom Morgengrauen bis zum Sonnenuntergang keine Speisen und Getränke zu sich, auch Rauchen und Geschlechtsverkehr sind verboten. Fastende verzichten selbst an heißen, staubigen Tagen auf das Ausspülen des Mundes. Gerade in der heißen Jahreszeit ist der Verzicht auf Flüssigkeit eine Tortur und das öffentliche Leben und die Arbeitszeiten sind stark eingeschränkt. Die Fastenzeit wird von vielen Muslimen sehr streng befolgt, viele Restaurants haben tagsüber geschlossen. Fällt Ramadan in die kühle Jahreszeit, gestaltet sich das Fasten erträglicher, außerdem sind die Tage dann kürzer. Kinder und Kranke sowie schwangere oder menstruierende Frauen sind vom Fasten ausgenommen, Nichtmuslime natürlich auch. Während dieser Zeit sollten Menschen, die nicht fasten, trotzdem nicht in der Öffentlichkeit essen oder trinken, sondern sich lieber auf die Abgeschiedenheit der eigenen vier Wände oder des Restaurants beschränken.

△ Symbolische Darstellung des Frühlingsanfangs, Nauroz, in Persepolis (Iran). Das alte Jahr in Form der Antilope wird getötet und macht Platz für das neue Jahr.

◁ Ein Bestattungsturm der Zoroastrier in Yazd (Iran)

Am **Ende des Fastentages,** wenn die Sonne untergegangen ist und man einen „schwarzen Faden nicht mehr von einem weißen unterscheiden kann", wie einer islamischen Überlieferung zu entnehmen ist, wird das **Abendgebet** verrichtet und **„iftar",** die erste Mahlzeit des Fastenbrechens, eingenommen. Zu iftar werden nicht nur besonders gute und reichliche Speisen gereicht, diese Abendmahlzeit ist auch ein ganz spezielles soziales Ereignis. Die Familien versammeln sich und man lädt Verwandte und Freunde ein. Feierlich wird das Schälchen mit den kandierten Datteln gereicht, mit denen schon der Prophet das Fasten gebrochen haben soll. Alle teilen das Gefühl – nicht nur auf religiöser, sondern auch auf sozialer Ebene – etwas zusammen geschafft und bewältigt zu haben und letztendlich dafür belohnt zu werden. Dieses Gefühl und die gemeinsame Aufgabe stärken die Gemeinschaft der Gläubigen. Noch vor dem Morgengrauen erhebt sich die ganze Familie von ihrem Nachtlager, um noch eine kleine

△ Die Vorbereitungen für das Opferfest laufen auch im Oman auf Hochtouren

Mahlzeit – oft Reste des großen Abendessens – zu sich zu nehmen, bevor wieder ein neuer Fastentag beginnt. Kinder müssen nicht fasten, sind aber oftmals begierig, so früh wie möglich mit dem Fasten zu beginnen, denn dann sind sie dem Erwachsensein ein Stückchen näher gekommen und fühlen sich als vollwertige Mitglieder der Gemeinschaft.

Ausländische Besucher können der Ramadan-Zeit und den Id-Feiertagen nicht entgehen, denn das komplette **öffentliche Leben** – Flugverbindungen, Verkehr, Öffnungszeiten – ist davon betroffen. Sollten islamisch geprägte Länder zu diesen Zeiten besucht werden, kann es auch sehr interessant sein, an den Feierlichkeiten teilzunehmen und etwas über die religiösen Traditionen zu lernen. Warum nicht einmal mit Bekannten oder Freunden gemeinsam die Erfahrung eines Fastentages machen und sich dann auf das abendliche Essen freuen? Einladungen zu *iftar* werden oft ausgesprochen und viele Familien freuen sich, zu dieser besonderen Gelegenheit Ehrengäste begrüßen zu dürfen.

Das **Ashura-Fest** ist einer der wichtigsten Feiertage der Schiiten. Er wird am 10. Muharram begangen, dem Tag, an dem die Schiiten des Martyriums von Hussain, dem Sohn Alis und Enkel des Propheten, gedenken, der in der Schlacht von Kerbela getötet wurde. Die Gemeinde besucht die Moschee und führt Passionsspiele auf, die **Prozessionen** mit Selbstgeißelungen beinhalten können.

Ein weiterer wichtiger Feiertag ist der **Geburtstag des Propheten** (*Milad-e Muhammad* oder *Maulid ul-Nabi*), der nach dem islamischen Kalender am 12. Rabi ul-Awwal gefeiert wird.

Nauruz ist das Neujahrs- und Frühlingsfest, das in vielen islamisch geprägten Ländern und besonders im iranischen Kulturraum am 20. oder 21. März gefeiert wird. Die Begehung des Festes lässt sich zurückverfolgen bis zu den zoroastrischen Vorfahren der heutigen iranischen Völker. Da es auf vorislamische Ursprünge zurückgeht, wird es von den fundamentalistischen Strömungen im Islam abgelehnt. Bis ins 1. Jahrhundert v. Chr. markierte im iranischen Hochland die Sommersonnenwende den Jahreswechsel, der mit großen Erntefesten begangen wurde, unter den Achämeniden (etwa 770 bis 300 v. Chr.) wurde der Zeitpunkt des Jahreswechsels durch die Tagundnachtgleiche im Frühling ersetzt. Bei den iranischen Völkern in Iran, Tadschikistan und Afghanistan wird dieser Zeitpunkt bis heute von Astronomen auf die Stunde und Minute genau berechnet. Das Neujahrsfest wird heute von mehr als 300 Millionen Menschen gefeiert, die in den Ländern Süd- und Zentralasiens leben, aber auch auf der Balkanhalbinsel, in der Schwarzmeerregion und im Nahen Osten. Sogar bis in Teile Ostafrikas hat sich die Tradition ausgebreitet. In vielen dieser Länder ist *nauruz* ein offizieller Feiertag.

Fragen und Antworten

Wieso gibt es immer wieder Auseinandersetzungen zwischen Schiiten und Sunniten?

Die **Spannungen** zwischen Sunniten und Schiiten sind **historisch bedingt.** Im Zuge des Nachfolgestreits nach dem Ableben des Propheten kam es zwischen den verfeindeten Parteien immer wieder zum Ausbruch von Kämpfen. Ali, der Schwiegersohn des Propheten, fiel 661 einem Attentat zum Opfer. Die Anhänger Alis, des letzten der „vier rechtgeleiteten Kalifen", nannten sich **Schiiten.** Sie hielten daran fest, dass **Alis Nachkommen die rechtmäßigen Führer der muslimischen Gemeinde seien.** Alis Sohn Hassan verzichtete auf den Herrschaftsanspruch, aber sein Bruder Hussain versuchte mit Waffengewalt, der nächste Kalif zu werden. Er wurde 680 in der Schlacht von Kerbela geschlagen. Die **gewaltsamen Tode von Alis Söhnen Hussain und Hassan** sind Tragödien, die tiefen Eindruck innerhalb der schiitischen Glaubensrichtung hinterlassen und Eingang in die Dichtung gefunden haben. Ihr Todestag, der Ashura genannte 10. Tag des Monats Muharram, ist ein hoher und sehr emotionaler Feiertag der Schiiten. Nach schiitischer Lehre hatte Muhammad vor seinem Tod Ali in die Geheimnisse des Glaubens eingeweiht, demnach steht ihm das Recht der Nachfolge zu. **Ali** wird von der Mehrheit der **sunnitischen Muslime** verehrt und anerkannt, aber lediglich als enger Gefährte des Propheten und letzter der sogenannten vier rechtgeleiteten Kalifen. Die schiitischen Muslime glauben, dass die Nachfolge des Propheten von Gott entschie-

den und von Muhammad verkündet wurde – somit haben Ali und seine männlichen Nachkommen (sofern sie die entsprechenden geistigen Qualifikationen aufweisen) ein unumstößliches Recht auf die Führungsposition in der Gemeinde. Die Sunniten glauben nicht an dieses erbliche Fortsetzungsrecht – sie überlassen die Entscheidung den Gläubigen oder einem Wahlgremium.

Die schiitischen religiösen Rechtsgelehrten haben die oberste Entscheidungshoheit nicht nur über alle religiösen, sondern auch politischen Fragen. Dieses Konzept wurde nach der Iranischen Revolution im Jahr 1979 von Ayatollah Khomeini zur Grundlage der staatlichen Ordnung erhoben. Der **sunnitische Islam,** und besonders seine **wahabitischen** und **salafistischen** Strömungen, **betrachten Schiiten als Abweichler vom rechten Glauben.** Terroristischen islamistischen Gruppierungen gelten sie als „Ungläubige" und dürfen somit wie Nichtmuslime verfolgt und getötet werden. Zu der religiös begründeten Ablehnung der Schiiten kommen die **konkurrierenden Machtansprüche des schiitischen Iran und des sunnitischen Saudi-Arabien.** Beide Länder beanspruchen die Führungsrolle innerhalb der jeweiligen konfessionellen Gemeinschaft. Durch ihren Einfluss auf politische Konflikte in der Region entstehen regelrechte Stellvertreterkriege, wie z. B. die aktuellen Entwicklungen im Jemen zeigen. Eingriffe der westlichen Mächte verkomplizieren das Bild: Die politische Dominanz schiitischer Gruppierungen im Irak wird als Ergebnis des US-amerikanischen Eingreifens gesehen. Der Schutz religiöser Minderheiten wird in diesem Kontext oft als westliche Verschwörung gegen die sunnitische Hauptströmung des Islam interpretiert.

Warum sind im Islam Politik und Religion so eng miteinander verwoben?

Nach orthodoxer islamischer Lehre ist eine legitime Herrschaft allein im **Kalifat** möglich, denn es vereint die religiöse und politische Führung der muslimischen Gemeinde *(ummah)*. Über dem Kalifen steht allein das religiöse Gesetz, die Scharia, die aus den Rechtsquellen Koran und *sunna* schöpft. Der Imam ist der religiöse Führer der muslimischen Gemeinde. Wird er zum Kalifen erhoben, erhält er auch politische Macht und Kontrolle über die Armee. Die Imame gelten wie die Propheten als göttlich legitimiert. Die Schia glaubt, dass Imam und Koran die zwei untrennbar miteinander verbundenen Säulen religiöser Erkenntnis sind.

◁ Die Tazia, ein religiöses Symbol der Schiiten, das dem Sarg des Märtyrers Hussein nachgebildet ist, steht bereit für die Prozession am Ashura-Fest

Der **Kampf zwischen Gut und Böse** hatte im Islam immer eine **politische und eine militärische Dimension**. Der Prophet war nicht nur ein religiöser Führer, sondern auch ein Feldherr. Wenn Soldaten im Krieg für die islamische Sache und im heiligen Krieg für Gott kämpfen, so folgt daraus, dass sich ihre Gegner gegen Gott wenden. Die Armee des Islam wird so zur Armee Gottes und der Feind ist immer gleichzeitig der Feind Gottes.

In welchem Zusammenhang stehen die drei „Religionen des Buches"?

Islamische und **jüdisch-christliche Glaubensformen** sind sich sehr nah; die Religionen sind eng miteinander verwandt und bauen teilweise aufeinander auf. Ein gemeinsames Fundament sind die alten Überlieferungen der nahöstlichen Antike und die griechische Philosophie und Wissenschaft. Die christliche **Bibel** hat dem jüdischen **Tanach** – dem Alten Testament – das Neue Testament hinzugefügt, der Koran baut auf beiden auf. Christen und Juden lebten zu Muhammads Zeiten auf der arabischen Halbinsel; von ihnen werden die Bewohner Mekkas und Medinas und auch der Prophet die biblischen Geschichten gehört haben. So könnten die alten Inhalte in die neue Lehre gelangt sein. Die **biblischen Geschichten** werden im Koran **oftmals anders interpretiert** und es entstehen ganz eigene Versionen.

Christentum und Islam beziehen sich auf das **gemeinsame Erbe der jüdischen Offenbarung und deren Propheten**. Der **Islam erkennt** die **jüdische Überlieferung** und das **christliche Evangelium** weitgehend **an**. Sie werden als göttliche Offenbarungen angesehen, die von Gott an Moses und Jesus gesandt wurden. Allerdings gilt erst der **Koran als das wahre Wort Gottes**. Christen und Muslime teilen einen gemeinsamen Heilsgedanken. Mit dem Judaismus teilt der Islam den Glauben an ein göttliches Gesetz, das alle Aspekte menschlichen Handelns regelt.

Die Gemeinsamkeiten der „Buchreligionen" reichen in alttestamentarische Zeiten zurück. In den Suren des **Korans** werden immer wieder **Figuren** benannt, die **ursprünglich aus der jüdischen und christlichen Mythologie** stammen. Sie schildern Davids Sieg über Goliath, und auch Noah und die Sintflut werden thematisiert. Dem **Erzengel Gabriel** wird eine wichtige Rolle zugeschrieben, denn er erteilt dem Propheten den göttlichen Auftrag. **Mose** (arab. Mussa) und **Abraham** (arab. Ibrahim) sind auch im Islam bedeutende Propheten und Stammväter und **Adam und Eva** erleiden das gleiche Schicksal wie in der Bibel: Sie werden aus dem Paradies vertrieben. Auch der Koran führt die Vertreibung auf den Sündenfall zurück, allerdings beruht der im Islam nicht auf dem Abfallen von Gott, sondern auf der Verführung Adams durch den Teufel. Im Koran wird Abraham aufgefordert, seinen erstgeborenen Sohn Ismael (arab. Ismail) Gott als Opfer darzubringen. Seiner Bereitschaft zum Opfer und dem Verzicht Gottes wird alljährlich im Opferfest (s. S. 66) gedacht. Ismael wird zum Stammvater aller Araber, zusammen mit seinem Vater erbaut er die *kaaba* in Mekka (s. S. 47). In der jüdisch-biblischen Überlieferung ist Abraham der Stammvater des Volkes Israel und sollte seinen zweiten Sohn Isaak opfern. Moses ist der im Koran am häufigsten genannte Prophet, die Geschichte der Befreiung des israelischen Volkes aus ägyptischer  Gefangenschaft wird wiederholt erwähnt. Auch über den Empfang der Gebotstafeln auf dem Berg Sinai wird berichtet. Die **Zehn Gebote** fließen als Verhaltensregeln für den gläubigen Menschen in den Koran ein, haben in ihrer ursprünglichen Form dort aber keine zentrale Bedeutung.

Jesus (arab. Issa) ist einer jener Propheten, die von Allah auserwählt wurden, um den Menschen dessen Wort zu übermitteln. Er wird im Koran als bedeutender Prophet bezeichnet und ist der direkte **Vorgänger des Propheten Muhammad.** Auch von verschiedenen Wundertaten Jesu wird im Koran berichtet, allerdings wird Jesus nicht als Gottes Sohn verstanden. Auch der Tod am Kreuz und die Wiederauferstehung werden bestritten, vielmehr habe Gott Jesus direkt zu sich geholt. **Maria** (arab. Marjam), die Mutter Jesu, hat ebenso einen festen Platz im Koran und den Überlieferungen. Es ist sogar eine Sure (Sure 19) nach ihr benannt, die von der jungfräulichen Empfängnis und Geburt Jesu handelt. Die Lebensgeschichte Marias wird detailliert wiedergegeben, was ihre herausgehobene Stellung in der religiösen Vorgeschichte des Islam verdeutlicht.

Die islamische Glaubenslehre besagt, dass die Muslime die auserkorenen Empfänger und Hüter der letzten göttlichen Offenbarung sind. Muhammad ist der letzte aus einer langen Reihe von Propheten, die mit Adam begann, und bildet damit den vollendeten Abschluss der Entwicklung der Religionsgeschichte.

Bereit für die Freitagspredigt

Warum grenzen sich Muslime vom „Westen" ab?

Die Ablehnung des „Westens", wie sie vor allem von einigen islamistischen Gruppierungen ideologisch untermauert wird, gilt den **Prinzipien und Werten,** die von westlichen Zivilisationen geteilt werden und zu denen sie sich bekennen. Dazu gehören der Anspruch auf Rechte und Freiheiten aller Menschen, Religionsfreiheit, säkulare und demokratische Staatsformen, Selbstverwirklichung, moderne Formen des Zusammenlebens, aber auch materialistische, konsumorientierte Systeme der freien Marktwirtschaft und des Kapitalismus. Viele dieser Prinzipien und Werte werden von bestimmten Gruppierungen als degeneriert und minderwertig interpretiert – und diejenigen, die für sie einstehen, werden zu „Ungläubigen" und „Feinden des Islam".

Das **Verhältnis vieler Muslime zum Westen ist ambivalent:** Der technische Fortschritt wird bewundert und Wohlstand und individuelle Freiheiten erscheinen erstrebenswert, andererseits wird ein tiefes Misstrauen gehegt, das sich zum Teil aus der Angst speist, die eigenen Werte durch den westlichen Einfluss zu verlieren. In diesem Zusammenhang nach diesen speziellen Werten gefragt, werden oftmals die durch die Religion bestimmte Lebensweise genannt, der Zusammenhalt in der patriarchalisch strukturierten **Familie** und die **Ehrvorstellungen,** die sich meistens am **Verhalten der Frauen** messen. Die Vorwürfe, dass im Westen jegliche Moral

Britische Tradition in Jordanien

verloren gegangen sei, werden oftmals an Selbstbestimmungstendenzen der westlichen Frauen festgemacht, die durch Selbstverwirklichung und grenzenlosen Egoismus das Familiensystem zerstörten und sich der Mutterschaft entzögen. Da dieses Verhalten gegen göttliche Gesetze verstoße, müsse der Westen an Unmoral, zügelloser Gier und Materialismus zu Grunde gehen.

Autoren aus islamischen Ländern beschreiben immer wieder ein **„kollektives Minderwertigkeitsgefühl" vieler Muslime.** Die Verantwortung für gesellschaftliche Missstände und eigene Unzulänglichkeiten wird dem Westen zugeschoben – oder den eigenen Regierungen, die von westlichen Mächten negativ beeinflusst würden. Aus dieser Mischung von Gefühlen kann eine Flucht in die religiös legitimierten „eigenen Werte" stattfinden – und hier finden islamistische Gruppen ein reiches Betätigungsfeld.

In der Diskussion um Abgrenzung voneinander und Aufteilung in „westliche" und in „islamische" Welten und besonders angesichts aktueller Konflikte, Terrorismus und konfessioneller Auseinandersetzungen, die immer wieder in den Fokus rücken, sollte bedacht werden, dass **beide „Seiten" grundlegende kulturelle, gesellschaftliche, politische und auch moralische Überzeugungen und Ziele teilen.**

Hat der Islam seit seiner Blütezeit im Mittelalter einen Bedeutungsverlust erlitten?

Bis ins 12. Jahrhundert waren die zivilisatorischen Leistungen der islamischen Welt, zu denen **Errungenschaften in Wissenschaft, Literatur und Architektur** gehörten, in Europa weitgehend unbekannt. Der Wissensvorsprung der Muslime war den Gelehrten der damaligen Zeit aber bewusst. In den nachfolgenden Jahrhunderten begannen sich die Verhältnisse aber zu ändern; der Fernhandel erfuhr weltweit einen Aufschwung und es entwickelte sich langsam ein Kapital- und Bankensystem in den entstehenden Stadtstaaten in einigen Ländern Europas. Im 15. Jahrhundert verstärkten verschiedene Erfindungen (z. B. die Druckerpresse) die Dynamik der Entwicklung. Die Industrielle Revolution gab dem Westen weiter Auftrieb und das Kräfteverhältnis zwischen islamischer und christlicher Welt verschob sich unaufhaltsam. Für Historiker begann der Zerfall des Osmanischen Reichs mit dem Sitz des Kalifats im Zeitraum der zweiten Belagerung Wiens (1683). Die Truppen des Reichs kämpften nicht nur gegen Österreich, sondern an verschiedenen Fronten. Der Niedergang des Imperiums wurde durch den Russisch-Türkischen Krieg (1768–1774) beschleunigt.

031ki-st

In der **Kolonialzeit** begann der Wettlauf der europäischen Staaten um Einfluss und überseeische Territorien, die auch als Märkte dienen konnten, und deren Ressourcen. Die Europäer verfügten über militärische Stärke und fühlten sich kulturell überlegen. Dem europäischen Kolonialismus hatte die islamische Welt nur noch wenig entgegenzusetzen – der wissenschaftliche, technische und ökonomische Vorsprung des Westens vergrößerte sich zusehends und die militärische Überlegenheit beförderte die Unterwerfung zahlreicher islamisch geprägter Länder. Besonders der Glaube an die göttliche Fügung allen Geschehens im Islam wurde als Hindernis angesehen, das eigene Schicksal in die Hand zu nehmen. Der Islam wurde als Ursache der Rückständigkeit und als Hemmschuh für fortschrittliche Entwicklungen bezeichnet; die muslimischen Gesellschaften und ihre Religion galten als reformunfähig. Die „Herren" des Abendlandes wollten den Fortschritt in ihre Kolonien bringen und tatsächlich waren viele politische Führer und auch religiöse Würdenträger von Neuerungen aus Europa begeistert. Reformen nach europäischem Vorbild wurden durchgeführt. Dies änderte aber nichts daran, dass die Herrschaft der europäischen Mächte von vielen Muslimen als Schmach und Demütigung empfunden wurde – die Folgen sind bis heute spürbar. Sowohl militärisch als auch finanziell sehr geschwächt („Der kranke Mann am Bosporus") trat das Osmanische Reich an der Seite des deutschen Kaiserreichs in den Ersten Weltkrieg ein – getrieben von der Hoffnung, verlorene Gebiete (z. B. Makedonien und das Kosovo) zurückzuerobern. Das Reich zerbrach am Krieg und damit auch das Kalifat. 1923 wurde die Republik der Türkei von Kemal Atatürk ausgerufen.

Der **Zweite Weltkrieg** beendete die Übermacht der Kolonialmächte in den arabisch-islamischen Gebieten; sie hinterließen Regierungssysteme, die sich an westlichen Vorbildern orientierten. Die Strukturen der ur-

Besuch der Blauen Moschee in Mazar-e Sharif (Afghanistan)

Extrainfo 8 (s. S. 8): Informative ARTE-Doku über den Islam und die Wissenschaft

sprünglichen Gesellschaften wurden nicht berücksichtigt, deshalb hatten demokratische Institutionen kaum Bestand. Es waren Staaten mit willkürlich zusammengefassten Bevölkerungsgruppen entstanden und Grenzen, die von den Kolonialherren nach ihren Interessen gezogen worden waren. So kam es als Folge des kolonialen Erbes immer wieder zu Bürgerkriegen; manche Konflikte dauern bis heute an.

Der **Bedeutungsverlust nach einer islamischen Blütezeit** der Künste und Wissenschaften wird als einer der Gründe bezeichnet, die das Selbstvertrauen der muslimischen Welt schwinden ließen und zu einem noch heute spürbaren **Gefühl der Unterlegenheit und Übervorteilung durch den Westen** führten. Eine eindeutige Antwort auf die Frage, wie der Entwicklungsabstand sich so rasant vergrößern konnte und die islamische Welt einen Bedeutungsverlust hinnehmen musste, gibt es nicht, dazu ist das Thema zu vielschichtig. Erklärungsversuche beinhalten eine mögliche **fehlende Flexibilität durch die starke Verquickung von Politik und Religion** oder die Umwandlung der damaligen inneren Stabilität der islamischen Gemeinschaft in **Geschlossenheit und Starrheit,** die für Reformationsprozesse, Säkularisierung und Industrialisierung nicht mehr zugänglich war. Der Westen konnte günstigere gesellschaftliche Voraussetzungen für die Entwicklung kapitalistischer Systeme und die Nutzung der Dynamik des Welthandels vorweisen. Im Islam dagegen entstanden Strömungen, die den Blick zurückwandten auf die glorreichen Zeiten und die durch den Aufruf „Zurück zu den Wurzeln" dem Islam zu neuem Glanz und seinem rechtmäßigen Platz im Weltgefüge verhelfen wollten.

Warum haben die fundamentalistischen und islamistischen Gruppierungen so einen starken Zulauf?

Fundamentalistische und islamistische Gruppierungen nutzen unter anderem alte **antikoloniale Attitüden,** um Akzeptanz bei Teilen der Bevölkerung islamischer Länder zu gewinnen. In den von den Kolonialmächten unterdrückten Ländern gab der Islam den Menschen Halt. Die **Muslimbrüder** in Ägypten verknüpften religiöse Lehren mit einer anti-imperialistischen Haltung. Zu ganz ähnlichen Entwicklungen kam es in Südasien, z. B. bei den Muslimen Indiens. Besonders in **schwachen und fragilen Staaten** können religiöse Extremisten die weitverbreitete Frustration über schlechte Amtsführung der Verwaltungen und Regierungen nutzen. Menschen, die unter Armut, Diskriminierung, Korruption und Gewalt leben, sind empfänglich für Heilsbotschaften – und das Versprechen der Extremisten, ihren Glauben und sie selbst als Gläubige zu verteidigen. Die gewalttätigen und extremistischen Organisationen wirken wie ein Magnet auf ausgegrenzte und frustrierte junge Menschen, die ein Ventil für ihre Aggressionen und einen Sündenbock für ihre eigene missliche Lage und die erfahrene Ungerechtigkeit suchen. Es mutet absurd an, dass islamistische Terroristen die Doppelmoral der Golf-Staaten verabscheuen, aber gleichzeitig von sunnitisch-fundamentalistischen Ideologien motiviert werden, die von Unterstützern und Geldgebern aus eben diesen Staaten seit vielen Jahren verbreitet werden.

Die Kolonialzeit hat ein Gefühl der Erniedrigung bei einer Gemeinschaft von Menschen verursacht, die sich seit jeher als Hüter der göttlichen Wahrheit verstanden haben. Auch nach den Zeiten der direkten Beherrschung sehen sich viele in ihrer **Lebensweise** noch immer **stark von „den Ungläubigen"** beeinflusst – und geraten durch sie in **ständige Versuchung, vom „wahren islamischen Weg"** abzuweichen. Die **„moralische Degeneriertheit"** und daraus resultierende **„Schwäche des Westens"** ist ein oft genutztes Argument in der Abgrenzung zu eben dieser Zivilisation. Die islamische Ideologie hingegen bietet eine gefühlsmäßig vertraute Grundlage für **Gruppenidentität** und **Solidarität,** für **Legitimität und Autorität** – besonders in Zeiten wachsender Spannungen und sich auflösender Loyalitäten und Institutionen eine unschätzbar wertvolle Quelle, aus der Halt und Identität geschöpft werden können.

In welchen gesellschaftlichen Gruppen entwickeln sich fundamentalistische Ideen?

Die Ideologie des Fundamentalismus oder Extremismus stammt aus den **bürgerlichen Mittelschichten** unterschiedlicher islamischer Länder. Die **Unterprivilegierten** werden von Anführern aus diesen Schichten mobilisiert; entweder durch Anreize oder das Argument, dass jemand anderes an der Misere schuld sein müsse. Die sichtbaren Veränderungen finden in den Mittelschichten statt; auf dem Lande und in den Dörfern sind Frömmigkeit und Gläubigkeit unverändert, Moralvorstellungen und Verhaltensweisen blieben über Jahrhunderte erhalten. Besonders im städtischen Erscheinungsbild sind jedoch plötzlich mehr Frauen zu beobachten, die ein Kopftuch

◁ Bilderpracht in Yazd (Iran)

oder andere Verschleierungen tragen; freizügige Darstellungen in den Medien oder der Literatur werden von Angehörigen der intellektuellen Schichten angeprangert. Die Globalisierung löst festgefügte Identitätsmuster auf und es entsteht das Bedürfnis, sich an Bewährtem und Eindeutigem festzuhalten. Religiöse Kräfte propagieren in diesem Zusammenhang die Rückkehr zu den Wurzeln und bieten eine angeblich ursprüngliche und widerspruchsfreie Lebensweise an. Es stellt sich für viele Muslime aber die Frage, ob es die überhaupt geben kann: Wie kann man zu dieser Art des Lebens zurückkehren, wenn es sie in der propagierten Reinheit vermutlich nie gegeben hat? Die Rückkehr zu den Wurzeln bleibt für viele somit ein Konstrukt.

Gab es Reformbewegungen in der Geschichte des Islam?

Muhammad Bin Abd Al-Wahab (1703–1792) beschäftigte sich als junger Korangelehrter mit der Frage, welche Ursachen der Schwächung des Islam zugrunde lägen. Er stieß auf die Schriften des syrischen Theologen und Juristen **Ibn Taimija** (1263–1328), der in den Zeiten der Eroberung und Zerstörung islamischer Reiche durch die aus Zentralasien vordringenden Mongolen lebte. Seiner Ansicht nach hatte Gott die Muslime gestraft, weil sie nicht mehr die wahre Religion, den **Islam der Ursprünge,** praktizierten. Die islamische Welt konnte nur gerettet werden, wenn sie zur Lebensweise des Propheten Muhammad und seiner Gefährten zurückkehrte. Feinde waren für ihn nicht nur die Mongolen und Christen, die dem Islam während der Kreuzzüge zugesetzt hatten, sondern auch Muslime, die den Koran anders als buchstäblich verstanden und ihn immer wieder an die Gegenwart anpassen wollten. Sie alle sollten mit Feuer und Schwert bekämpft werden. Diese Ideen griff Al-Wahab auf und entwickelte die Theorie weiter, dass die frommen Ahnen zum Maß aller Dinge erhoben werden müssten, um den Islam zu alter Größe zurückzuführen. Aus diesen Quellen schöpfen auch heutige islamistische und terroristische Bewegungen, wenn sie versuchen, die „Reinigung der Religion" durch die Rückkehr zu den Ursprüngen voranzutreiben – und auch die Rechtfertigung dafür, Muslime zu töten, die nicht dem wahren Islam anhängen und damit zu Ungläubigen werden, findet sich in den Thesen dieser beiden Männer.

Andere Denker der islamischen Welt strebten eine umfassende **soziale Erneuerung** und Modernisierung an, zu denen **Sayyid Ahmed Khan** (1817–1898) gehörte, der in Delhi unter britischer Kolonialherrschaft lebte und in Großbritannien studierte und in den Adelsstand erhoben wurde. In der nordindischen Stadt Aligarh baute er eine Universität auf, die zur Keimzelle einer **laizistischen Bewegung** wurde. Die Loslösung der Muslime von Indien, die schließlich in die Gründung des pakistanischen Staates im Jahr 1947 mündete, ging auf seinen Einfluss zurück. Auch **Sajjid Dschamaladdin Al-Afghani** (1838–1897) gehört zu den bedeutendsten Islamreformern. Er gilt als **Vordenker der islamischen Moderne** und beeinflusste Politiker und Königshäuser im Osmanischen Reich, in Ägypten, Iran, Afghanistan und Indien. Er setzte ebenfalls bei der Wertschätzung für die Ahnen des Islam an, sah als Kernelemente der Überlieferung aber die Erweiterung des Wissens, das selbstständige Urteilen und Forschen an. Die **islamische Ratsversammlung** (arab. *schura*) sah er als **Basiselement demokratischer Systeme** an und damit als mit dem Islam kompatibel. Viele moderne Denker und Strömungen in der islamischen Welt beziehen sich auf Elemente der Lehre Al-Afghanis.

Es gibt eine Reihe von **islamistischen Intellektuellen,** die versuchen, einen authentischen Weg in die Moderne zu finden. Dazu gehört der Versuch der Entwicklung einer islamischen Demokratie (auch im Iran zu beobachten), die nicht dem westlich-liberalen Modell entspricht, aber wichtige Prinzipien einer demokratischen Ordnung enthält. Dies geschieht auf der Grundlage der **„schura",** dem Beratungsprinzip aus der frühislamischen Geschichte. Politische Partizipation und Verantwortlichkeit der Regierung gehörten zu diesen Demokratie-Modellen, aber auch der Schutz der Menschenrechte.

Was verbirgt sich hinter den Begriffen Fundamentalismus, Islamismus und Salafismus?

Unter **Fundamentalismus** versteht man eine politische Anschauung oder Religion, die sich dogmatisch an die ursprünglichen Inhalte ihrer Lehre hält. Er stellt eine Überzeugung oder eine Geisteshaltung dar, die ihre Interpretation einer inhaltlichen Grundlage, also des Fundaments, als die einzig wahre annimmt.

Orthodoxie bezeichnet in ihrer Grundbedeutung die vorherrschende Lehrmeinung und ihre Richtigkeit im Gegensatz zu davon abweichenden Lehrmeinungen, die in bestimmten Zusammenhängen für falsch erachtet und abgelehnt werden. Auch die Anhängerschaft der „richtigen Lehrmeinung" kann als Orthodoxie bezeichnet werden. Die vorherrschende Lehrmeinung dominiert die öffentliche Wahrnehmung und definiert damit die Norm.

Der **Islamismus** – oder politische Islam, wie er auch genannt wird – verbindet religiöse und politische Bezüge und sieht sie als untrennbare Einheit an. Säkulare Systeme gelten als unislamisch, Demokratie und Kapitalismus werden ebenso verworfen wie der Marxismus. Die nach Meinung der Islamisten weltbeherrschenden und aus europäischen Ländern stammenden Gesellschaftsordnungen und Werte werden zurückgewiesen. Der Islamismus glaubt durch den Rückgriff auf die Urquellen des Islam die Probleme der heutigen Zeit lösen zu können. Er verlangt von seinen Anhängern, aktiv auf die Errichtung eines islamischen Staates hinzuarbeiten, in dem Gott – und nicht der Mensch – Souverän ist.

In der Zeit der Kreuzzüge sollte die **Idee eines religiös motivierten Krieges** die Anhänger des Islam zum gemeinsamen Kampf gegen die Kreuzritter in Palästina bewegen. Doch statt sich gegen die Besatzer zu verbünden, schlossen lokale Herrscher immer wieder Bündnisse mit den Europäern, um die eigene Macht zu festigen und auszubauen. Ein Intellektueller aus Damaskus, Ali ibn Tahir Al-Sulami, verfasst um 1105 das „Buch des Dschihad" und fordert seine Glaubensbrüder auf, sich gegen die Eindringlinge zu vereinigen. Dschihad wird dabei im Sinn des sogenannten heiligen Kriegs verwendet, obwohl die eigentliche Wortbedeutung die „Anstrengung" im religiösen Kontext bezeichnet und damit auch anders interpretiert werden kann. Der bewaffnete Kampf bringe den opferbereiten Kriegern die Vergebung aller Sünden und den direkten Einzug in das Paradies. Muslimische Politiker und Intellektuelle entdeckten mit dem aufkeimenden arabischen Nationalismus des 19. Jahrhunderts die Helden des Dschihad aus der Kreuzfahrerzeit wieder und nutzten sie für ihre Propagandazwecke. Politische Bewegungen, die sich aus diesem Kontext heraus entwickelten, werden als **Dschihadismus** bezeichnet. Verschiedene Gruppierungen vertreten die Ansicht, die Errichtung der göttlichen Ordnung verlange einen permanenten Dschihad, in dem die vermeintlichen Feinde des Islam mit allen Mitteln bekämpft werden müssen.

Wahabiten (benannt nach dem Reformer Al-Wahab) und Salafisten (arab. *salaf* für die rechtschaffenden Altvorderen) streben nach Glaubensreinheit durch die Rückbesinnung auf die ursprünglichen Werte des Islam. Die glorreiche Zeit des Islam in den ersten Jahrhunderten nach der Religionsstiftung ist dabei der entscheidende historische Orientierungspunkt. Die religiös-politischen Bewegungen, die sich auf diesen Ideologien gründen, werden als **Wahabismus** und **Salafismus** bezeichnet. Neuerungen werden abgelehnt und in ihrer Konsequenz der Rückbesinnung übertreffen Anhänger des Salafismus manchmal noch ihre Glaubensbrüder bei den Wahabiten. Bestehende Verhältnisse werden kritisiert und einige salafistische Gruppierungen setzen auf Gewalt und bewaffneten Kampf. Als Ziel wird eine Weltherrschaft des Islam angestrebt; um dieses Ziel zu erreichen, werden von **extremistischen Gruppierungen** auch militante Mittel angewendet. In seiner extremsten Form gleitet der Islamismus in den **Terrorismus** ab.

Gesellschaftliche und kulturelle Phänomene

Die Familie | 84

Von der Wiege bis zur Bahre – der Lebenszyklus | 96

Miteinander kommunizieren | 104

Geschlechterdynamik in islamischen Gesellschaften | 107

Fragen und Antworten | 121

◁ Bollywood lässt grüßen – eine Kinoheldin in Pakistan (033ki-st)

Die Familie

Die Familie ist das Kernstück jeder Gesellschaft, aber in vielen islamisch geprägten Ländern haben das Familienleben und der familiäre Zusammenhalt eine ganz **besondere Bedeutung.** Keine andere soziale Einrichtung kann auch nur annähernd an die Wichtigkeit der Familie und der größeren Verwandtschaftszusammenhänge heranreichen. Sie bilden einen **festen Orientierungsrahmen** für jedes Individuum, verleihen ihm seinen Platz im Sozialgefüge. Der einzelne Mensch definiert sich stark über die eigene Familie, was sich häufig an den Bezeichnungen für eine Person zeigt: Eine Frau wird beispielsweise oftmals nicht nur mit ihrem eigenen Namen angesprochen, sondern auch mit dem Zusatz „die Ehefrau von Herrn Ahmed"; auch bei Söhnen und Töchtern wird häufig durch die Anrede schon deutlich, zu welcher väterlichen Linie sie gehören. Die traditionellen **Strukturen der Großfamilie** – in der oft drei Generationen und angeheiratete Verwandte zusammenleben – finden sich vorrangig in **ländlichen Gebieten** und Kleinstädten; in den größeren Städten übernehmen mittlerweile andere Institutionen teilweise die Funktion der Großfamilie. Im **städtischen Bereich** gibt es eine starke Tendenz zu kleineren Familien

und verheiratete Kinder gründen einen eigenen Haushalt. Meistens bleibt nur ein Sohn in der Familie zurück, übernimmt später das Haus der Eltern und wird sie, gemeinsam mit seiner eigenen Familie, im Alter versorgen. Im ländlichen Raum spielt die Familie im wirtschaftlichen und politischen Sektor eine bedeutende Rolle. Sie stellt die kleinste autonom handlungsfähige Einheit in einer Gesellschaft dar, die auf landwirtschaftlichen Produktionsformen oder Viehzucht basiert. Beim Ackerbau wird das Land von den Mitgliedern der Großfamilie gemeinschaftlich bewirtschaftet und die Güter werden nach Bedürfnis und sozialem Status innerhalb der Familie verteilt.

Der Großfamilie steht ein **Oberhaupt** vor, das sich meistens aus der Gruppe der ältesten Männer der Familie rekrutiert. In diesem **patriarchalisch strukturierten Gefüge** besitzt der Familienvorstand eine starke moralische Autorität, die anderen Mitglieder stehen in einem Abhängigkeitsverhältnis zum Patriarchen. Ein intensiver und ständiger Kontakt zwischen den einzelnen Familienmitgliedern ist notwendig und erstrebenswert, denn die Familie stellt in vielen Bereichen den einzigen Schutz für ihre Mitglieder gegen die Gefahren des Lebens dar. Das Individuum ist seiner Familie gegenüber zu lebenslanger **Loyalität** verpflichtet, ein Bruch mit den Normen und Regeln der Gemeinschaft gehört zu den schlimmsten sozialen Vergehen. Die Loyalität äußert sich in Form von **Gehorsam, Respektbezeugungen, finanzieller Unterstützung und Teilnahme an Aktivitäten auf ritueller Ebene** wie Hochzeiten und Beerdigungen.

Die Familie übernimmt häufig die Rolle der **Sozialversicherung,** da der Staat die Versorgung in Notfällen oder im Alter oft nicht gewährleisten kann. Die Solidarität innerhalb der Familie bedeutet Schutz für den Einzelnen. Arbeitsteilung und gegenseitige Abhängigkeit sind wichtige Faktoren, die den Haushalt zusammenhalten. Für die wirtschaftliche Sicherheit fordert die Familie aber die Loyalität jedes ihrer Mitglieder und das Familienwohl hat immer Vorrang vor den persönlichen Wünschen. Der Einzelne investiert in die Familie auf Kosten seiner persönlichen Freiheit und ist dafür sein Leben lang abgesichert, zumindest in dem Maß, wie es das wirtschaftliche Niveau der Familie zulässt.

In vielen traditionellen Gesellschaften sind **kaum alleinstehende Menschen** zu finden; in der Regel teilt man sein Leben und seine Wohnung

◁ Ausflug mit Großeltern in Osh (Kirgistan)

mit der Familie. Besonders für Frauen ist ein **Singledasein** sehr schwierig. Auch in höherem Alter bleiben sie unverheiratet, wenn sie bei ihrer Familie sind und werden versorgt, wenn sie nicht selbst eine Ausbildung und einen Job haben. Wichtige Entscheidungen werden gemeinsam oder vom Familienoberhaupt getroffen; derjenige, der einen Job hat und Geld verdient, muss oftmals alle anderen Familienmitglieder mitversorgen. Manchmal lebt eine ganze Großfamilie von dem Geld, das einer ihrer Männer aus einem Land schickt, in dem er als Arbeitsmigrant lebt.

Es gehört zu den Idealvorstellungen von Menschen aus islamisch geprägten Gesellschaften, dass **alte Menschen** bis zu ihrem Lebensende im Familienverbund verbleiben. Sie erhalten ihr Auskommen, werden ernährt, gepflegt und haben Gesellschaft. Sie versuchen sich mit kleinen Verrichtungen nützlich zu machen und beaufsichtigen die kleinen Kinder. Kinder werden dazu erzogen, älteren Familienangehörigen großen **Respekt** entgegenzubringen. Die Achtung und das Ansehen eines Menschen wachsen mit seinem Alter und oftmals auch seine Macht in familiären und gesellschaftspolitischen Angelegenheiten. Die Meinung „der Alten" ist wertvoll – und dabei spielt es keine Rolle, ob es sich um Männer oder Frauen handelt – jeder soll ihr Bedeutung beimessen. Ratschläge von älteren Menschen werden gern angenommen und befolgt, denn man weiß, dass sie über Lebenserfahrung und Weisheit verfügen. Manchmal können allerdings auch Familienälteste durch ihre willkürlichen und altmodischen Entscheidungen die ganze Familie tyrannisieren. **Konflikte** und **Unmut** sind vorprogrammiert, auch wenn viele Jüngere es oft nicht wagen, sich ihnen direkt entgegenzustellen und den Gehorsam zu verweigern. Viele junge Menschen aus den unterschiedlichsten Gesellschaften berichten, dass sie unter den unbeugsamen Entscheidungen älterer Familienangehöriger leiden.

Die viel diskutierte **Vetternwirtschaft** hat ihren Ursprung in dem Aufbau des Verwandtschaftssystems mit seinen Solidaritätsgruppen, dem starken „Wir-Gefühl" und den daraus erwachsenden Bevorzugungen der zur eigenen Gruppe gehörigen Mitglieder. Als Teil dieses Systems bleibt dem Einzelnen oft gar nichts anderes übrig, als seinen Neffen in eine wichtige Position im Ministerium zu bringen (obwohl er von seiner Unfähigkeit überzeugt ist) oder den großen Bauauftrag unter Umgehung der Ausschreibungsregeln dem Vetter zuzuschieben, in dessen Schuld er seit langer Zeit steht. Bevor eine Geschäftsverbindung eingegangen wird, baut man ein Vertrauensverhältnis auf. Das **persönliche Verhältnis** hat **Vorrang vor jeder sachlichen Aufgabe und jedem Auftrag** – Loyalität der eigenen Gruppe gegenüber ist ein hoher Wert. Persönliche Treueverhältnisse sind wichtiger als die fachgemäße Erledigung von Aufgaben.

Soziokultureller Kontext

Viele der Gesellschaften islamisch geprägter Länder sind von **traditionellen Strukturen** geprägt, die relativ wenige moderne und staatliche Merkmale aufweisen, dies trifft vor allem auf ländliche Räume zu. Staatliche Institutionen wie Verwaltung, Bildungseinrichtungen, Polizei und Steuerbehörden reichen oftmals nicht weit in die ländlichen Gebiete hinein. Die großen Städte repräsentieren den „Staat", die ländlichen Gesellschaften die „Gemeinschaft". Die soziale Identität ist in Traditionen, Institutionen und Symbolen verkörpert und bestimmt die Beziehungen zwischen den Menschen. Gesellschaftliche Gruppen grenzen sich aufgrund ihrer unterschiedlichen Identitäten voneinander ab. Die Zugehörigkeit zu der islamischen Religion spielt bei der Identitätsbildung in vielen islamisch geprägten Gesellschaften eine zentrale Rolle; in zweiter Linie auch, ob der sunnitischen oder schiitischen Glaubensrichtung gefolgt wird.

Ein weiterer, wichtiger und prägender Aspekt umfasst die **Familie**, die **Verwandtschaft**, eventuell **stammesgesellschaftliche Bezüge** und schließlich die **ethnische Gruppe**. Auch die Frage nach der lokalen Zugehörigkeit ist entscheidend für die Identitätsbildung, denn es ergeben sich große Unterschiede zwischen Land- und Stadtbevölkerung. Die einzelnen Regionen können verbindende Gemeinsamkeiten haben, wie beispielsweise Traditionen, geschichtliche Hintergründe oder die Sprache. Nach dem „mit wem" und „wo" jemand lebt, folgt die Frage, „wie" das Leben gestaltet wird. Die gesellschaftliche Stellung des Einzelnen, die ökonomischen Möglichkeiten und die politische Ausrichtung sind weitere Identifikationsmerkmale. Ethnische Gruppen können sich in eine große Zahl von Stämmen, Clans und Unterclans unterteilen. Wie im Fall der ethnischen Gruppen kann das Stammesprinzip dazu benutzt werden, **Menschen sozial einzuschließen oder auszugrenzen, Solidaritätsgruppen** zu mobilisieren oder **Feindschaften** zu markieren.

Die **Unterschiede zwischen Stadt- und Landbevölkerung** eines Landes können so groß sein, dass in den meisten Fällen nicht pauschal von „der Bevölkerung" gesprochen werden kann, sondern diese unterschiedlichen Lebensräume gesondert betrachtet und gegenübergestellt werden müssen. Selbst in einer relativ homogen erscheinenden Gesellschaft existieren zahlreiche Subkulturen. Durch den Prozess der Globalisierung findet eine starke Angleichung der Stadtkulturen weltweit statt: Technische Errungenschaften, Internet und neue Medien, aktuelle Modeerscheinungen, wachsende Konsumbedürfnisse, Fastfood-Trends und vieles mehr sind in allen Städten zu finden. Die Stadtbevölkerungen verschiedener Länder scheinen sich oft ähnlicher zu sein als Stadt- und Landbevölkerung innerhalb eines Landes.

Familie im Wandel

Traditionelles Handeln und Identifizierung mit den Werten der Gesellschaft erleichtern die Orientierung im Leben. Die enge Verbundenheit mit Traditionen kann aber auch die Entwicklung einer progressiven Denkweise erschweren. Eine **kritische Haltung und Zukunftsorientierung** sind **gesellschaftlich oft nicht erwünscht.** Schwer lösen sich einzelne Menschen aus dem Großfamiliensystem, das ihnen einerseits Stärke und Solidarität vermittelt, andererseits die Möglichkeiten des Individuums einschränkt, das Leben nach eigenen Wünschen zu gestalten. Während in einigen ländlichen Gebieten die Lebensumstände der Bevölkerung nur wenigen Veränderungen unterworfen sind und manchmal Relikte aus vergangenen Zeiten zu sein scheinen, verändert und beschleunigt sich das Leben in den Großstädten rasant.

Zwar ist auch in der Stadt das Bestreben vieler Großfamilien, in gegenseitiger Nähe zu siedeln, zu beobachten – die traditionelle Siedlungsweise kann aber oft aufgrund von beruflichen und städtebaulichen Faktoren nicht verwirklicht werden. **Andere Institutionen,** z. B. staatliche Einrichtungen, beginnen in den Städten die Funktionen der Großfamilie zu übernehmen, trotzdem spielt sie noch eine bedeutende Rolle auf sozialem, wirtschaftlichem und politischem Gebiet. Das moderne Leben fordert die Akzeptanz von nichtverwandtschaftlichen Beziehungen, die den verwandtschaftlichen Beziehungen in Hinblick auf bestimmte Funktionen gleichgestellt sind. Die **Kernfamilie gewinnt an Bedeutung** und ermöglicht dem Individuum eine gewisse Selbstverwirklichung, weil die soziale Kontrolle durch die Großfamilie nicht mehr im früheren Maße ausgeübt werden kann.

Das nichtverwandtschaftliche Umfeld aus **Nachbarn** und **Kollegen** gewinnt an Bedeutung und verändert die Einstellung zu den eigenen Verwandten. Die Kinder knüpfen durch den Schulbesuch Kontakt zu anderen Familien. Durch den Bedeutungszuwachs der individuellen Interessen verliert die Orientierung an traditionellen Zielen und Wertvorstellungen an Bedeutung. Ausbildung und Studium in der Großstadt und westliche Einflüsse verstärken die Individualisierung noch weiter. Als positive Folgeerscheinungen der Veränderung der Lebensumstände und Wertvorstellungen werden oft Möglichkeiten der **Geburtenkontrolle,** die Erkenntnis, dass **schulische Bildung für Mädchen** sinnvoll ist, und die **Heraufsetzung des Heiratsalters für Mädchen** genannt. Viele junge Familien begrenzen ihren Kinderwunsch, um den Frauen Arbeits- und Verdienstmöglichkeiten zu eröffnen und den Kindern die oftmals kostspielige Bildung ermöglichen zu können.

Die traditionellen Autoritätsverhältnisse in verschiedenen Gesellschaften verschieben sich, weil beispielsweise Söhne durch ihre Beschäftigung in der Stadt oder im Ausland lange vor der als „altersgemäß" empfundenen Zeit zu Wohlstand und Macht durch Geld gelangen, dadurch können auch Konflikte mit den Älteren entstehen. In der Stadt geht die Tendenz Richtung „Kernfamilie" – im Gegensatz zur traditionellen Lebensweise in Großfamilien – und dies schon allein aus Wohnraumgründen. Das veränderte Siedlungsverhalten bedingt **Verschiebungen in der Familienstruktur,** vor allem, wenn Frauen ihre Position durch Berufstätigkeit und eigenes Einkommen verändern können.

Erziehungskonzepte

Im Erziehungsauftrag moderner Schulen sind Inhalte wie Förderung der Selbstständigkeit, Neugier und Experimentierfreudigkeit vertreten, sie gelten als wünschenswerte Eigenschaften und sollen durch didaktische Konzepte verstärkt werden. In traditionellen Erziehungssystemen werden Kinder zum **Gehorsam** angehalten, die Autorität des Lehrpersonals wird nicht angezweifelt. Schulkinder sind eher passiv, werden auf Auswendiglernen getrimmt und ergreifen selten die Initiative. Eine deutsche Lehrerin, die ein Jahr lang für ein deutsch-jemenitisches Entwicklungsprojekt arbeitete, schildert ihre ersten Erfahrungen in der Schule: „Die Kinder saßen still und brav auf ihren Plätzen, als die Lehrerin die Klasse betrat, sprangen alle wie auf ein Kommando auf und begrüßten sie lautstark im Chor. Die Lehrerin schritt zunächst mit strengem Gesicht die Reihen ab und überprüfte die Sauberkeit der Schulkleider und der Schuhe. Nach der ‚Musterung' wurde gemeinsam ein Lied gesungen und dann mit dem Unterricht begonnen. Er bestand hauptsächlich aus Vorlesen von mehreren Kindern zugleich und Nachsprechen von gelernten Texten. Die Disziplin und Ernsthaftigkeit

▷ Der frühe Ernst des Lebens (Jemen)

der Kinder war eine völlig überraschende und ungewohnte Erfahrung für eine westliche Lehrperson.

Ein Angehöriger einer traditionellen Gesellschaft, der gefragt wird, welche Werte ihm von seinen Eltern vermittelt wurden, wird wahrscheinlich Begriffe wie **Respekt** gegenüber Eltern und älteren Geschwistern, **Höflichkeit** und **Harmoniestreben** aufzählen. Ein weiterer kultureller Wert ist der Begriff der **Ehre**. Das Ehrgefühl, das unter anderem verlangt, „das Gesicht zu wahren", und das stete Bemühen um Respekt und Anerkennung, gehören zu jedem Ehrenmann. Auch Mädchen und Frauen werden ähnliche

Die Sache mit der Ehre – ein Erklärungsversuch

„Ich heiße Meena und habe im Rahmen meines Sozialpädagogik-Studiums ein Praktikum in einem Verein durchgeführt, der Beratung und Unterstützung für muslimische Mädchen anbietet, die in familiären Schwierigkeiten stecken. Die Thematik hat mich so berührt – vielleicht auch, weil ich selbst aus einem Kulturraum stamme, in dem die Ehre auch heute noch von großer Bedeutung ist –, dass ich auch weiterhin ehrenamtlich für diesen Verein tätig bin. Die ganze Welt ist patriarchalisch strukturiert, es ist nicht der Islam, der besonders frauenfeindlich ist. Aber sowohl im Koran als auch in der Bibel oder im Judentum gibt es ein ganz bestimmtes Rollenverständnis, das den Gläubigen vermittelt wird. Meiner Meinung nach gibt es häusliche Gewalt überall auf der Welt, aber besonders dort, wo das Patriarchat und das Religiöse stark in einer Familie wirken, wird an alten Traditionen festgehalten. Dazu gehört ‚Namus', das ist ein Begriff für die Ehre in der Kultur meiner Eltern und Großeltern, aber er hat für viele auch hier und heute in Deutschland noch Bedeutung. Nicht nur ich als Frau habe meine Ehre, sondern ich bin auch für die Ehre meines Mannes verantwortlich. Morde im Namen der Ehre finden meist dann statt, wenn der Mann fürchtet, seine Frau, Tochter oder Schwester könnte vor- oder außerehelichen sexuellen Kontakt haben. Dadurch wird seine Schutz- und Kontrollfunktion in Zweifel gezogen. Das beschädigt sein Ansehen und damit auch seine Ehre. Ich weiß, dass viele Männer aber auch unglücklich darüber sind, ständig ihre Frauen und Schwestern bewachen zu müssen, weil ihre eigene Ehre damit verbunden ist. Gerade ganz junge Muslime empfinden dies oft als Belastung und Beschneidung ihrer eigenen Freiheit. Es kann ein anspruchsvolles Unterfangen sein, die weiblichen Mitglieder der Familie zu kontrollieren, sodass manchmal Freunde und Verwandte einbezogen werden müssen und z. B. das Verhalten der Mädchen auf den Schulhöfen überwachen.

Werte vermittelt, aber bei ihnen sind die Bemühungen mehr nach innen gerichtet, auf das Bewahren der Unversehrtheit der eigenen Person und der „unbefleckten Ehre".

Den Kindern wird **Respekt vor Älteren** anerzogen, die als Autoritäten akzeptiert werden. Jüngere dienen älteren Menschen, sie erheben sich, wenn Erwachsene ins Zimmer treten, bieten ihnen den eigenen oder den besten Platz im Raum an, mischen sich nicht ein, wenn Ältere sprechen. In Anwesenheit von älteren Verwandten oder Lehrern wird ein wohlerzogener traditioneller junger Mann nicht rauchen, selbst ältere Männer ver-

Ich werde oft gefragt, warum Mütter und andere weibliche Verwandte nicht aus diesem System ausbrechen. Warum erziehen sie ihre Söhne und Töchter weiterhin im Kontext dieser Ehrvorstellungen? Ich erkläre es mir so, dass alle ihren Platz in diesem System haben und funktionieren wie Rädchen in einer Uhr. Mit zunehmendem Alter haben die Frauen oftmals ihren Frieden damit gemacht und genießen die Anerkennung, die ihnen ein tadelloses Leben gebracht hat. Also funktionieren sie weiter und zwingen ihre Kinder in die alten Rollen; andere Lebensmodelle sind ihnen fremd und unheimlich; sie können sich nur sehr langsam durchsetzen.

Es gibt inzwischen zahlreiche Vereine, die sich um in Not geratene muslimische Mädchen kümmern, ihnen verschiedene Hilfestellungen anbieten und auch vorübergehend Unterkunft anbieten können. In den meisten Fällen handelt es sich um Mädchen und junge Frauen, die mit Partnern, die ihre Eltern ausgesucht haben, verlobt oder verheiratet werden sollen und dies nicht möchten. Aufgrund ihrer Verweigerungshaltung sind sie von familiärer Gewalt bedroht, manchmal auch, weil ihnen ein ‚unmoralischer Lebenswandel' nachgesagt wird. In unserem Verein haben wir gerade eine junge Frau beraten, die mit ihrem älteren Cousin verheiratet werden sollte und sich erfolgreich zur Wehr setzen konnte. Ihre Freundin hatte leider nicht das Glück einer nachgiebigen Familie. Sie konnte sich der Verheiratung nicht widersetzen, floh dann aber aus der unglücklichen Verbindung, in der Gewalt an der Tagesordnung war. Aus Angst vor der Vergeltung ihres Mannes und den Bemühungen ihrer eigenen Brüder, die Familienehre wieder ‚reinzuwaschen', hält sie sich vor ihrer Familie verborgen. Sie musste um ihr Leben fürchten, denn die Vergeltungsmaßnahmen münden oft in Ehrmorden. Die Täter nehmen alle Konsequenzen auf sich, nur um die Familienehre wiederherzustellen. Wir haben die junge Frau dabei unterstützt, in einer anderen Stadt ein neues Leben anzufangen, und können nur hoffen, dass sie dort niemals von ihrer Familie gefunden wird."

zichten in Gesellschaft ihrer Väter oder Onkel darauf. Längst erwachsene Studenten, die ihren Professor nach vielen Jahren zufällig wiedertreffen, behandeln ihn ehrerbietig wie junge Schüler.

Das **Kind** wächst in eine ihm zugeordnete Position hinein und ordnet sich unter. Das ausgeprägte **Umsorgt- und Behütetsein** im Familienleben bedeutet aber oft auch **Abhängigkeit** und **Unselbstständigkeit. Mädchen** sollen idealerweise sittsames Verhalten und Zurückhaltung zeigen, es wird von ihnen erwartet, die anderen Familienmitglieder zu bedienen, freundlich und ruhig sein. In Gesellschaften mit strikter Geschlechtertrennung verlassen sie ab dem Alter von elf bis zwölf Jahren, mit Einsetzen der Pubertät, selten allein das elterliche Haus. In der Stadt bewegen sie sich häufig nur in Begleitung von Eltern oder Geschwistern. Durch diese Art der Erziehung sind sie oft **unfähig, sich draußen allein zurechtzufinden** oder auch nur mit dem Bus zu fahren – sie haben die Übernahme von Verantwortung für die eigene Person nicht gelernt. In vielen traditionellen Gesellschaften befürchten Eltern, dass sich die Heiratschancen ihrer Tochter durch Kontakte außer Haus verringern. Sollte sie außerhalb des geschützten Bereichs Sympathie für einen Mann ihrer Wahl entwickeln, könnte es die von ihnen seit Langem geplante und arrangierte Ehe gefährden.

Hineinwachsen in hierarchische Strukturen

Lokale Machthaber, politische und religiöse Führer, wirtschaftlich erfolgreiche Familien und Clans sind oftmals die einflussreichsten Autoritäten besonders in ländlichen Gesellschaften. In vielen Ländern existiert eine sehr ungleiche Besitz- und Einkommensverteilung und der Zugang zu Macht und wesentlichen wirtschaftlichen Ressourcen ist dem Großteil der Bevölkerung verschlossen. Macht ist auf wenige Familien und ihr gesellschaftliches Beziehungsnetz konzentriert.

Viele traditionelle Gesellschaften gliedern sich sehr deutlich in **Hierarchien auf verschiedenen Ebenen.** Zu den ersten Erfahrungen des Kindes gehört die hierarchische Strukturierung des familiären Umfeldes, die als Merkmale Alter und Geschlecht zugrunde legt. In erweiterten Familien fällt ein **Familienrat,** bestehend aus den ältesten Männern, die Entscheidungen für die ganze Gruppe. Die Dominanz der Älteren über die Jüngeren endet erst bei ihrem Tod – dann rücken die Söhne in die entsprechenden Positionen auf. Mütter, oder generell ältere Frauen, können in der Familie ebenfalls eine gewisse Machtposition erlangen; ihre Einflussnahme

> Dorf-Honoratioren in Kirgistan

beschränkt sich allerdings in den meisten Fällen auf familiäre Bereiche, zu den wirtschaftlichen haben sie weniger Zugang. Macht und Ansehen der Frauen wachsen mit ihrem Lebensalter, besonders, wenn sie viele Söhne zur Welt gebracht haben.

Das zweite hierarchische System, mit dem Kinder konfrontiert werden, ist das der **Schule.** Auch das Schulleben zeichnet sich durch große **Machtdistanz** aus. Zwischen **Lehrern** und **Schülern** herrscht dasselbe ungleiche Verhältnis wie zwischen den einzelnen Familienmitgliedern. Der Lehrer ist das Zentrum des Schuluniversums, er wird mit großem Respekt behandelt. Der Erziehungsprozess ist personenorientiert, die Äußerungen des Lehrers werden oft als persönliche Weisheit angesehen. An seiner Person oder den von ihm vermittelten Lehrinhalten wird keine Kritik geübt, selbst Diskussionen sind unüblich. Schüler sprechen nur, wenn sie dazu aufgefordert werden. Freie Meinungsäußerung oder gar Widerspruch sind in der Klasse nicht erlaubt. Die körperliche Züchtigung wird als legitimes Erziehungsmittel angesehen und auch von den Eltern unterstützt. Das Autoritätsverhältnis zwischen Lehrern und Schülern bleibt ein Leben lang bestehen.

Das Verhalten gegenüber den Eltern und Lehrern wird auf den **Vorgesetzten** übertragen und ist auch hier geprägt von hierarchischer Ordnung und Machtdistanz. Das **Verhältnis zwischen Arbeitgeber und Arbeitnehmer** unterscheidet sich kaum von einer familiären Beziehung mit beiderseitigen Verpflichtungen. Untergebene und Vorgesetzte sind von Natur aus mit ungleichen Rechten ausgestattet. Gleichbehandlung der Kollegen und Partizi-

pation gibt es im Arbeitsverhältnis sehr selten. Die Macht konzentriert sich auf wenige Köpfe, die Bestandteil eines Netzwerks der Einflussreichen sind. Vorgesetzte genießen viele Privilegien und Statussymbole, die ihnen – nach gesellschaftlichem Verständnis – rechtmäßig zustehen.

Das Idealbild des Vorgesetzten ist das des guten, strengen Vaters. Er ergreift die Initiative und geht auf seine Mitarbeiter zu. Seine Befehle werden akzeptiert, er wird nicht kritisiert und wenn, dann nur hinter seinem Rücken; eine **offene Konfrontation wird vermieden.** Der Chef muss sich aber auch um seine Untergebenen kümmern, denn in diesem Lebensbereich hat er die Fürsorgepflicht. Der Vorgesetzte bietet seinen Leuten Schutz und erwartet dafür ihre Loyalität.

Gastfreundschaft und Privatsphäre

Wer in islamisch geprägten Ländern reist, wird oft von der ausgeprägten Gastfreundschaft vieler Menschen, auch gerade der meistens nicht wohlhabenden Landbevölkerung, verblüfft sein. Sind Reisende in ländlichen Gebieten unterwegs und treffen auf Menschen, die gerade eine Mahlzeit zu sich nehmen, wird ihnen dieses (oft nicht üppige) Essen oftmals angeboten. Die Gastfreundschaft dient sicherlich teilweise dazu, **Beziehungen auszubauen** und **Verbindungen** zu stabilisieren, da sie aber auch völlig Fremde einschließen kann, ist **Freundlichkeit** gegenüber Gästen sicher eher als Ehrensache anzusehen und dient keinem bestimmten Zweck. Im traditionellen System kann der Gastgeber, der sich als großzügig und fähig erweist, Verantwortung für den Gast zu übernehmen und ihn zu schützen, sein Ansehen er-

Extrainfo 9 (s. S. 8): Galileo-Erfahrungsbericht: Zu Gast bei einer muslimischen Familie

heblich mehren. Er stellt sich als Ehrenmann dar und kann dem Gast zugleich durch die großzügige Bewirtung seinen Wohlstand und einen gut funktionierenden Haushalt demonstrieren. Gastfreundschaft und gemeinsame Mahlzeiten können auch mit gegenseitiger Verpflichtung verbunden sein. „Wie konnte er mir das nur antun?! Er hat in meinem Haus gegessen und ich habe ihm vertraut!" Die Redewendungen „Er hat bei mir gegessen ..." oder „Ich habe bei ihm gegessen ..." verdeutlichen die enge Beziehung und das Vertrauensverhältnis zwischen Gast und Gastgeber – und seine eventuelle Störung.

038ki-ha

Obwohl es paradox klingt, existiert im Gegensatz zu der Gastfreundschaft auch ein ausgeprägtes **Misstrauen dem Fremden gegenüber** – der eigene häusliche Bereich wird nach außen hin abgegrenzt. Deshalb ist besonders Reisenden in ländlichen Gebieten islamisch geprägter Länder ein sensibles und rücksichtsvolles Verhalten bei der Annäherung an private Häuser oder Höfe anzuraten. Für weibliche Besucher ist die Kontaktaufnahme unproblematischer, weil von ihnen keine Gefahr ausgeht und weil der häusliche Bereich mit Frauen und Töchtern nicht vor ihnen abgeschirmt werden muss. Trotzdem gebietet es die Höflichkeit, **Distanz zu bewahren und auf eine Einladung zu warten.** Wenn sich ein männlicher Gast einem Haus nähert, sollte er sich durch Geräusche bemerkbar machen oder ein Kind zur Anmeldung vorausschicken. Das Respektieren der Privatsphäre ist besonders in traditionellen Kontexten ungemein wichtig – den Frauen des Hauses muss die Chance gegeben werden, sich zurückzuziehen. Bei guten Bekannten und Freunden ist natürlich eine größere Bewegungsfreiheit möglich.

◺ Hinter verschlossenen Türen – Privatsphäre ist wichtig

◸ Gastfreundschaft wird in Kirgistan ganz großgeschrieben – auch bei dieser jungen Journalistin

Von der Wiege bis zur Bahre – der Lebenszyklus

Die Kindheit

Die **Geburt eines Kindes** wird in allen islamisch geprägten Gesellschaften freudig gefeiert. Oftmals werden Süßigkeiten unter Freunden und Verwandten verteilt und wer es sich leisten kann, kocht Essen für die Armen des Viertels. In traditionellen Kreisen hat die **Geburt eines Sohnes** einen besonderen Stellenwert: Verwandte und Freunde kommen zu Besuch, drücken dem Kind Geldscheine in die Hand und beglückwünschen die Eltern zu ihrem Erben, der mit ihnen die Last des Alters tragen wird. Beim ersten Sohn wird besonders ausgelassen gefeiert und die Freude ist sehr groß. Die Mutter wird nach der Geburt vielleicht an das Grab „ihres" Heiligen eilen, um ihm für den Sohn zu danken (wenn sie ihn vorher darum gebeten hat). Sie wird ein Amulett mit magischer Kraft, welches das Kind in den ersten gefährdeten Jahren beschützen wird, in seine Wiege legen. Das erste, was ein Kind in seinem Leben hören soll, sind Verse aus dem Koran, von einem Mullah oder zumindest einer Respektsperson gesprochen. Kosten soll es etwas Süßes, damit es gut und „süß" durchs Leben kommt.

Der Eindruck, dass die **Geburt eines Jungen oft herzlicher begrüßt** wird **als die eines Mädchens,** bestätigt sich oft in Gesprächen. Die Eltern wünschen sich einen „Stammhalter", der nicht nur Haus und Hof übernimmt, sondern auch ihre Versorgung und Pflege im Alter. Die Töchter verlassen in der Regel bei der Verheiratung das elterliche Haus und leben entweder in der Familie des Ehemanns oder in ihrer eigenen Familie. Sprichwörter beschreiben Töchter als „Gäste" in der Familie, die für die angeheiratete Familie erzogen und vorbereitet werden. Die Kommentare vieler Gesprächspartner in verschiedenen Ländern gingen in eine ähnliche Richtung: „Der Sohn setzt die Familienlinie fort. Jungen stärken die Familie. Hast du Söhne, bist du im Alter versorgt. Töchter bedeuten Kummer und Sorgen. Auf Mädchen muss man ständig aufpassen, dass sie sittsam und unberührt bleiben. Eine Tochter kann die ganze Familie ins Unglück stürzen (wenn sie unehrenhaft ist). Töchter werden für Fremde großgezogen – wo ist sie, wenn die Eltern alt werden?"

Die meisten **Jungen** genießen **größere Freiheiten** im Laufe ihrer Erziehung, sie werden nicht so streng behandelt und bleiben von häuslichen Tätigkeiten verschont. Erstgeborene Söhne werden oft regelrecht verhätschelt und verwöhnt, lassen sich von Mutter und Schwestern bedienen und verwandeln sich im Laufe der Zeit in bequeme kleine Tyrannen. In den Städten verwischen die Unterschiede in der Erziehung von Mädchen und Jungen zunehmend. **Mädchen** gehen zur Schule, erlernen Berufe und können einen Beitrag zum Unterhalt der Familie leisten. Aber nicht nur im städtischen Umfeld, überall gibt es Familien, die ihre Kinder unabhängig vom Geschlecht willkommen heißen und lieben.

Die **Beschneidung** wird in den ersten Lebensjahren eines Knaben durchgeführt, bis zum fünften Geburtstag soll sie vollzogen sein. Traditionell übernehmen örtliche Dienstleister wie beispielsweise Friseure die Aufgabe des Beschneidens. Im modernen Umfeld wird die Zeremonie schon bei Babys im Krankenhaus von Ärzten vorgenommen. Im Anschluss an die Beschneidung findet ein Fest statt. Die Gäste werden mit einem Festmahl bewirtet, der Knabe wird mit neuen Kleidern schön hergerichtet und bekommt von den Gästen Geld geschenkt. Die Beschneidung ist ein Symbol der Zugehörigkeit zur *ummah*, der Gemeinschaft der Gläubigen. Der Überlieferung zufolge soll der Prophet Muhammad beschnitten geboren worden sein.

Kinder gelten in allen muslimischen Gesellschaften als **Geschenk Gottes**. Gläubige sehen es als ihre religiöse Pflicht an, die *ummah* durch eine große Kinderschar zu stärken. Besonders konservative Gruppen stehen **Familienplanung** und **Abtreibung** ablehnend gegenüber. Gründe für die Bevorzugung von großen Familien sind aber auch im kulturellen und sozialen Bereich zu finden. Da in vielen der hier behandelten Länder die staatliche Versorgung der Bürger und Bürgerinnen durch soziale Sicherungssysteme unzureichend ist, kann ein **großer und stabiler Familienverband** mit vielen Kindern auch eine **Absicherung für das Individuum** darstellen. Die hohe Kinderzahl ist aber auch in den einzelnen Gesellschaften oftmals ein Phänomen in der ländlichen Bevölkerung und den sozial schwächeren Schichten. Wohlhabende Stadtbewohner leben meist in weitaus kleineren Familien.

Die Ehe

Die durch die Eltern **arrangierte Ehe** gilt in vielen traditionellen Bezügen noch immer als Ideal; die Ehepartner lernen sich dann meist erst kurz vor der Eheschließung kennen. Die Partnersuche durch die Eltern ist ein langer, sorgfältiger Auswahlprozess, wobei man darauf achtet, dass die Eheleute und besonders die Familien zueinander passen. **Partnerwahl** und **Eheschließung** beruhen meistens nicht auf individuellen Entscheidungen. Die Wünsche der potenziellen Heiratspartner stehen dabei nicht immer an erster Stelle. Viele Familien legen Wert darauf, dass der jeweilige Partner ihrer Kinder einen religiösen und kulturellen Hintergrund hat, der zu den eigenen Werten passt. Auch Beruf und Ausbildung vor allem des

potenziellen Schwiegersohns sind wichtig – und danach erst kommen Sympathie und Aussehen ins Spiel. **Hochzeiten** sind der bewährteste **Heiratsmarkt** überhaupt. Man kennt sich, man weiß, wer kommt – und vor allem, wer woher kommt. Viele junge Muslime, die in Europa aufgewachsen sind, kennen den Zwiespalt zwischen traditionellen Vorstellungen der Eltern und individuellen Ansprüchen an das eigene Liebesglück. Häufig werden **Verwandtenehen** eingegangen; zum einen kann dies die Gruppensolidarität stärken und verhindern, dass Landbesitz in fremde Hände gerät, zum anderen sind in diesen Fällen die Familienverhältnisse bekannt und die Unbescholtenheit der Schwiegertochter kann leichter kontrolliert und überprüft werden. Besonders in ländlichen Gebieten, aber auch teilweise noch in der Stadt, gilt bei arrangierten Ehen ein Cousin oder eine Cousine als besonders gute Partie.

Eine emotionale Beziehung zwischen den Ehepartnern soll sich idealerweise erst nach der Hochzeit entwickeln. Manchmal sehen sich zukünftige Eheleute das erste Mal am Hochzeitstag, aber inzwischen involvieren auch im ländlichen Raum viele Eltern ihre Kinder in die Entscheidung oder fragen sie zumindest nach ihren Vorstellungen. Für die Landbevölkerung – und hier besonders in den weniger wohlhabenden Schichten – geht es bei der Auswahl der Heiratspartner und der Verheiratung der Kinder oftmals um die Stärkung von Solidargruppen oder rein wirtschaftliche Inter-

◰ Gemeinsamer Bazarbesuch in Maskat (Oman)

essen. **Mädchen** werden **extrem jung verheiratet** – oft schon mit zwölf oder dreizehn Jahren – und es wird meistens nicht die Einwilligung dieser Kinder eingeholt. Um die nach islamischem Recht vorgeschriebene Zustimmung kümmern sich die Familien meistens nur pro forma. Es wird **sehr wenig Rücksicht auf die Interessen der zu Verheiratenden** genommen und so kommt es oft vor, dass **junge Mädchen mit bedeutend älteren Männern verheiratet** werden. Viele Eltern bestätigen, dass sie froh sind, wenn das Mädchen früh ihren Verantwortungsbereich verlässt und sich die Familie des Ehemanns um ihre Versorgung und moralische Aufsicht kümmern muss. Im modernen städtischen Umfeld übernehmen viele Heiratswillige die Partnerwahl selbst, aber auch hier sind viele junge Leute überzeugt, dass sie allein nicht die richtige Wahl für sich treffen würden. Bereitschaft, die Kontrolle der Eltern über intime und persönliche Entscheidungen zu akzeptieren, ist durchaus vorhanden.

Die **Wahrung der Jungfräulichkeit** bis zur Hochzeit ist von großer Bedeutung für das Mädchen, denn in der Hochzeitsnacht muss sie dem Ehemann, seiner Familie und auch ihrer eigenen Familie den Beweis dafür erbringen, dass sie bisher ein sittsames Leben führte. Eine **verlorene Jungfernschaft** ist eine ernsthafte Sache und kann eine **sofortige Scheidung** nach sich ziehen. Nicht umsonst bieten gynäkologische Abteilungen in vielen Krankenhäusern islamischer Länder die **Wiederherstellung des Hymens** an. In traditionellen Kontexten und ländlichen Gebieten bedeutet eine „nicht vollständige Braut" einen kompletten Ehrverlust für sie selbst und ihre Familie. Der Ehrverlust und die damit verbundene Schande für die ganze Familie können ernsthafte Folgen nach sich ziehen, die in einigen Fällen in Ehrmorden enden. Unkeuschheit stellt nicht nur einen Verstoß gegen die gesellschaftliche Ordnung dar, sondern stellt auch die Schutz- und Kontrollfähigkeit der männlichen Familienmitglieder, Vater oder Brüder, in Frage.

Hochzeit

Hochzeiten und die dazugehörigen Feierlichkeiten stellen sich so variationsreich wie die hier beschriebenen verschiedenen Gesellschaften dar, oftmals sind sie auch mit Elementen umgebender Kulturen oder vorislamischer Traditionen verbunden, aber ein paar grundlegende Strukturen sind dennoch erkennbar. Die **Hochzeitsvorbereitungen** können sich oft über Monate, manchmal sogar Jahre hinziehen und den Feiern wird immer große Bedeutung beigemessen. Fast immer erstrecken sich die **Feierlichkeiten über mehrere Tage** und sind mit der Bewirtung von Familie, Verwandtschaft, Freunden und manchmal ganzen Dörfern verbunden.

Feiern im Rahmen der eigenen Familie, die mit Junggesellenabschieden vergleichbar sind, leiten oftmals die eigentlichen Hochzeitsfestivitäten ein. Beim Abschied der Braut von der eigenen Familie wird in vielen Gesellschaften ein **„Hennafest"** gefeiert. Dabei werden Hände und Füße der Braut und die weiblicher Verwandter kunstvoll mit Henna bemalt. Henna symbolisiert Fruchtbarkeit und Glück und drückt die überschwängliche Freude anlässlich der Hochzeit aus. Dazu gehören Tänze der Frauen der Familie, Süßigkeiten, Blumen, Kerzen und die unterschiedlichsten Riten. Die Henna-Bemalung wird heute oft von professionellen Kosmetikerinnen durchgeführt. Der Höhepunkt der Feierlichkeiten ist der Zeitpunkt, an dem die Braut das Haus ihrer Eltern verlässt und Mitglied eines neuen Haushaltes wird. Neben der **standesamtlichen Registrierung** (sofern sie stattfindet) wird der **Ehevertrag** von beiden Parteien und Zeugen vor einem religiösen Würdenträger unterzeichnet. Er macht die Hochzeit auch im religiösen Sinn rechtsgültig. Bei traditionellen Hochzeiten auf dem Land kann die Braut nach der Feier in einer Sänfte, von einem Pferd oder anderen Reittier ins Haus des Bräutigams getragen werden. In der Stadt geschieht dies in reich dekorierten Autos – ein buntgeschmückter Korso bewegt sich dann hupend durch die Stadt.

Der **Hochzeitstermin** wird manchmal mit einer religiösen Person festgelegt, denn es soll ein guter, glückverheißender Tag sein. Als Zeitpunkt werden gern Monate mit einem angenehmen Klima gewählt (sofern es in den jeweiligen Ländern große Klimaschwankungen gibt). Im Fastenmonat Ramadan finden keine Hochzeiten statt. Hochzeitsfeiern können im Dorf, in Hotels, in speziell dafür ausgestatteten Hochzeitsparks oder zu Hause stattfinden. Die **Wahl der Örtlichkeit** richtet sich nach der Größe der Geldbörse der Familie. Die Hochzeit ist meistens ein hochrangiges gesellschaftliches Ereignis und kostet viel Geld, die Zahl der Gäste lässt immer

auf den gesellschaftlichen Status der Familien schließen. Wohlhabende Familien laden gern mehrere Hundert Gäste ein (es können auch durchaus mal tausend sein!). Bei Hochzeitsfeiern im ländlichen Raum wird oft das ganze Dorf eingeladen. Dort helfen dann aber auch sehr viele Menschen bei den Hochzeitsvorbereitungen. Häufig **verschulden sich Familien durch die Hochzeitskosten** für ihre Kinder.

Die **Mitgift** wird den Bräuten häufig nicht in Form von Geld in die Ehe mitgegeben, sondern kann auch als Schmuck, Kleidung und Gegenstände für den Haushalt überreicht werden. Häufig gehören Möbel, Fernseher, Kühlschränke, Autos und vieles mehr zur Ausstattung. Die Kosten für die Hochzeit werden häufig von der Familie des Bräutigams übernommen, aber das ist nicht immer der Fall. Der an die Familie der Braut gezahlte Brautpreis stellt nach islamischen Regeln eine Absicherung für die Frau dar. Das Geld bleibt in ihrem Besitz und soll ihr für Notlagen wie z. B. Scheidung oder Verwitwung zur Verfügung stehen. Häufig wird der Brautpreis aber an die Eltern der Braut gezahlt, die das Geld für Familienbelange oder die Verheiratung eines Sohns verwenden. Häufig verzichten moderne muslimische Familien auf die Traditionen der Mitgift und des Brautgeldes.

Verlobt, verheiratet, verliebt?

Viele Muslime leben Beziehungen, die es in der westlichen Welt kaum noch gibt: Ihre Ehen werden arrangiert. In vielen islamisch geprägten Ländern existiert das Konzept, dass die Eltern – oft in Absprache mit anderen Familienmitgliedern wie Großeltern oder Tanten und Onkel – den Partner nach Kriterien wie Verwandtschaftslinie, Einkommen, Bildungsstand, mögliche Allianzbildung usw. auswählen. Auch die finanzielle Absicherung spielt oft eine Rolle. Diese **arrangierten Ehen** werden oft auch als **Zwangsehen** bezeichnet und natürlich sind die **Grenzen fließend.** Der entscheidende Unterschied liegt darin, dass potenzielle Partner die Auswahl auch ablehnen und „Nein" sagen können.

In der Regel wird angenommen, dass Familienmitglieder eher den Blick dafür haben, ob eine Beziehung langfristig klappen kann. Häufig werden Partner ausgesucht, die gut zueinander passen und sich möglichst ähnlich sind. Die Auffassung, dass Gegensätze sich anziehen, mag in der aufregenden Verliebtheitsphase zutreffend sein, aber ein Garant für langfristige Stabilität in der Partnerschaft wird darin nicht gesehen. Es herrscht nicht

◁ Reicher Goldschmuck gehört zur Ausstattung der Braut dazu – und kann im Notfall der Versorgung dienen

die Vorstellung vor, der andere müsse perfekt sein, und die romantische Liebe ist nicht Voraussetzung, kann sich aber entwickeln – das macht für viele den Weg in die Ehe leichter. Partnerschaft ist ein Prozess und **Liebe muss erarbeitet werden.**

Dieses Konzept erscheint in der westlichen Welt antiquiert, wird aber in einigen traditionsreichen Gesellschaften – und nicht nur muslimischen – weiterhin angewendet. Auch im indischen Kulturraum und bei orthodoxen Juden ist es verbreitet. In der westlichen Welt herrscht inzwischen ein anderes Ideal vor, dass von freier Entscheidung, Verliebtsein, und „Liebe auf den ersten Blick" geprägt ist. Aber auch hier wurden Ehen lange als Arrangements gesehen, erst vom 19. Jahrhundert an wurde die Romantik ein wesentlicher Bestandteil der Partnerwahl und Eheanbahnung und -schließung. Gefühle stehen dabei im Vordergrund – bei arrangierten Ehen **in islamisch geprägten Ländern erfolgt zunächst die sachliche Abwägung,** danach dürfen sich dann gern Gefühle füreinander entwickeln.

Abschied vom irdischen Dasein

So wie man gelebt hat, so stirbt man auch – im **Kreis seiner Familie.** Wenige sterben allein, denn auch im Krankenhaus sind immer Familienmitglieder anwesend. **Verwandte** und **Freunde** werden so schnell wie möglich über das Ableben informiert. Alle versammeln sich im Haus des Verstorbenen, idealerweise soll das noch am selben Tag geschehen. Der

Tote wird gewaschen und in das Leichenhemd gekleidet. Ein Mullah oder Imam wird hinzugerufen, um Koranverse für den Verstorbenen zu rezitierten und für die Vergebung seiner Sünden zu beten. Wenn alle Verwandten den Toten noch einmal gesehen haben, wird er unter Gebeten auf ein Bett gelegt und von den Männern zum **Friedhof** getragen. Die letzten Gebete werden am Grab gesprochen. Mit verhülltem Gesicht lässt man den Leichnam ohne Sarg ins Grab hinab, sein Kopf ist nach Mekka ausgerichtet. Die Angehörigen des Verstorbenen werfen eine Handvoll Erde ins Grab. Geschmückt wird das frische **Grab** mit Blumen und Rosenblättern, gekennzeichnet mit Steinen am Kopf- und Fußende. In einigen Gesellschaften findet die eigentliche Beerdigung nur unter Männern statt, die Frauen der Familie besuchen den Friedhof zu einem späteren Zeitpunkt. Im Hause des oder der Verstorbenen wird eine **Trauerfeier** ausgerichtet, bei der Gäste empfangen werden, um mit ihnen gemeinsam zu trauern. Die männliche Trauergemeinde besucht eine Moschee, um gemeinsam zu beten. Nach drei Tagen versammeln sich Verwandte und Freunde wieder im Trauerhaus, wo sie bewirtet werden, und rezitieren Verse aus dem Koran. Die Trauerzeit dauert 40 Tage, nach einem Jahr wird eine weitere Feier zum Gedenken des Toten durchgeführt.

Einstellung zum Leben und Religiosität

Das Leben ist in einen größeren gesellschaftlichen und religiösen Zusammenhang eingebettet. Der **Mensch** ist im islamischen Weltbild kein einsames Einzelwesen, sondern **Bestandteil eines Sozialgefüges und einer Religionsgemeinschaft;** er akzeptiert die ihm zugeschriebenen Rollen und Regeln und hat wenig Veranlassung, Zweifel an Sinn und Zweck seines Lebens oder Existenzängste zu entwickeln. Die Einbettung in eine religiöse Schicksalsvorstellung und ein tiefes Gottvertrauen prägen das Weltbild vieler Muslime. Man glaubt, dass es ein vorgezeichnetes Schicksal für jeden Menschen gibt und unternimmt oft gar keinen Versuch, sich gegen bestimmte Geschehnisse aufzulehnen. „Gott allein weiß, warum er unsere Wege hierhin oder dorthin lenkt", ist oft von Gläubigen zu hören. Oftmals wird *inshallah* an Sätze mit zeitlichem oder planerischem Inhalt gehängt, um zu verdeutlichen, dass nur Gott weiß, ob das morgige Treffen stattfinden wird.

Krankheit und **Tod** gehören zum persönlichen **Schicksal** und müssen akzeptiert werden. Mit unerschütterlichem Gleichmut werden oft auch solche Unfälle hingenommen, die mit einfachen Vorsichtsmaßnahmen hätten verhindert werden können. Trotzdem gilt das Leben als sehr kostbar und schützenswert, weil es von Gott gegeben ist. **Selbstmorde** und **Abtreibung** sind verboten, weil der Mensch sich nicht das Recht nehmen darf, zu töten, was Gott erschaffen hat. Neues Leben zu produzieren, ist eine religiöse Verpflichtung und deshalb sind alle Gläubigen angehalten, zu heiraten und Nachkommen zu zeugen.

Islamischer Friedhof in Istanbul (Türkei)

Miteinander kommunizieren

Das Leben in größeren Gruppen erfordert **Anpassungsfähigkeit.** Wie bereits in dem Kapitel zum Familienleben beschrieben wurde (s. S. 90), ist in diesem Kontext Harmoniestreben eine geschätzte und notwendige Eigenschaft und Kinder lernen früh, indirekt zu kommunizieren und nicht nur auf das gesprochene Wort, sondern das ganze Umfeld zu achten. Am Anfang eines **Gespräches** findet meist ein langes **Abrageritual** statt, in dem man sich nach dem Wohlbefinden des Gesprächspartners, der Familie und der Kinder erkundigt. Erst wenn diese Erkundigungen mehrmals hin und her gegangen sind, beginnt das eigentliche Gespräch. Bei der ersten Unterhaltung und als Gast wird man nach der Familie, dem Familienstand, dem Heimatland und der Arbeitsstelle gefragt. Diese Fragen helfen dem Gesprächspartner, sein Gegenüber einzuschätzen und sowohl sozial als auch gesellschaftlich einzuordnen.

Zu **Beginn des Gesprächs** wird oft die Wertschätzung des Gegenübers ausgedrückt und nach Gemeinsamkeiten gesucht, um so ein Klima des allgemeinen Konsenses zu schaffen. Abhängig vom Gesprächspartner und dem Zweck des Gesprächs werden zunächst allgemeine Themen angeschnitten, bevor das eigentliche Anliegen zur Sprache kommt und eventuell die Diskussion beginnt. Wiederholungen und Themenabweichungen im Verlauf dieses Teils des Gesprächs sind durchaus üblich. Besonders bei schwierigen oder konflikträchtigen Themen weicht man gern ab und „umkreist" das spezielle Thema. Gegen **Ende des Gesprächs** wird häufig noch einmal die gegenseitige Wertschätzung ausgedrückt. Der Abschied ist relativ kurz und formlos. Begrüßung, Wertschätzung und allgemeine Themen können oft die Hälfte und mehr der gesamten Gesprächszeit einnehmen, besonders im traditionellen Kontext.

Gesprächsordnung

Bei formellen Anlässen wird oft auf eine Gesprächsordnung geachtet; ältere Menschen, gesellschaftliche Würdenträger und Vorgesetzte haben das **Recht auf das erste und das letzte Wort;** auch ihre Monologe werden selten unterbrochen. Deutlich wird dies besonders bei offiziellen Versammlungen, bei politischen Veranstaltungen und wenn hohe Regierungsbeamte anwesend sind. Formelle Zusammenkünfte werden mit einer **Koran-Rezitation** eröffnet. Dann folgen meistens mehrere Ansprachen, in denen die Gäste begrüßt werden und der Anlass des Treffens dargelegt wird. Ehrengäste werden gebeten, auch ein paar Worte an die Versammelten zu richten. Wenn die Reden vorüber sind – und das kann

einige Zeit dauern – wendet man sich dem eigentlichen **Inhalt der Versammlung** zu. Das **Ende der Zusammenkunft** wird oft von einer abschließenden kleinen Rede angekündigt; die Gäste danken für die Einladung und verabschieden sich. Auch in der **Schule, Universität oder an der Arbeitsstelle** wird möglichst auf die **formelle, festgelegte Gesprächsordnung** geachtet. Wohlerzogene Kinder und Jugendliche halten sich zurück und sprechen nur, wenn sie gefragt werden. Es herrscht die verbreitete Ansicht, dass Frauen und Mädchen sich mit verbalen Äußerungen zurückhalten und anderen den Vortritt lassen sollen. Stadtbevölkerungen sind natürlich nicht in diesem Maß von diesen Einschränkungen betroffen. In reinen Frauenrunden sind die Regeln gelockert; besonders ältere Frauen können sehr resolut sein. Auch unter guten Freunden oder Kollegen gibt es keine formelle Gesprächsordnung.

Harmonisches Umfeld

Viele Gespräche dienen dazu, freundliche soziale Beziehungen herzustellen oder aufrechtzuerhalten, oder sie einfach dazu, in Gesellschaft zu sein. Ein Gespräch oder ein Besuch braucht **keinen speziellen Anlass.** Der **Fokus** liegt **auf der Person;** Gespräche dienen auch dazu, eine intensive Beziehung zum Gesprächspartner aufzubauen. Für den Ausgang eines Gesprächs ist die Atmosphäre fast ebenso entscheidend wie das Gesagte selbst. Gilt es, einen skeptischen Gesprächspartner zu überzeugen, wird

◸ Weißbärte im Gespräch

man sich zunächst einmal um eine besonders freundliche Stimmung bemühen. Der Gastgeber ist dabei in der günstigeren Rolle, denn er kann die äußeren Umstände des Gesprächs besser beeinflussen. Bei wichtigen Gesprächen ist es ein Vorteil, gut über die persönlichen Verhältnisse und das soziale Umfeld des Gegenübers informiert zu sein.

Es ist ein typisches Phänomen des Gesprächsverhaltens, dem Gesprächspartner überwiegend positive **Rückmeldungen** zu geben. Wird diese scheinbare Zustimmung als ein realer Gesprächsausgang oder als „Abmachung" aufgefasst, können sich später Enttäuschungen ergeben, wenn die Resultate ausbleiben. Dem Gespräch oder der Zusage zufolge lassen sich beispielsweise benötigte Unterlagen scheinbar ohne Problem beschaffen und schwierige Aufgaben in kürzester Zeit erledigen. Eine positive Antwort bedeutet nicht, dass die Aufgabe wirklich in kurzer Zeit zu bewältigen ist oder dass man sich überhaupt sofort darum bemüht. „Kein Problem!" wird auch versichert, wenn von vornherein klar ist, dass ein Vorhaben nicht realisierbar ist. **Neinsagen** würde aber bedeuten, dass man erst gar nicht den guten Willen zeigte, etwas ermöglichen zu wollen. Aber die gute Absicht ist ja vorhanden und man möchte den Gesprächspartner gern zufrieden und wohlgestimmt sehen.

Umgang mit Kritik

Kritik wird in vielen Gesellschaften islamisch geprägter Länder **sehr vorsichtig** gehandhabt. Kritische Themen werden zunächst umgangen und Kritik am Gegenüber sehr **geschickt verpackt,** sodass Feingefühl notwendig ist, um den tatsächlichen Inhalt zu erkennen. Natürlich gibt es auch Ausnahmen, aber in den meisten Fällen wird Kritik indirekt ausgesprochen und in schwerwiegenden Fällen das „Gespräch unter vier Augen" gesucht. Man zieht es vor, zunächst Gemeinsamkeiten zu thematisieren, um durch den Konsens ein angenehmes Umfeld zu schaffen. Man kommt nicht wie in Deutschland direkt zum Punkt, sondern kreist das Problem langsam ein.

Selbst wenn Gesprächspartner absolut konträrer Meinung sind, werden sie möglichst Themen suchen, bei denen sie zustimmen können. Mancher Ausländer merkt erst, wenn es an die Verwirklichung eines scheinbar gemeinsam gefassten Beschlusses geht, dass diese vermeintliche Absprache gar nicht stattgefunden hat. Ein recht sicheres Indiz für unterschiedliche Vorstellungen ist die Taktik des Gegenübers, das **Thema zu wechseln,** bevor das Gespräch darauf kommt, wie der Verhandlungsgegenstand verwirklicht werden soll. Bei konfliktträchtigen Gesprächen werden auch neutrale **Vermittler** und **Zeugen** eingeladen.

Geschlechterdynamik in islamischen Gesellschaften

Die Frauenfrage als Politikum

Die Frage der rechtlichen Situation der Frau im Islam und ihrer Stellung in den Gesellschaften islamisch geprägter Länder steht immer wieder im Zentrum **ideologischer Diskurse** und ist ein **Politikum zwischen Modernisierern und Traditionalisten.** Die Geschlechterpolitik nahm und nimmt in den Reformversuchen der Vergangenheit und der Gegenwart in den unterschiedlichsten Ländern eine Schlüsselposition ein, weil mit ihrer Hilfe mehrfach versucht wurde, vorhandene soziale Strukturen zu verändern. Die **Geschlechtertrennung** ist ein zentrales Strukturprinzip mancher islamischen Gesellschaft. Hinderlich für die Gleichberechtigung und Emanzipation der Frauen ist, dass sie kaum Zugang zur **Männersphäre** haben, die gleichzeitig auch die **Öffentlichkeit** darstellt. Die Zuordnung der Frauen in den privaten Bereich der Gesellschaft mit den ihr eigenen Macht- und Kontrollinstrumenten entzieht sie oftmals auch dem Zugriff durch Reform- und Modernisierungsversuche der Regierungen. Das Fehlen qualifizierter Frauen im Erwerbsleben und der erschwerte Zugang zu Bildung und Ausbildung wirken sich negativ auf die gesamtwirtschaftliche Lage vieler Länder, aber auch auf die Einkommen auf Haushaltsebene aus.

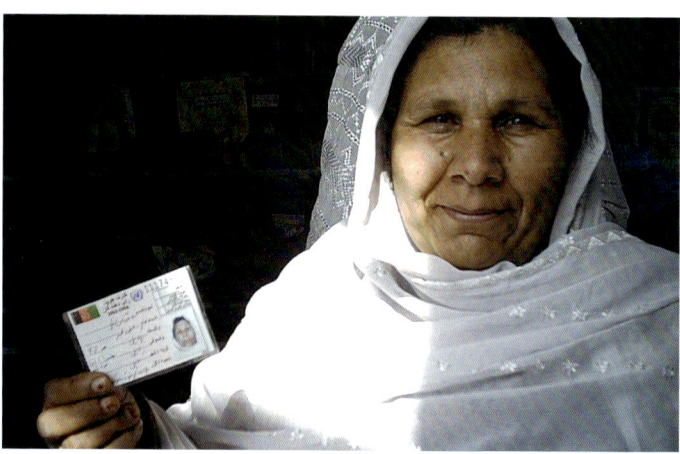

Stolze Besitzerin eines Wählerausweises (Kabul, Afghanistan, im Jahr 2004)

Eine Grundbedingung für die gesellschaftliche Teilhabe von Frauen und Mädchen ist ihre **Ausbildung und Qualifizierung,** um ihnen die Möglichkeit der Persönlichkeitsentfaltung zu geben und gleichberechtigten Zugang zu Arbeitsmöglichkeiten zu verschaffen, damit eine Verbesserung ihrer Position in Familie und Gesellschaft bewirkt werden kann.

Die **staatlichen Kontrollmechanismen** werden besonders von traditionellen und ländlichen Gesellschaften, die um den Erhalt ihres eigenen Machtbereiches bemüht sind, abgelehnt. Die meisten Reformen konnten und können sich nur in den Städten durchsetzen, aber auch hier sind immer nur bestimmte Bevölkerungsgruppen aufnahmebereit, zu denen hauptsächlich die gebildeten und wirtschaftlich gut situierten oberen Mittel- und Oberschichten gehören. Aus diesen Schichten stammen überwiegend die jüngeren Intellektuellen, die sich teilweise an westlichen Gesellschaftsmodellen orientieren und diese Modelle auf ihre eigene Gesellschaft übertragen wollen. Die urbanen Zentren und besonders

Islamische Sexualtheorien und Blickverhalten

Es bestehen zwei islamische Sexualtheorien, die nebeneinander existieren. Die eine Theorie, die als „explizit" bezeichnet wird, geht von einer aggressiven männlichen und einer passiven weiblichen Sexualität aus. Bei einer oberflächlichen Betrachtung islamischer Kulturen und der dort vorherrschenden Verhaltensweisen mag sich diese Theorie bestätigen und sie wird auch oft als die einzig glaubhafte hingestellt. Die andere Theorie, die als „implizit" bezeichnet wird, ist komplizierter und versteht die weibliche Kraft als ungestüm, allumfassend und unberechenbar, sodass sie dringend der Kontrolle bedarf. Männer müssen diese Kräfte überwachen, um nicht durch List und Intrige zu passiven Opfern zu werden und ihre religiösen und gesellschaftlichen Pflichten zu vernachlässigen. Die Frauen werden oft als störend und als Konkurrenz in der Beziehung des Gläubigen zu seinem Gott empfunden. Der Mann soll sich nicht von der Frau als Liebesobjekt ablenken lassen, seine Liebe und sein Interesse sollen allein Allah gelten. Das Bestreben, die von Natur aus aggressive Sexualität der Frau zu beherrschen und ihre sexuelle Selbstbestimmung zu verhindern, hat sich auf Verhaltensweisen und soziale Strukturen besonders in traditionellen Gesellschaften ausgewirkt.

*Das **Blickverhalten** hat besondere Bedeutung in Gesellschaften, in denen das Zusammenleben der Geschlechter streng reglementiert ist. Gerade in Ländern des islamischen Kulturkreises, in denen Männern und insbesondere Frauen Verhaltensweisen auferlegt werden, um nicht in direkten Kon-*

die kosmopolitischen Eliten dienen als Motoren der Modernisierung. Die ländlichen Bevölkerungsteile lehnen zunächst viele neue Entwicklungen ab, zu denen auch ein verändertes Geschlechterverständnis gehört, weil sie traditionelle Macht- und Autoritätsstrukturen in der Gesellschaft und in den Familien gefährdet sehen und einen damit verbundenen religiösen und kulturellen Sittenverfall befürchten.

Islamische Sittsamkeitskonzepte

Sittsamkeitskonzepte sind grundlegende kulturelle Merkmale der Gesellschaften islamisch geprägter Länder. Sie basieren auf dem islamischen Gesetz und der Ethik des Koran, die auch als **„Große Tradition"** bezeichnet werden, und den lokalen Sitten und Überlieferungen, der **„Kleinen Tradition".** Islamische Normen und lokale Traditionen und Vorstellungen haben sich jedoch oft in einem solchen Maß vermischt, dass die Zurück-

takt mit Menschen anderen Geschlechts, die nicht zum eigenen Haushalt gehören, zu treten, wird Wert auf das Einhalten von bestimmten „Blickregeln" gelegt. Gerade weil der Blick so viel von der eigenen Person offenbart, muss die Frau, ungeachtet dessen, ob und in welcher Form sie verschleiert ist, darauf achten, nicht durch direkten Blickkontakt zu viel von sich selbst preiszugeben. Jeder Kontakt, der „draußen", womit außerhalb des eigenen Haushaltes gemeint ist, und zwischen den Geschlechtern stattfindet, kann potenziell gefährlich sein.

*„Und sprich zu den gläubigen Frauen, dass sie
ihre Blicke niederschlagen und ihre Scham hüten
und dass sie nicht ihre Reize zur Schau tragen,
es sei denn, was außen ist, und dass sie ihren
Schleier über ihren Busen schlagen ..."
Koran, Sure 24:31*

In traditionellen Gesellschaften mit hoher Geschlechterdistanz wird der offen und direkt dargebotene Blick einer Frau als Offensive und schamlose Kontaktaufnahme gedeutet. Die junge Ehefrau beispielsweise, die erst langsam in den Haushalt ihres Gatten und seiner Familie integriert wird, muss zumindest in den ersten Jahren den neuen Verwandten mit besonderem Respekt entgegentreten und dem Vater und den Brüdern mit gesenktem Blick und teilweise bedecktem Gesicht begegnen.

verfolgung einer Wertvorstellung oder einer Verhaltensweise zu ihrem Ursprung nicht mehr möglich ist. Sitten und Gebräuche reflektieren oft islamische Normen, wobei jedoch unklar ist, ob der Islam Grundlage für solche Bräuche ist oder ältere Bräuche konsolidiert hat. Natürlich existieren beachtliche Diskrepanzen zwischen bestehenden Idealen und praktischen Normen, eine Anpassung wird aber immer angestrebt. Der Islam betont **Ehre- und-Schande-Prinzipien** und versucht, Sittlichkeits- und Schamempfinden zu entwickeln und zu verstärken, um eine bestimmte Form der gesellschaftlichen Ordnung aufrechtzuerhalten. Das Individuum soll nach der gesellschaftlichen Ordnung des Islam seine Triebe nicht unterdrücken und nicht – wie in der christlichen Vorstellung – auf Genüsse verzichten und für irgendeine Schuld büßen, sondern diese Triebe kontrollieren und gemäß religiöser Richtlinien zu gebrauchen lernen. Die **Kontrolle und Beherrschung** hält das soziale Gefüge zusammen und wehrt drohendes Chaos ab.

Da die Verhaltensmaßregeln in Bezug auf **Keuschheit und Schamhaftigkeit** für Frauen sehr explizit sind und der weiblichen Ehre ein Sonderstatus zugeschrieben wird, kommt der Frau in dem Bemühen um gesellschaftliche Ordnung eine besondere Rolle zuteil. Tatsächlich hat die Frau in islamischen Gesellschaften eine gravierende Bedeutung, da sie sie von innen bedrohen kann. Gefürchtet sind Unordnung und Chaos, die von der Frau ausgehen und im arabischen Kulturraum als **„fitna"** bezeichnet werden. Die Ehe ist die legale Institution, in der **sexuelle Bedürfnisse** ausgelebt werden dürfen. Andere sexuelle Beziehungen, die nach vorherrschender Meinung meistens von der Frau initiiert werden und somit zu *fitna* gehören, dem Prinzip des Chaos, werden gesellschaftlich nicht geduldet. Da die gesellschaftliche Ordnung aufrechterhalten werden kann, wenn das Sexualleben der Frau auf ihren eigenen Mann beschränkt bleibt und sie kein *fitna* verbreitet, indem sie Beziehungen zu anderen Männern sucht, wird dieser legale Bereich stark ausgebaut. Der Islam sozialisiert die sexuellen Beziehungen zwischen Mann und Frau durch die Institution der Ehe im Rahmen der Familie. In der Ehe soll die sexuelle Befriedigung möglichst auf beiden Seiten vorhanden sein, denn eine „befriedigte" Frau gilt als „kontrollierte" Frau, außerdem muss die Ehefrau jederzeit sexuell zur Verfügung stehen, damit der Mann nicht in die Versuchung des Ehebruchs geführt wird. Die Sexualität allgemein dient der Fortpflanzung, schafft Befriedigung, die für das körperliche und geistige Wohlbefinden notwendig ist und gilt als Vorgeschmack auf das Paradies. Nur heterosexuelle Ehen sind in diesem Kontext akzeptiert. **Homosexualität** ist in vielen islamisch geprägten Ländern verboten, wird teilweise strafrechtlich verfolgt und damit in Bereiche verborgener Subkulturen gedrängt.

Die rechtliche Stellung der Frau im Islam

Das islamische Recht, die Scharia, leitet sich aus dem Koran und den überlieferten Aussprüchen des Propheten ab, den *hadith*. Unterschiedliche Interpretationen sind auf die verschiedenen Schulen innerhalb des Islam und auf die lokalen Traditionen, **„adat"**, zurückzuführen. Die islamischen Vorschriften bewirkten nur teilweise eine Veränderung der Stammesgesetze und Traditionen; vielmehr hat eine gegenseitige Beeinflussung stattgefunden. Das vorislamische Gewohnheitsrecht ist in den Islam eingeflossen und hat die Entwicklung der Scharia mitbestimmt. Es ist Absicht des islamischen Gesetzes, im Bereich der Familie die rechtlich schwache Position der Frau, die durch *adat* festgelegt ist, zu verbessern. Trotz der unterschiedlichen Situationen durch *adat* lässt sich ganz allgemein die rechtliche Stellung der Frau im Islam darstellen.

Obwohl der **Koran** die Rechte und Pflichten der Gläubigen beschreibt, ist er **hinsichtlich des Verhältnisses von Mann und Frau nicht eindeutig.** Einige Verse können als Befreiung von Unmündigkeit und eine Aufwertung der Frau verglichen mit vorislamischen Umständen verstanden werden, andere erklären die Frau für dem Mann untertan. Frauen erben in den meisten islamischen Ländern nur die Hälfte dessen, was ein männlicher Verwandter erhält. Vor Gericht zählt ihre Aussage nur halb so viel wie die Aussage eines Mannes.

Der **Ehevertrag,** *aqd,* regelt die Form der Verbindung zwischen Mann und Frau, das Einverständnis der Frau zur Eheschließung ist erforderlich. Häufig wird die Ehe aber von Vertretern der oft minderjährigen Partner abgeschlossen. Das Heiratsmindestalter ist in den einzelnen Ländern sehr unterschiedlich festgelegt und dient auch nur als grobe Richtlinie. Auch das Brautgeld wird festgesetzt und dient im Falle einer Scheidung oder des Ablebens des Ehemannes als Versorgungsgrundlage der Frau. Ehevertrag und Brautgeld dienen der rechtlichen und wirtschaftlichen Absicherung der Frau. Solche Einrichtungen waren in der vorislamischen orientalischen Welt nicht vorhanden. Im ehelichen Leben haben beide Partner ihre festgelegten Rechte und Pflichten und verschiedenen Tätigkeitsbereiche, die sich ergänzen sollen: Der Mann ist für die wirtschaftliche Versorgung der Familie verantwortlich und die Frau für die Erziehung der Kinder und die moralische und religiöse Unterweisung. Der Status der Frau wird durch die besondere **Wertschätzung der Mutter** gestützt. Ihre Unersetzlichkeit und Verehrungswürdigkeit wird in mehreren Suren des Korans hervorgehoben. Auch in der Ehe ist die **Frau geschäftsfähig** und bleibt **Verwalterin ihres Eigentums,** von dem sie zum Unterhalt der Familie aber nichts beisteuern muss; die Unterhaltspflicht obliegt allein dem

Extrainfo 10 (s. S. 8): Kurze WDR-Dokumentation über die Rolle der Frau im Islam

Ehemann. Die **Polygamie,** eine Heiratsform, die schon vor dem Islam in der orientalischen Welt verbreitet war, ist dem Mann vorbehalten. Er darf bis zu vier Ehefrauen heiraten, das Einverständnis der Ehefrau oder -frauen zu einer weiteren Ehe ist theoretisch notwendig. Vertreter moderner Varianten des Islam argumentieren, dass die Polygamie durch den Koran selbst eingeschränkt werde, weil die Forderung der Gleichbehandlung aller Frauen durch den Ehemann vorgeschrieben sei – und kein Mensch sei in der Lage, verschiedene Ehefrauen genau gleich zu behandeln.

Der Mann kann sich leichter **scheiden** lassen, durch das dreimalige Aussprechen der Scheidungsformel *talaq* wird die Ehe beendet. Diese Schnellscheidung kann auch fernmündlich erfolgen – eine E-Mail oder eine SMS genügen, um die Ehefrau zu verstoßen. Das islamische Recht unterscheidet zwischen **widerruflicher und unwiderruflicher Verstoßung.** Nach ein- oder zweimaliger Wiederholung der Verstoßungsformel ist sie widerruflich und kann vom Ehemann innerhalb von drei Monaten rückgängig gemacht werden. Unwiderruflich ist eine Scheidung nach der dritten Wiederholung der Formel. In einigen arabisch geprägten Ländern, z. B. Jordanien, Libanon, Libyen, Marokko und Syrien, aber auch verschiedenen islamischen Ländern Südostasiens, muss ein **Gericht** die Verstoßung bestätigen und die Ehefrau über den Vorgang informiert werden. Nun hat auch der Oberste Gerichtshof in Indien die islamische Scheidung durch das Verstoßen der Frau verboten. Diese Form der Scheidung sei verfassungswidrig und verstoße gegen das Recht auf Gleichheit vor dem Gesetz. In Indien gilt bislang für die Angehörigen unterschiedlicher Reli-

gionen jeweils ein eigenes Personenstandsrecht. In Tunesien, der Türkei und den zentralasiatischen Ländern beispielsweise ist sie de facto abgeschafft.

Frauen ist die Scheidung nur unter bestimmten Umständen rechtlich möglich. Sie müssen sich dafür an ein Gericht wenden und beweisen, dass der Ehemann seinen Versorgungspflichten nicht nachkommt oder nicht in der Lage ist, Nachkommen zu zeugen. Die negative Beurteilung der Scheidung durch den Koran soll einen Schutz vor einer übereilten Scheidung für die Frau darstellen, die **als geschiedene Frau oftmals mittellos** zurückbleibt. Da im islamischen Kontext Ehen häufig ein Bündnis zwischen Familien darstellen oder auch in verwandtschaftlichen Bezügen geheiratet wird, beinhaltet der Scheidungsprozess nicht nur eine Trennung von zwei Individuen, sondern die unter Umständen komplizierte Auflösung eines Beziehungsgeflechts. Im Verwandtschaftsfall kann es zu dauerhaften Zerwürfnissen in der Gruppe kommen, was oftmals auch wirtschaftliche Folgen hat, wenn z. B. Felder gemeinsam bewirtschaftet werden. Der Mann ist angehalten, die **wirtschaftliche Versorgung** seiner geschiedenen Frau nach der Scheidung ein Jahr lang zu sichern, ist dazu aber rechtlich nicht verpflichtet. Nach einer Wartezeit, in der sich herausstellen soll, ob die Frau von ihrem geschiedenen Mann schwanger ist, hat sie das Recht auf eine Wiederverheiratung, darf aber nicht zu einer solchen gezwungen werden. Die **Kinder** bleiben nach der Scheidung nur für eine begrenzte Zeit bei der Mutter, nach dem hanafitischen Gesetz Söhne bis zum Alter von sieben und Mädchen bis zum Alter von neun Jahren. Anschließend übernimmt der Vater wieder endgültig den Erziehungsauftrag für die Kinder.

Auch das **islamische Erbrecht** ist eine Verbesserung gegenüber der vorislamischen Tradition, die das Erbrecht auf den Mann beschränkte. Eine Frau erbt als Tochter die Hälfte des Anteils, der ihrem Bruder vom väterlichen Erbe zusteht, und die Ehefrau ein Viertel oder Achtel des Besitzes des Ehemannes.

Als **Streitschlichter in Familienangelegenheiten** werden oft religiöse oder traditionelle Autoritäten ausgewählt. Bei Problemen und Konflikten werden Imame oder Sheikhs aufgesucht und um Rat gefragt. Die Ratschläge auf religiöser Basis sollen dann von beiden Parteien befolgt werden. In Ägypten beispielsweise hat aber auch das Ministerium für soziale Angelegenheiten Beratungsstellen eingerichtet, an die sich Eheleute wenden. Hier beraten und vermitteln ausgebildete Sozialarbeiter bei Eheprob-

◁ Die Händlerinnen bleiben unerkannt – und machen einen etwas unheimlichen Eindruck (Jemen)

lemen. In vielen Ländern, z. B. dem Jemen oder Afghanistan, ist die Rolle von nichtstaatlichen Strukturen in der Rechtsprechung sehr viel stärker ausgeprägt. In diesem Kontext gibt es leider kaum Dokumentationen über Ergebnisse und Erfolge von Schlichtungsverfahren im familienrechtlichen Bereich. Da die Schlichter in ihren Gemeinden normalerweise angesehene Persönlichkeiten sind, werden die Urteile auch umgesetzt.

Länderbeispiele für den Einsatz von Schlichtern in Scheidungsfällen

Ein Beispiel aus Ägypten verdeutlicht, wie der Einsatz von Schlichtern in Konfliktfällen genutzt werden kann: Die Ägypterin Leila wollte sich scheiden lassen, aber ihr Mann weigerte sich, der Scheidung zuzustimmen. Zahlreiche Versuche über einen Vermittler, den von ihrem Mann ausgewählten Sheikh, eine friedliche Lösung zu erwirken, führten zunächst zu keinem Ergebnis. Schließlich schaltete sie ihren Vater und Onkel als zusätzliche Vermittler ein. Gemeinsam konnten sie sich dann auf eine außergerichtliche Scheidung einigen, die der zuständige Standesbeamte der Gemeinde vollzog. Leila verzichtete auf die Wohnung, die ihr Mann mit in die Ehe gebracht hatte, auf die Hälfte der von ihr angeschafften Möbel und jede Unterhaltsforderung. Unter diesen Bedingungen willigte der Ehemann in die Scheidung ein und sie konnte innerhalb von drei Tagen ohne Gerichtsverhandlung geschieden werden. Auch aus dem Jemen gibt es Beispiele, wie offizielle Schlichter zwischen Ehepaaren und Familien vermitteln können: Die Jemenitin Hafiza verlangte die Scheidung, weil ihr Ehemann die Familie nicht ausreichend versorgte. Alle Versöhnungsversuche durch die Familie scheiterten, weil der Mann sich weigerte, seinen Verpflichtungen nachzukommen und auch die Schwiegerfamilie für den Unterhalt seiner Frau und Kinder nicht entschädigen wollte. Es wurde ein offizieller Schlichter bestellt, der schließlich entschied, dass er dem Schwiegervater eine Entschädigung zu zahlen habe. Außerdem erwirkte er die Zusicherung des Mannes, in Zukunft für den Unterhalt der Familie aufzukommen. Im ländlichen Jemen haben Schlichter, die sich oftmals aus der Schicht der Stammesführer rekrutieren, auch die Möglichkeit, eine Urteilsvollstreckung zu sichern. Sollte sich die Ehefrau nach der Zahlung des vereinbarten Unterhalts weigern, zu ihrem Mann zurückzukehren, kann ihr Vater inhaftiert werden, da er nach dem Gewohnheitsrecht dafür verantwortlich ist, dass seine Tochter sich auch an die Abmachungen hält.

Die meisten islamisch geprägten Länder haben gleiche Rechte für alle Menschen und damit die Gleichheit der Geschlechter in ihre Verfassungen aufgenommen – manche mit dem Zusatz, dass kein Artikel der Verfassung einem religiösen Gesetz widersprechen darf. In solchen Fällen bleibt viel Raum für Interpretationen bezüglich der rechtlichen Stellung der Frau in diesem Land. In einigen Ländern schreibt die Familiengesetzgebung in unterschiedlich starker Ausprägung die Ungleichheit von Männern und Frauen fest. Auch die jüngeren Reformen des Familienrechts wie zum Beispiel in Algerien, Marokko und Ägypten haben die rechtlichen Ungleichheiten von Männern und Frauen innerhalb der Familie nicht beseitigt. Ungleichheit muss aber nicht Rechtlosigkeit bedeuten: Trotz einiger Unterschiede garantiert die staatliche Gesetzgebung Frauen bestimmte Rechte, z. B. das Recht auf Zustimmung zum Ehevertrag, die Festsetzung eines Mindestheiratsalters, das Recht auf Scheidung bei Fehlverhalten des Ehemannes sowie den Anspruch auf Unterhaltszahlungen gegenüber dem geschiedenen Ehemann. In vielen Ländern wird aber deutlich, dass Gesetze allein für eine faktische Durchsetzung von Rechtsansprüchen nicht ausreichen. In der Realität haben internationale Konventionen und in Gesetzen verankerte Rechtsansprüche wenig Relevanz für Frauen in ländlichen Gebieten oder aus weniger wohlhabenden Schichten. Viele dieser Frauen sind Analphabetinnen, kennen ihre Rechte gar nicht oder können sie nicht einfordern. Nach wie vor werden sie ohne ihre Zustimmung als Minderjährige verheiratet oder verzichten auf Unterhaltsansprüche für sich und ihre Kinder. Kulturelle, soziale und ökonomische Barrieren verhindern oder erschweren so den Zugang zum Recht. Religiöse Rechtsinstitutionen auf lokaler Ebene und das Gewohnheitsrecht, das von traditionellen Instanzen durchgesetzt und zur außergerichtlichen Konfliktlösung herangezogen wird, bestimmen oftmals die Rechtswirklichkeit von Frauen.

Das formale Recht und die staatliche Justiz sind in vielen Ländern einem Großteil der ländlichen Bevölkerung fremd und unbekannt. Das Leben wird in der Regel von religiösen und gewohnheitsrechtlichen Regelungen – die sich von Region zu Region unterscheiden können – bestimmt. Staatliche Gerichte gibt es auch nicht flächendeckend, sie erreichen besonders in ländlichen Gebieten nur einen kleinen Teil der Bevölkerung. In vielen Ländern wird den Frauen durch Verbesserungen in den Familiengesetzen die Scheidung inzwischen erleichtert, aber diese Veränderungen sind der Bevölkerung, besonders auf dem Land, oft unbekannt und können daher auch nicht eingefordert werden. Selbst in Tunesien, wo Männer und Frauen im Scheidungsrecht gleichgestellt sind, streben jährlich doppelt so viele Männer wie Frauen eine Scheidung an.

Das Ehre-und-Schande-Konzept

Ehre und Schande sind Begriffe, die soziale Bewertungen ausdrücken: Ehre ist die Vollwertigkeit eines Individuums in seinem sozialen Umfeld und die Anerkennung dieser Vollwertigkeit durch die Gesellschaft. Schande ist der Gegensatzbegriff zu Ehre, sie entsteht, wenn die Vollwertigkeit des Individuums nicht mehr gegeben ist und sein Verhalten nicht mit den Regeln und Normen des sozialen Umfeldes übereinstimmt. Um ihre Unversehrtheit zu bewahren, muss eine Person in der Lage sein, sich vor **Angriffen** zu schützen. Sowohl psychische als auch physische Angriffe können die Ehre einer Person verletzen, ihre **Vollwertigkeit und Verteidigungsfähigkeit** werden durch den Angriff infrage gestellt. Besonders verletzend ist der Affront, wenn Zeugen anwesend sind, die die **Entehrung** miterleben: Der Ehrverlust ist also besonders groß, wenn die Tat der **Öffentlichkeit** preisgegeben ist. Die öffentliche Meinung wird als richtende und maßgebliche Instanz verstanden. Ohne den Spiegel der Gesellschaft sind Ehrhandlungen für das Individuum relativ unbedeutend. Erfolgt die Satisfaktion, eine Rachehandlung, die die Rückkehr zu normalen Bedingungen ermöglicht, anonym und ohne die Beachtung der Gesellschaft, so bringt sie dem Betroffenen keine Befriedigung, weil sein öffentlicher Ruf dadurch nicht automatisch wiederhergestellt ist.

Die Einhaltung der **strikten Geschlechtertrennung** wird durch ein Ehre-und-Schande-Konzept unterstützt. Die Isolation der Frau und die Beschränkung des Kontaktes auf den Ehemann und die eigenen männlichen Verwandten werden als effektive Methode angesehen, Ehebruch und damit die Verletzung der männlichen Ehre zu verhindern. Frühe Heiraten sollen vorehelichen sexuellen Kontakten vorbeugen. Der **männliche Stolz** ist in diesen Kontexten von enormer Bedeutung, Identität und Status des Mannes sind abhängig von seiner Intaktheit. Kann der Mann seiner Aufgabe nicht gerecht werden, seine Umgebung und damit auch die Frau zu kontrollieren, wird dieser Stolz verletzt.

Die **weibliche Moral** wird symbolisch mit der **Integrität der eigenen Solidargruppe und der islamischen Gemeinschaft** gleichgesetzt. Die Ausübung von Kontrolle über die Frau ist notwendig, um sie selbst als Ressource und als Trägerin der Ehre des Mannes und der Gemeinschaft zu schützen. Nur so kann die Identität und Kontinuität der einzelnen Gruppen bewahrt werden. Diese Kontrollmechanismen sind gruppenintern; Frauen gehören zum inneren, privaten Machtbereich einzelner Familienvorstände oder lokaler Autoritäten.

Sexuelle Untreue stellt sich oft weniger als eine reale Angelegenheit dar, sondern vielmehr als ein überzogener Begriff für Kontakte zwischen

Männern und Frauen außerhalb des Haushaltes; selbst ein intensiver Blick oder ein kurzer Wortwechsel mit einem Fremden verstoßen gegen die Regeln der Geschlechtertrennung. Der ehrenhafte **Mann vermeidet Begegnungen mit Frauen,** die nicht in seinen Haushaltsbereich gehören, und wenn eine Begegnung unausweichlich ist, so wird er versuchen, die Frau zu übersehen. Ist auch die Nichtbeachtung unmöglich, dann schafft ein extrem respektvolles und höfliches Verhalten Distanz oder der Haushaltsbereich wird ausgedehnt und der Gesprächspartner mit einem Verwandtschaftstitel bezeichnet. Indem zum Beispiel **Termini wie Bruder und Schwester** gebraucht werden, wird die Beziehung in den mit dem Inzesttabu belegten Haushaltsbereich und damit auf eine nichtsexuelle Ebene gehoben. Dem Ideal der „ehrenhaften Frau" folgend, werden die „weiblichen Charaktereigenschaften" **Schüchternheit, Keuschheit, Zurückhaltung, Passivität und Ernsthaftigkeit** geschätzt. Die „unehrenhafte Frau" wird mit negativen Eigenschaften beschrieben: Sie ist laut, geschwätzig, unanständig, lustig, leichtsinnig, unabhängig, aktiv und aggressiv. Jede Persönlichkeit setzt sich natürlich aus Eigenschaften beider Lager zusammen, aber die „negative" sollte zumindest nicht in Männerkreisen präsentiert werden. In reinen Frauengruppen können (und dürfen) Frauen sehr ausgelassen und teilweise vulgär sein; ein Verhalten, das sicherlich als Ausgleich und Ventil dient.

Die besondere Bedeutung der Kleidung von Frauen im islamischen Kontext ... und im Wandel der Zeit

In Teilen der islamischen Welt wird die **Außenwelt als schwierig und feindlich empfunden** und die Frau als die Ehre beherbergendes Zentrum der Familie wird dem feindlichen Ansturm ausgesetzt, wenn sie sich in die Öffentlichkeit begibt. Um diese Gefahr etwas zu dämmen, hält der Koran auf dem Verhaltens- und Bekleidungssektor Richtlinien bereit: „oj Prophet, sprich zu deinen Gattinnen und deinen Töchtern und den Frauen der Gläubigen, dass sie sich in ihren Überwurf verhüllen. So werden sie eher erkannt und werden nicht verletzt." (Koran 33:59)

Neben den genauen Verhaltensregeln werden auch die wenigen männlichen Personen, mit denen ein unverschleierter Kontakt möglich ist, festgelegt: „Und sprich zu den gläubigen Frauen, dass sie ihre Blicke niederschlagen und ihre Scham hüten und dass sie nicht ihre Reize zur Schau tragen, es sei denn, was außen ist und dass sie ihren Schleier über ihren Busen schlagen und ihre Reize nur ihren Ehegatten zeigen oder ihren Vätern oder den Vätern ihrer Ehegatten oder ihren Söhnen oder den Söhnen ihrer Ehegatten oder ihren Brüdern oder den Söhnen ihrer Brüder

oder den Söhnen ihrer Schwestern oder ihren Frauen oder denen, die ihre Rechte besitzt, oder ihren Dienern, die keinen Trieb haben, oder Kindern, welche die Blöße der Frau nicht beachten. Und sie sollen nicht ihre Füße zusammenschlagen, damit nicht ihre verborgene Zierrat bekannt wird." (Koran, 24:31)

Das Verborgene wird im Islam als wertvoll definiert: Der Vorhang sollte die Frauen aus dem Umfeld des Propheten Muhammad vor den Blicken der Besucher schützen. So wurde eine besondere Wertschätzung für sie ausgedrückt. Die Sichtbarkeit ist in diesem Kontext negativ besetzt. Die verhüllende Kleidung blieb lange Zeit Statussymbol der privilegierten Klassen.

In der heutigen islamisch geprägten Welt kommt „der Schleier" als Kleidungsstück in vielen Formen und Varianten vor und wird auf unterschiedliche Art und Weise getragen. Der **Nikab** ist ein bodenlanges Gewand, das gleichzeitig auch Kopf und Gesicht bedeckt, nur ein Schlitz für die Augen bleibt frei. Der **Tschador** ist ein bodenlanger Umhang, der auch den Kopf bedeckt, aber das Gesicht freilässt. Der **Hidschab** ist ein Tuch, das die Haare, die Ohren und auch den Hals bedeckt. Die extremste Form, die **Burka,** ist ein sackartiger Überwurf, der den Körper von Kopf bis Fuß konturlos bedeckt und auch die Augen nicht frei lässt. Ein in Augenhöhe

Alles unter einem Tuch

eingesetztes Stück Gaze-Stoff ermöglicht der Frau den (eingeschränkten) Ausblick, nimmt ihr aber die Möglichkeit, ihre Augen „sprechen zu lassen" und direkten Blickkontakt aufzunehmen. Ihre Augen sind nicht sichtbar – sie wird als Person unsichtbar.

Die **Verhüllung der Frau in Judentum, Islam und Christentum** hatte im historischen Kontext gesehen schon immer eine große Bedeutung – heute wird in Europa heftig um Kopftücher, Burkas und andere textile Bedeckungen gestritten. Sind sie religiöse Kleidungsstücke oder Symbole für die Unterdrückung der Frau? Die drei großen monotheistischen Religionen teilen ähnliche Vorstellungen von weiblicher Sittsamkeit, erkennbar an den muslimischen Verhüllungen Nikab, Hidschab, Tschador und Burka, den Perücken jüdischer Frauen und der Ordenstracht christlicher Nonnen. **Historisch** gesehen war die **Verhüllung** im Kulturraum zwischen Euphrat und Tigris ein **Privileg reicher Frauen,** Sklavinnen und Prostituierte waren den Blicken der Männer ausgesetzt. Kleidung ist nicht nur ein Ausdruck von Persönlichkeit und Identität, sondern hat auch eine politische Komponente. Mit Kleidung kann Abgrenzung oder Zugehörigkeit signalisiert werden. Wenn Gesellschaften Veränderungen erfahren, macht sich dies häufig an neuen Kleidungsvorschriften für Frauen bemerkbar.

In den Fotoarchiven unterschiedlicher Länder der islamischen Welt finden sich Bilder aus den 1930er- und 1970er-Jahren, die Frauen und Männer in europäischer Kleidung zeigen. Es gab Afghaninnen, die unter reformbereiten Monarchen den Schleier ablegten, später dann in kurzen Röcken und ohne Kopftuch auf Kabuler Straßen erschienen. Auch der persische Shah sah im Tschador ein Symbol der Unterdrückung und startete eine Kampagne zur Entschleierung der Frau. Ähnliche Phänomene zeigten sich in islamischen Ländern des Nahen und Mittleren Ostens und Nordafrikas. Viele Länder wollten einen modernen, westlich orientierten Lebensstil übernehmen – und die Kleidung der Frau wurde dabei als Gradmesser eingesetzt, die Entschleierung fand im Namen des Modernismus statt.

Politik, Kultur und Religion bilden besonders in Bezug auf das Verhalten von Frauen und ihre Art, sich zu kleiden, eine schwer zu durchschauende Symbiose. Die Auseinandersetzung zwischen Tradition und Moderne scheint immer wieder am Körper der Frau ausgetragen zu werden. Aufgrund dieser **hohen symbolischen Auflading** sollen Frauen bis heute nicht selbst bestimmen können, welche Kleidung sie tragen. Der männliche Blick ist bei dieser Debatte maßgeblich.

Frauenkleidung wird vorgeschrieben und reglementiert – und meistens geschieht dies durch Männer. Auch heute werden die Kleidungstraditionen der Musliminnen in verschiedenen islamischen Ländern, aber auch in Europa in einen kulturpolitischen Kontext gestellt. Durch die Zunahme islamistischer Tendenzen ist ein Trend hin zu mehr Körperverhüllung, Kopftüchern und Verschleierung zu beobachten, diese werden häufig als Instrument angesehen, die gesellschaftliche Moral zu bewahren. Aktuelle Protestbewegungen von Frauen in der Türkei werden unter dem Banner „Misch dich nicht in meine Kleidung ein" geführt. Sie kämpfen für die Freiheit der Frau, sich zu kleiden wie sie möchte – und auch in der Öffentlichkeit kurze Hosen tragen zu dürfen.

An der Art ihrer Kleidung wird eine Muslimin auch in Europa beurteilt und in das moderne, konservative oder islamistische Lager einsortiert. Die Gemüter erhitzen sich darüber, ob Frauen **im öffentlichen Dienst Kopftücher** tragen dürfen, ob der **„Burkini"** an europäischen Stränden oder in Schwimmbädern statthaft ist und ob die eine Person unkenntlich machende Ganzkörperverschleierung verboten werden sollte. Dahinter verbirgt sich oft der Versuch, das eigene Verhältnis zum Islam zu bestimmen. Die moderne islamische Frauenmode kann auch im Zusammenhang mit der Suche nach einer eigenen, nicht-westlichen Identität gesehen werden. Einerseits werden Traditionen bewahrt, aber in den Kontext eigener moderner Tendenzen gestellt.

Badefreuden in Jordanien in angemessener islamischer Kleidung

Nur die einzelnen Musliminnen selbst können definieren, warum sie zu welcher Art der Kleidung greifen. Sie können ausdrücken, ob sie sich unter dem Kopftuch unterdrückt fühlen, sie sich bewusst abgrenzen wollen, das Tuch einfach nur aus traditionellen Gründen tragen, ob sie ihren eigenen religiösen Vorgaben folgen oder denen ihrer Familie. Die jungen Kopftuchträgerinnen, die sich vom Tuch abwärts sehr modern, figurbetont und teilweise sogar herausfordernd sexy kleiden, werden ihre Gründe dafür haben – oder folgen einfach einem modischen Trend, wie Millionen andere Teenager auch (nur eben ohne Kopftuch). Teure Modelabels (auch westliche) designen Kleidung, die auf die Bedürfnisse von Musliminnen zugeschnitten ist. „Fulla", das arabische Gegenstück zur amerikanischen Barbie-Puppe, trägt schicke Kleider und elegante Highheels unter Kopftuch und Abaya, dem langen schwarzen Übermantel. **Verhüllung und Kopftuch** kann nach wie vor Identitätsmerkmal sein, wird aber auch zum **schicken Mode-Accessoire.**

Fragen und Antworten

Was bedeutet es, wenn wir von einer kollektivistischen Gesellschaft sprechen?

Angehörige kollektivistischer Gesellschaftsformen verstehen sich als Teil einer Gruppe und sind extrem beziehungsorientiert. Sie sind Mitglieder eines sozialen Ganzen, die ihre **Identität über Zugehörigkeit definieren.** Die erweiterte Familie ist das Kernstück der Gesellschaft. Kinder wachsen als Teil einer solidarischen Gruppe in Form der Familie auf, über die sie sich definieren und die ihnen einen Rang und Platz im Sozialgefüge zuordnet. Aus verwandtschaftlichen, ethnischen oder regionalen Zusammenhängen können sich **Solidaritätsgruppen** bilden, die das Überleben des Individuums sichern. Den Gegensatz zu der hier beschriebenen Gesellschaftsform stellt eine eher individualistische dar, z. B. die deutsche Gesellschaft. In diesem Kontext wird der Individualität, Selbstständigkeit, Selbstverwirklichung und Privatsphäre eine große Bedeutung beigemessen. Kindern wird dort sehr früh vermittelt, dass sie eigenständige Personen mit Bedürfnissen und Rechten sind.

In Gesellschaften mit kollektivistischen Lebensformen ist oftmals eine **Aufteilung des sozialen Umfeldes in Innen- und Außenräume** zu beobachten. Dem Innenbereich gilt die Aufmerksamkeit des einzelnen Mitglieds: Hier ist man verantwortlich, loyal, umsorgend; diesen Bereich gilt es, zu beschützen und nach außen abzuschließen. Wer sich auf diesem abgeschirmten Territorium aufhält, gehört dazu, ist den anderen Gruppenmitgliedern verpflichtet, wird aber auch versorgt und unterstützt. Außen sind die Fremden, denen man zunächst misstrauisch begegnet; der Außenbereich kann vernachlässigt werden, was sich oft im Erscheinungsbild der Städte niederschlägt. Fürsorge und Wohlfahrt erstrecken sich oft nicht bis in diesen Außenbereich, es sei denn religiöse Regeln fordern Mildtätigkeit für Mitmenschen außerhalb der eigenen Gruppe.

Warum gestatten viele Mütter in islamischen Ländern ihren Söhnen mehr Freiräume in der Erziehung als ihren Töchtern?

Erst nach der Geburt mehrerer Kinder, vorzugsweise von Söhnen, hat die junge Frau die Möglichkeit, in der Familienhierarchie aufzusteigen. Söhne sichern die wirtschaftliche Versorgung des Haushaltes und sind die **Altersversorgung ihrer Eltern,** weil sie – im Gegensatz zu Töchtern – im elterlichen Haushalt verbleiben. Für Frauen hat die **Beziehung der Mutter zum Sohn** einen **besonderen Stellenwert.** Söhne können ihrer Mutter helfen, ihren Status erheblich zu verbessern und ihren Einfluss auf Ehemann und Verwandtschaft zu vergrößern. Über den Sohn (oder natürlich den Ehemann) können Frauen in Gesellschaften, die weibliche Präsenz im öffentlichen Raum einschränken, politische und gesellschaftliche Interessen wahrnehmen. Bewusst oder unbewusst belohnt die Mutter ihre Söhne für die Vorteile und das Ansehen, das sie ihr allein durch ihre Existenz verschaffen, mit einer **besonders fürsorglichen und aufmerksamen Erziehung.** Sie schlüpft in die Rolle der Vermittlerin zwischen den Kindern und dem Vater als autoritärem Erzieher. So wird die Mutter eine sehr wichtige Bezugsperson für die heranwachsenden Söhne. Diese ziehen sie oftmals allen anderen Familienangehörigen vor, beschützen und verteidigen sie und beziehen auch gegen die eigene Ehefrau Stellung für sie. Der **Sohn** ist nicht nur

◁ Auch kleine Mädchen tragen in der Moschee einen Schleier (Afghanistan)

eine **Quelle des Ansehens und Schutzbefohlener** seiner Mutter, sondern auch eine Art Altersversicherung. Sie ist von ihm sozial und wirtschaftlich abhängig und wird ihren Lebensabend in seinem Haus verbringen. Ihre überaus wichtige Position im Leben ihres Sohnes sieht die Mutter bedroht, wenn er heiratet und seine Sympathien auf die Ehefrau konzentriert. Störungen des freundschaftlichen oder liebevollen Verhältnisses zwischen jungen Eheleuten durch die **Schwiegermutter,** damit der Einflussbereich der neuen Frau im Haus nicht zu groß werde, sind nicht selten.

Warum folgen viele Muslime einem festgefügten Rollenverständnis der Geschlechter?

In vielen Familien besonders traditioneller Gesellschaften existiert ein fest gefügtes Rollenverständnis der Geschlechter. Besonders jüngere Familienmitglieder und **Frauen ordnen sich aufgrund ihres (noch) geringen sozialen Status unter** und akzeptieren Entscheidungen der Familienautoritäten in allen wichtigen Lebensbereichen wie Erziehung, Schule, Beruf und Partnerwahl. Auch wenn Verfassungen Frauen volle Bürgerrechte garantieren, sind im Alltag oftmals Tradition und Kultur mächtiger als Paragraphen und besonders **auf dem Land** gibt es **wenig Spielraum, die Grenzen dieser vorgezeichneten Rollen auszudehnen.**

Wie lange werde ich die Schule besuchen dürfen? Mädchen in Afghanistan.

Innerhalb jeder Gesellschaft gibt es unterschiedliche kulturelle Sphären der Frauen und der Männer – in einigen Ländern ist diese Spaltung sehr ausgeprägt. In der männlichen Sphäre, die gleichzeitig auch die Öffentlichkeit darstellt, fehlen Frauen fast gänzlich, sodass es den Anschein hat, Gegenwart und Zukunft der Gesellschaft würden nur von Männern gestaltet. Genauer betrachtet ist das Bild schon differenzierter, trotzdem fehlt die weibliche Komponente, was in verschiedenen politischen und sozioökonomischen Bereichen bemerkbar ist. Das Phänomen der **Geschlechterdistanz** oder **Ausgrenzung von Frauen** beeinflusst das Denken und Handeln der Menschen im Land.

Männer und Frauen sind dem islamischen Verständnis folgend **von Natur aus ungleich** und dem Mann wird die Rolle des Familienoberhauptes, des Beschützers und Versorgers zugeteilt. Die Frau ist aber nicht der Willkür des Mannes ausgeliefert; der Koran legt die Rechte und Pflichten der Muslimin in jedem ihrer Lebensabschnitte fest. Das Einvernehmen der Frau ist zur Eheschließung erforderlich, es können Eheverträge abgeschlossen werden, um die ehelichen Verbindungen zu regeln, und das Brautgeld beispielsweise ist als Versorgungsgrundlage der Frau gedacht. Beides, Ehevertrag und Brautgeld, sollen der rechtlichen und wirtschaftlichen Absicherung der Frau dienen, die auch in der Ehe voll geschäftsfähig und Verwalterin ihres Eigentums bleibt. Männer und Frauen sollen sich in unterschiedlichen Tätigkeitsbereichen ergänzen – der Mann ist für die wirtschaftliche Versorgung der Familie und die Frau für das Funktionieren des Haushalts und die Erziehung der Kinder verantwortlich. Besondere Wertschätzung erfährt die **Frau** in islamischen Gesellschaften in ihrer wichtigsten **Rolle als Mutter.**

Warum spielt der Ehrbegriff eine so große Rolle?

Ein anerkanntes Mitglied der Gesellschaft ist bemüht, seinen Lebenswandel an den Idealvorstellungen von Ehre und Anstand auszurichten und muss in der Lage sein, die eigene Familie und auch größere Gruppenverbände, zu denen er gehört, zu verteidigen und für sie zu sorgen. Der Ehrenmann ist ein **gläubiger** Muslim, er versucht, sein **Ansehen** in der Gesellschaft zu vergrößern und zeichnet sich durch **Mut** und **Stolz** aus. Die **Gastfreundschaft** ist ein hoher Wert und wird durch **Großzügigkeit** und ein „offenes Haus" demonstriert. Der Ehrenmann ist sehr auf seinen **tadellosen Ruf** bedacht, der durch sein eigenes unehrenhaftes Verhalten, das seiner Familienmitglieder und besonders seiner Frau, Schwestern oder Töchter beschädigt werden kann. Die Familie kann als ganze Gruppe ihre Ehre verlieren und handelt dann auch kollektiv, um die Übeltäter zu beseitigen und somit ihre Ehre wiederherzustellen. **Ehrverletzungen** ziehen sofortige Reaktionen nach sich, die Vergeltung und „Ehrmorde" beinhalten können und manchmal in jahrelange Familienfehden münden.

Identität und Status eines Mannes sind abhängig von seiner Ehre. Kann er seinen Aufgaben bei der Ausführung seiner männlichen und gesellschaftlichen Aufgaben nicht gerecht werden, wozu die **Kontrolle seiner Umgebung** und damit auch **die der Frauen** gehört, schadet er seinem Status als Ehrenmann. Die Frau stellt die Familienehre dar und muss geschützt werden, denn „draußen" ist sie ständig gefährdet. Durch die Isolation der Frauen in manchen Ländern oder gesellschaftlichen Teilbereichen und die Beschränkung des Kontakts auf den Ehemann und die männlichen Verwandten soll Ehebruch und damit die Verletzung der männlichen Ehre verhindert werden. Der Ehemann versucht sicherzustellen, dass seine Abstammungslinie von leiblichen Kindern fortgesetzt wird.

Das **Idealbild der ehrenhaften Frau** beinhaltet **Keuschheit** vor der Ehe und bedingungslose **Loyalität** der eigenen Familie gegenüber. Niemals dürfen Zweifel an dem tadellosen moralischen Verhalten der Frau entstehen, denn eine Verletzung der Ehre lässt sich nicht rückgängig machen. Wird die Ehre befleckt – und sei es nur durch Verdächtigungen oder üble Nachrede – nimmt der Ruf der ganzen Familie Schaden. Die rigorose Umsetzung der Ehr- und Moralvorstellungen ist Ursache vieler Familientragödien und trägt auch dazu bei, die Handlungsfreiheit vieler Frauen einzuengen.

Was bedeutet der Begriff „Geschlechtertrennung"?

Die Vorstellung von der schutzbedürftigen Frau in einer feindlichen Umwelt führt in vielen traditionellen Kontexten islamisch geprägter Gesellschaften zu einer Trennung der Geschlechter, die meistens räumlich, und wenn das nicht möglich ist, zumindest zeitlich erfolgt. So werden Häuser in **Männer- und Frauenräume** aufgeteilt, aber auch Plätze, Wege oder sonstige öffentliche Einrichtungen werden auf diese Art und Weise getrennt. Öffentliche Flächen werden „geschlossen" und somit „privat", sodass Frauen sich darin relativ frei bewegen können. Fahrzeuge können zum Beispiel mit Vorhängen ausgestattet sein. In **Bussen** und **Zügen** gibt es eigene Sitze oder Abteilungen für Frauen. In Gesellschaften mit sehr ausgeprägter Geschlechtertrennung können Durchgangswege für Frauen reserviert oder zeitweise durch Vorhänge abgetrennt sein, beispielsweise kann bei feierlichen Anlässen eine nicht einsehbare Durchgangsmöglichkeit vom Auto ins Haus geschaffen werden. **Schulen** werden entweder ganz nach Geschlechtern getrennt oder die Räume innerhalb der Schulen

Extrainfo 11 (s. S. 8): Zwangsheirat, Gewalt und Mord: Verbrechen im Namen der Ehre (Beitrag des SPIEGEL-TV-Magazins)

049ki-mb

sind durch Vorhänge geteilt. Auch im **Arbeitsumfeld** wird oft für **getrennte Räume** gesorgt und in diesen Kontexten sind Tätigkeiten, die Exponiertheit notwendig machen, für Frauen unbeliebt. Ist die räumliche Trennung nicht möglich, wird sehr oft eine zeitliche Trennung eingeführt, sodass in öffentlichen Einrichtungen bestimmte Stunden des Tages ausgesprochene **„Frauenzeiten"** sind. Warteschlangen vor Schaltern von öffentlichen Ämtern oder Verkehrsbetrieben werden manchmal nach männlichen und weiblichen Wartenden aufgeteilt.

In Gesellschaften mit ausgeprägter Geschlechtertrennung kann man beobachten, dass auch bei gemischten Veranstaltungen gleich bei der Ankunft ganz automatisch eine grob **nach Geschlechtern gegliederte Sitzordnung** im Raum entsteht. Darauf angesprochen versichern Gesprächspartner, dass sie dieses Verhalten gar nicht mehr bewusst wahrnehmen, weil es teilweise automatisiert geschieht. Frauen und Männer aus diesen Kontexten fühlen sich in gemischten Gesellschaften unsicher und unwohl. Gemischte Veranstaltungen, die in manchen Ländern noch immer einen Bruch mit den Traditionen darstellen, werden nicht von Frauen besucht, die sich strikt an die Geschlechtertrennung halten.

Viele muslimische Frauen sind in Bezug auf ihre Rechte benachteiligt. Warum akzeptieren sie ihre Rolle und kämpfen nicht für ihre Rechte?

Ein kultureller Faktor, der sich nachteilig auf die Wahrnehmung von Rechten durch Frauen auswirkt, ist die **Erziehung,** die durch traditionelle Muster gekennzeichnet ist. Das den Alltag von Frauen bestimmende Normensystem ist vor allem aus der Vorstellung von der „Erhaltung der Familie" abgeleitet. Die geschlechtsspezifische Erziehung betont vor allem die Pflichten von Mädchen innerhalb der Familie, aber nicht ihre Rechte.

⌃ Männer haben hier nichts zu suchen (Iran)

Von den Mädchen wird Gehorsam gegenüber den Eltern und später dem Ehemann und seiner Familie gefordert. Die Beziehungen in der Familie werden oftmals durch die Autorität des Vaters gegenüber seiner Frau und den Kindern bestimmt, deshalb **hängt vieles von der Einstellung der männlichen Familienmitglieder ab,** auch, inwieweit Frauen ihre Rechte geltend machen können.

Es werden vielfach Denk- und Verhaltensweisen vermittelt, die bei Mädchen die Unterordnung unter den Mann als „natürlich" erscheinen lassen. So dürfen beispielsweise in einigen Kontexten Mädchen nicht allein das Haus verlassen, ihr Aktionsradius in der Öffentlichkeit ist eingeschränkt und ihre Vorstellungen und Wünsche haben einen untergeordneten Stellenwert. Es ist in vielen Ländern gesellschaftliche Norm, dass männliche Verwandte die Frau im Konfliktfall beschützen, im Gegenzug dürfen sie aber auch Kontrolle über Mädchen und Frauen ausüben. Mädchen und Frauen sind sehr verwundbar, wenn sie keine männlichen Familienmitglieder haben oder diese sich nicht für sie einsetzen wollen oder können. Besonders betroffen sind arme und marginalisierte Gruppen, da die ökonomischen Interessen der männlichen Mitglieder die soziale Verantwortung für weibliche Angehörige dominieren können, was zu früher Verheiratung, der Veruntreuung des Brautpreises oder Mädchenhandel führen kann. Auf persönliche Interessen der Frauen und Mädchen wird dann wenig Rücksicht genommen.

Das **Konzept von Ehre und Schande** (s. S. 116) spielt nach wie vor eine große Rolle in der Erziehung von Mädchen. Natürlich gibt es in den unterschiedlichen Ländern und innerhalb dieser Länder auch sehr unterschiedliche Verhaltensmuster.

Die **wirtschaftliche Selbstständigkeit und Unabhängigkeit** von Frauen scheint Einfluss auf den Grad der Wahrnehmung ihrer Rechte zu haben. In den traditionellen Gesellschaften einiger Länder kann die Vormundschaft des Vaters oder Ehemannes nach wie vor bedingen, dass deren Zustimmung notwendig ist, um beispielsweise eine Arbeitsstelle annehmen, Reisen durchführen oder Tätigkeiten nach der Eheschließung weiter ausüben zu können. Selbstständigkeit und eigenes Einkommen von Frauen werden als potenzieller Störfaktor für Harmonie und Stabilität der Familie gesehen. Im Allgemeinen wird die Verantwortung für das Familienheil bei der Ehefrau gesehen. Familiäre Konflikte oder ein Scheitern der Ehe werden vor allem als „Schuld" der Ehefrau betrachtet, die ihre Pflichten nicht ordentlich erfüllt hat. Daraus folgt oft, dass Frauen nicht über eheliche Probleme oder Gewalt in der Ehe sprechen. Ihre „Schuld" und ihr „Versagen" sollen zumindest nicht öffentlich gemacht werden. Zudem sind Frauen in vielen Ländern nur vereinzelt in der Justiz vertreten; die **Konfrontation mit männlichen Juris-**

ten und Richtern stellt eine weitere Hemmschwelle dar. Ein Richter in Ägypten erläuterte in einem Interview, dass die Arbeit als Richterin zu anstrengend für Frauen wäre, die mit ihren Gedanken auch ständig um häusliche Angelegenheiten kreisten. Außerdem seien Frauen zu emotional, sodass sie schwerlich rationale Entscheidungen treffen könnten.

Auch im Islam gibt es die Tradition, sich aktiv für Frauenrechte einzusetzen und Musliminnen, die sich als **Feministinnen** bezeichnen – nicht nur in den islamischen Ländern, sondern auch in der Diaspora. In Deutschland beschäftigt sich das **„Aktionsbündnis Muslimischer Frauen"** mit feministischen Fragestellungen und diskutiert diese auf seiner Webseite und auf Veranstaltungen, die mit deutschen politischen Stiftungen durchgeführt werden. Muslimische Theologinnen arbeiten an neuen Interpretationen der islamischen Quellen, zu denen der Koran und die *sunna* gehören, um ihre Versionen denen der fast ausschließlich männlichen Rechtsgelehrten entgegenzusetzen. Weibliche Gelehrte aus historischen islamischen Kontexten sind in Vergessenheit geraten, moderne Theologinnen versuchen an ihr Wissen und ihre Aussagen anzuknüpfen und sie wieder ins Bewusstsein zu rufen. Mit dieser geschichtlichen Aufarbeitung befassen sich internationale Netzwerke, aber auch Gruppen muslimischer Frauen und Männer in Deutschland. Eines ihrer Ziele ist es, aufzuzeigen, dass der Islam eine auf Gerechtigkeit basierende Interpretation ermöglicht, die Geschlechtergerechtigkeit mit einschließt, unter kritischer Berücksichtigung von z. B. Koranpassagen, die als Herabsetzung von Frauen verstanden werden können. Ein anderes Ziel ist es, weibliche Vorbilder ins rechte Licht zu setzen und neue zu schaffen, damit sich junge Musliminnen an Frauen orientieren können, die Hervorragendes geleistet haben. Ob diese strenggläubig oder liberal sind, Kopftuch tragen oder andere Kleidung bevorzugen, spielt in diesem Zusammenhang keine Rolle.

Was bedeutet „Seklusion"?

Mit Seklusion ist eine **extreme Form der Ausgrenzung von Frauen aus dem öffentlichen Bereich** gemeint. In traditionellen Gesellschaftsformen ist der Grad der Verschleierung und der Bewegungsfreiheit der Frau oftmals abhängig von der Definition des eigenen, sicheren Grund und Bodens. Der Haushalt wird überall als sicherer Grund bezeichnet, auf dem sich die Frau ungezwungen und unverschleiert vor den männlichen Fa-

▷ Modische Kappe oder traditionelles Tuch? Diesen beiden Freundinnen aus Osh (Kirgistan) ist es egal.

milienmitgliedern bewegen kann. In kleineren Dörfern können Häuser unverschleiert verlassen werden, weil der ganze Bereich als geschützt gilt. Besuche in anderen Haushalten sind möglich, weil es keine Fremden, d. h. nichtverwandte Personen oder zumindest Personen gibt, die unbefugt und unkontrolliert das Dorf betreten. In Gesellschaften mit sehr strikter Geschlechtertrennung spielt sich ein **Hauptteil des Frauenlebens in geschlossenen Räumen oder Bereichen** ab. Die Häuser, die oftmals zusätzlich von hohen Mauern umgeben sind, um den Einblick zu verwehren, sind häufig in einen formellen Bereich unterteilt, der auch das Wohnzimmer und Gästezimmer enthält, und einen privaten Familien- und Frauenteil, zu dem männliche Besucher keinen Zutritt haben. In ländlichen Gebieten Afghanistans und Pakistans sind manche Gehöfte zu regelrechten Festungen ausgebaut; hier verbringen Frauen einen großen Teil ihres Lebens und verlassen den Hof nur zu bestimmten Anlässen. „Eine gute Frau", so wird traditionell gesagt, „verlässt ihr Haus nur zu zwei Gelegenheiten: anlässlich der Hochzeit und der Beerdigung!"

Warum verschleiern sich muslimische Frauen in Deutschland?

Wie wird das Tragen eines Kopftuches interpretiert? Ist es die Unterordnung unter die Besitzansprüche von Männern oder frommer Gehorsam? Ist es ein Aufbegehren gegen die freiheitliche Ordnung des Grundgesetzes? Ist das Kopftuchtragen Ausdruck von Religionsfreiheit? Das Stück-

chen Stoff hat im Einwanderungsland Deutschland einen Streit der Kulturen provoziert – es scheint zum Test für die Freiheitlichkeit der Gesellschaft geworden zu sein, in der sie gemeinsam leben. Für einige ist das Kopftuch ein politisches Symbol, das für einen Kulturkampf, für ein anderes politisches und gesellschaftliches Ideal steht, für andere eins der Intoleranz des Islam, das mit Gleichheit der Geschlechter und Nichtdiskriminierung von Frauen nur schwer zu vereinbaren ist.

Für viele Musliminnen ist das Tragen des Kopftuchs **Teil einer überlieferten Tradition,** sie sind damit aufgewachsen und daran gewöhnt. Diese Tradition wird nicht hinterfragt oder bietet gerade in einem fremden Umfeld **Vertrautheit und Sicherheit.** Andere tragen es aus **religiöser Überzeugung,** weil es für sie zu den Regeln und Geboten des Islam gehört. Sie reagieren auf kritische Fragen mit Selbstbewusstsein und Gelassenheit – das Tuch ist Teil ihrer Identität als Muslimin, ob sie in Deutschland leben oder anderswo. Es abzulegen, kommt für sie nicht infrage, auch wenn sie dadurch soziale oder berufliche Nachteile in Kauf nehmen müssen. Für viele dieser Frauen ist es kein Widerspruch, ein selbstbestimmtes und emanzipiertes Leben zu führen, gesellschaftlich aktiv und beruflich erfolgreich zu sein und trotzdem ihre muslimische Identität zu wahren, auch wenn damit das Tragen eines Kopftuchs verbunden ist. Natürlich gibt es aber auch **familiäre Gründe** und **soziale Zwänge,** die z. B. schon kleine Mädchen zu Kopftuchträgerinnen machen. Besonders Familien aus konservativen Heimatgesellschaften oder mit Affinität zu fundamentalistischen oder islamistischen Strömungen setzen mit der Kleidungswahl – speziell für Frauen und Mädchen – Zeichen der Zugehörigkeit zu „strenggläubigen" Kreisen. Vielen jungen Musliminnen gilt das Tuch auch einfach als **Trend-Accessoire.** Bekannte Modemarken haben

In allen Größen vorrätig – Kopftücher in Rascht (Iran)

inzwischen „Ramadan-Kollektionen" in ihrem Onlinehandel und bieten besondere Mode für den Fastenmonat, aber auch generell modische Kleidung für Musliminnen an. Der Begriff „Hijabistas" wurde geprägt in Anlehnung an die „Fashionistas", modebewusste junge Frauen mit hoher Affinität zu neuen Trends, und beschreibt Frauen, die Kopftücher mit auffallend modischer und teilweise „freizügiger" Kleidung kombinieren. „Hijabistas" können dann auch durchaus mal das Kopftuch zur knalligen Jeans oder zum (sichtbaren) Bauchnabel-Piercing tragen und spielen mit dem besonderen Reiz dieses Gegensatzes.

Die Verschleierung muslimischer Frauen in Deutschland ist ein **aktuelles und vieldiskutiertes Thema;** zahlreiche Bücher wurden darüber geschrieben, die abendlichen Talkshow-Runden beschäftigen sich damit und im Jüdischen Museum Berlin fand eine Ausstellung über die Verhüllung der Frau statt.

In einigen europäischen Ländern wurden bereits **Verhüllungsverbote** durchgesetzt und es wird diskutiert, ob eine verschleierte muslimische Frau, unabhängig davon, ob sie deutschen Ursprungs ist oder eine Migrationsgeschichte mitbringt, **öffentliche Ämter bekleiden** darf. Die Landesregierungen und -gerichte in Deutschland kommen zu unterschiedlichen Ergebnissen und Urteilen. Eine Vollverschleierung wird oft aus Sicherheitsgründen abgelehnt, aber sie ist nicht generell verboten. Im Bildungsbereich, z. B. in Kitas, Schulen und Hochschulen, sei kein Platz für Vollverschleierung, zudem müsse das Gesicht im Gericht, bei Pass- und Verkehrskontrollen sowie bei Demonstrationen erkennbar sein. Auch im Straßenverkehr soll die Vollverschleierung verboten werden: Verstöße will man als Ordnungswidrigkeiten ahnden; dafür werden die rechtlichen Voraussetzungen geschaffen.

Die **Verschleierung** scheint ein **Synonym für die Frage** zu sein, **welche Rolle bestimmte Teile des Islam in Deutschland spielen.** Die Diskussion um Schleier und Kopftuch wird mit den unterschiedlichsten Argumenten geführt: „Man kann sich mit diesem frauenfeindlichen Unterdrückungsinstrument nicht einfach abfinden – die Burka passt nicht zu Deutschland. Die Vollverschleierung gehört nicht in unsere offene Gesellschaft – sie ist ein Integrationshemmnis und steht im Widerspruch zu Gleichberechtigung und Würde der Frau. Warum eigentlich Burka-Verbot – das gibt es doch schon längst als allgemeines Vermummungsverbot? Warum werden ‚normal' Vermummte bestraft und Burka-Trägerinnen nicht? Bis zur Unkenntlichkeit verschleierte Frauen sind mir suspekt, ich gehe ihnen aus dem Weg. Wenn Frauen von ihren Familien zu dieser Verkleidung gezwungen werden, stellt das eine Diskriminierung aufgrund ihres Geschlechts dar – und die ist in Deutschland verboten."

In einem Gesprächsbeitrag wurden als widersprüchlich bezeichnete Maßnahmen der Außen- und Innenpolitik Deutschlands angeführt: „Die NATO hat sich in Afghanistan gegen die Taliban engagiert. Die beteiligten Staaten rechtfertigten den Krieg unter anderem damit, dass die Rechte afghanischer Mädchen und Frauen gegen religiöse Fundamentalisten verteidigt werden sollten. Das bedeutete auch die Übertragung eines westlichen Demokratie- und Emanzipationsverständnisses – inklusive der Abschaffung des Zwangs, die Burka zu tragen. In Deutschland aber wird mit der Ablehnung eines Vollverbots der Verschleierung eine dort bekämpfte Frauenunterdrückung toleriert und akzeptiert."

Warum befinden sich gerade Musliminnen oftmals im Spannungsfeld von Tradition und Moderne?

Moderne Muslime werden manchmal in zwei Gruppen kategorisiert. **Die liberalen Reformer oder Modernisten** versuchen, die islamische Tradition mit dem westlichen Liberalismus zu verbinden. Die **Konservativen** halten an der Tradition fest und glauben daran, dass jegliche Abweichung davon die islamischen Gesellschaftsstrukturen zerrütten würde. Bei diesem Aufeinandertreffen von Traditionalismus und Modernismus ist es oft die **Frau, die zum Symbol für den Kampf um Erhalt und Veränderung von Identitäten, nationaler Einheit und Vorherrschaft** wird. Wachsender religiöser Konservativismus und eine patriarchalische Doktrin können die Position der Frau in der Gesellschaft schwächen. **Sozio-ökonomischer Wandel,** kombiniert mit den Zwängen der Globalisierung und der Vermischung mit patriarchalischen Männlichkeitsidealen, hat ebenfalls Auswirkungen auf die Position der Frau. In Predigten islamischer Religionsvertreter wird der weibliche Körper oft als Bildnis des Sittenverfalls dargestellt. Muslimische Feministinnen beschrieben schon in den 1970er-Jahren orthodox-islamische Sichtweisen als Ausdruck der Angst patriarchalischer Gesellschaften vor dem „zerstörerischen Potenzial" der Frau und innergesellschaftlichem Chaos, wenn Geschlechterrollen infrage gestellt wurden. Die oftmals im gesetzlichen Rahmen verankerten Geschlechternormen legitimieren die vorhandenen Geschlechterstereotype und ein Männlichkeitsverständnis, das gewalttätige Unterdrückung von Frauen zur Folge haben kann. Eine Veränderung dieser Bedingungen ist eine **Herausforderung für zahlrei-**

▷ Baseball-Cap und Kopftuch (Schiraz, Iran)

che Frauenrechtsgruppen, die versuchen, in ihren Gesellschaften Kulturen der Gleichberechtigung zu schaffen und religiöse Diskurse auch aus der Perspektive von Frauen neu zu interpretieren.

In einigen Ländern scheint die **Frauenfeindlichkeit** von extremistischen Hasspredigern und wachsendem islamistischen Radikalismus geschürt zu werden, wie es z. B. in den letzten Jahren auf den islamisch geprägten Malediven zu beobachten war: Bei Gewalt gegen Frauen wird häufig mit zweierlei Maß gemessen; vorherrschende Meinungen sind oft eingebettet in eine **Kultur der Opferbeschuldigung.** Es gibt innerhalb der Gesellschaft keine Stimmen, die die Rolle der Männer als Gewalttäter verurteilen. Nur einige wenige Anwältinnen für Frauenrechte sprechen sich in der Öffentlichkeit gegen Doppelmoral und Scheinheiligkeit aus, die ihrer Meinung nach durch tief verwurzelte patriarchalische Normen in der Gesellschaft sowie durch das Versagen staatlicher Institutionen bei der Unterstützung von Opfern geschlechtsbasierter Gewalt entstanden sind. Gewalt gegen Frauen spielt sich in einem Kontext ab, in dem nicht nur religiöse, sondern auch historische, soziale und politische Elemente zusammenspielen. In diesem Kontext kommen Strukturen und Wirkungen formaler Institutionen wie Gesetz und Regierung zum Tragen, aber auch informelle Faktoren wie gesellschaftliche Normen und Werte. Die Scharia ist unterschiedlich stark institutionalisiert und kann maßgeblich verschiedene Bereiche der Gesellschaft, und speziell der Familie bestimmen.

Muslime in Deutschland

Muslime als Teil der deutschen Gesellschaft | 136

Wie sind Muslime in Deutschland organisiert? | 138

Islamische und westliche Werte sind nicht unvereinbar | 147

„Wir" und „die Anderen" – Identitätsbildung von
deutschen Muslimen und Muslimen in Deutschland | 149

Brauchen wir „Heimat" – und was ist das überhaupt? | 155

Fragen und Antworten | 160

Muslimische Jugendkultur | 171

Fragen und Antworten | 191

◁ Ein Päuschen im Park (053ki-st)

Muslime als Teil der deutschen Gesellschaft

Seitdem terroristische Übergriffe im Namen des Islam auch in Europa eine häufige Erscheinung geworden sind, wird eine heftige – und meist sehr emotionale – **Diskussion** über die Zusammenhänge von Religion und Gewalt, über Anpassung und Abgrenzung und über die Frage, inwieweit der Islam Teil der abendländischen Kultur, Europas und auch Deutschlands ist, geführt. Der Zuzug von **Migranten- und Flüchtlingsgruppen,** die überwiegend aus islamisch geprägten Ländern stammen, hat die Diskussion seit 2015 verschärft.

In den vergangenen Jahrzehnten stand das Zusammenleben mit muslimischen Bevölkerungsgruppen nicht im Fokus der öffentlichen Debatten. Das Interesse an Muslimen und ihrer Religion war nicht ausgeprägt und es wurden wenige Spielregeln für das Zusammenleben der unterschiedlichen gesellschaftlichen Gruppen entwickelt – vielleicht weil beide Seiten zunächst davon ausgingen, dass die Koexistenz nur vorübergehend sei. Aber die Arbeitskräfte, die seit den frühen 1960er-Jahren von Deutschland angeworben wurden, blieben zum größten Teil im Land und gründeten Familien. Inzwischen leben ungefähr **drei Millionen türkischstämmige Muslime** in Deutschland. Hinzugekommen sind **muslimische Migranten aus Europa** (z. B. Bosnien) und aus aller Welt, z. B. aus **Afghanistan, Marokko, Tunesien, Iran, Irak** und zuletzt **Syrien.** Genaue Zahlen über Muslime in Deutschland gibt es nicht, da von Ausländerbehörden die Religionszugehörigkeit nicht erfragt wird. Die muslimischen Gemeinden können die Zahl ihrer Gläubigen auch nur ungefähr beziffern, da der Islam keine eingetragene Mitgliedschaft kennt.

Auch die Vielfalt der vertretenen Glaubensrichtungen ist groß; die **Muslime in Deutschland sind keine homogene Gruppe,** sondern unterscheiden sich in religiöser, kultureller und ethnischer Hinsicht. Mit **geschätzten 4 Millionen Muslimen** ist der Islam die zweitgrößte Religion in Deutschland.

Vielen deutschen Bürgern fällt es schwer, Veränderungen im Erscheinungsbild ihrer Gesellschaft zu akzeptieren oder sich mit fremden Werten, wie sie z. B. von einigen der muslimischen Gruppen vertreten werden, auseinanderzusetzen. **Ablehnung, Ängste** und **Unwissen** können zu **Stereotypisierung** führen: Der Islam und die Muslime werden mit Islamis-

▷ Ungewohnte Bewegungsfreiheit

Extrainfo 12 (s. S. 8): Kurzer ARD-Beitrag (Campus Magazin) über islamische Theologie an deutschen Universitäten – eine Bilanz

mus, Extremismus, Gewaltausübung und Unterdrückung der Frau gleichgesetzt. Nur wenige bekunden in der aktuellen Diskussion Sympathie mit dem Islam – die Möglichkeit der friedlichen Koexistenz von Islam und Christentum wird infrage gestellt und viele Deutsche schätzen Muslime per se als religiöse Fanatiker ein.

Dabei spielt die **Religion im Alltag** vieler Muslime in Deutschland eine eher geringe Rolle, die meisten gehen „sehr entspannt" damit um – obwohl auch hierzulande die globale Tendenz der Zunahme konservativer Auslegungen und Strömungen spürbar ist. Viele Menschen bezeichnen sich als „gläubige Muslime", auch wenn sie nicht fasten oder regelmäßig beten und gelegentlich Alkohol trinken – das „Muslimsein" scheint in diesem Kontext eher als Identifikationsmerkmal zu dienen. Neben den Befürchtungen, dass sich Anschläge extremistischer Gruppen häufen und das Verhalten und Leben in Deutschland nachhaltig verändern könnten, sind es weniger tatsächlich religiöse Aspekte, die Deutsche ablehnen. Die Ablehnung bezieht sich eher auf soziale und kulturelle Faktoren, zu denen z. B. die Bildung einer scheinbar undurchdringbaren Parallelgesellschaft gehört, aber auch der Kinderreichtum vieler Familien aus islamisch geprägten Ländern, männliche Dominanz im Familienkontext und fremd erscheinende Werte.

Wie sind Muslime in Deutschland organisiert?

Aufgrund einer **schwach ausgeprägten Institutionalisierung** des Islam sind Muslime in Deutschland nicht in der Art und Weise organisiert, wie es beispielsweise Christen und Juden sind. Es gibt keine eindeutigen Organisationsstrukturen unter Muslimen, die sich in das deutsche Gemeinwesen einfügen können. Möchte ein Bundesland z. B. islamischen Religionsunterricht einführen, muss er bzw. es zunächst einmal einen Ansprechpartner finden. Darum ist die **Islamkonferenz** in Deutschland wichtig, denn sie schafft zumindest ein provisorisches Forum, durch das der Staat mit einer Vertretung seiner muslimischen Bürger in einen Dialog treten kann.

Alltagsprobleme im Zusammenleben

Meistens erhitzen sich die Gemüter an Alltagsproblemen im gesellschaftlichen Miteinander. Manche muslimischen Mädchen dürfen nicht am Sport- und Schwimmunterricht teilnehmen, auch Klassenfahrten sind ihnen häufig verboten, weil die Eltern durch diese „Freizügigkeit" Konflikte mit ihrem traditionellen Wertesystem befürchten. In Kindergärten und Schulen wird über Mahlzeiten ohne Schweinefleisch und über Traditionen diskutiert, die sich aus christlichen Feiertagen ableiten. Sind Nikolausfeier oder Martinszug muslimischen Kindern zuzumuten? Tierschützer prangern die Praktiken des Schächtens bei der Tierschlachtung an. Geschichten kursieren über junge Mädchen, die einen Sommerurlaub in ihren Heimatländern verbringen und als Bräute zurückkehren (leider sind es nicht immer Geschichten). Die Gemüter erhitzen sich an jungen - oder auch nicht mehr so jungen - Männern, die sich mit „Importbräuten" aus ihrer Heimat vermählen. Relativ neu hinzugekommen ist das Phänomen der „Kinderehen", das mit der Flüchtlingsbewegung der letzten Jahre publik geworden ist und eine Verbindung beschreibt, bei der einer oder beide Partner noch nicht 16 Jahre alt sind. Es kommen Mädchen als Ehefrauen von wesentlich älteren Männern nach Deutschland, sogenannte Kinderbräute, die teilweise schon im Alter von 12 oder 13 Jahren verheiratet worden sind.

Besonders in großen Städten mit hohen Migrantenzahlen haben sich über die Jahre Parallelgesellschaften gebildet, die zum Teil aus muslimischen Migranten und Asylanten bestehen. Auch diese Parallelgesellschaften haben Eingang in die aktuelle Diskussion gefunden, wobei leicht übersehen wird, dass viele Menschen durch Integrationsprozesse Teil der sogenannten „Mehrheitsgesellschaft" geworden sind. Auffälliger und damit für die

Die Islamkonferenz hat bislang nicht dazu geführt, den Islam in Deutschland zu offizialisieren, so wie es bei dem Zentralrat der Juden der Fall war, der nach dem Vorbild der beiden christlichen Kirchen in Deutschland diese große Bedeutung erhalten hat. Die islamischen Gemeinden haben **keine kirchenähnliche Organisationsform,** sind heterogen und zwischen den Gemeinden kommt es immer wieder zu Zweifeln an der Repräsentativität ihrer Sprecher. Eine islamische Körperschaft öffentlichen Rechts, mit deren Hilfe man Verbindliches zu Bildung, Sozialem und Sicherheit festlegen könnte, gibt es nicht. Bei der Betrachtung der Islamkonferenz wird deutlich, dass die **Muslime in Deutschland nicht mit einer Stimme sprechen** – die Vielfalt des Islam wird auf vielen Ebenen deutlich: religiö-

Debatte geeigneter sind Gruppen, die sich der gesellschaftlichen Integration verweigern – und diese Prozesse sind eher in sozialen Brennpunkten und in den erwähnten städtischen Parallelgesellschaften zu beobachten. Viele Bewohner solcher Stadtteile haben einen geringen Bildungsstand und sind arbeitslos, Körperverletzungs- und Raubdelikte sind zahlreich. Nach Berichten von Sozialarbeitern und Stadtteilmüttern (jungen Frauen mit Migrationshintergrund, die den Prozess der Integration am eigenen Leib erfahren haben und Migranten- und Flüchtlingsfamilien in Erziehungs- und Gesundheitsfragen beraten) spielt in vielen dieser Familien Gewalt eine große Rolle und die Entscheidungsgewalt liegt häufig überwiegend beim Ehemann. Anträge und Behördengänge stellen manchmal unüberbrückbare Hürden dar, die Angst vor dem Jugendamt ist allgegenwärtig. Nur wenige der kleineren Kinder besuchen Kindergärten oder Kindertagesstätten, größere Kinder haben Probleme in der Schule und schaffen oftmals die Abschlüsse nicht. Eltern betrachten die Integration ihrer Kinder in die neue Umgebung oft skeptisch und befürchten, dass damit gleichzeitig eine Entfremdung von der Herkunftskultur, dem Islam und damit verbundenen Werten und Regeln verbunden ist. Sozialarbeiter und Stadtteilmütter werden häufig mit Fragen konfrontiert, die sich den Eltern in diesem Kontext stellen: Muss mein Kind im Kindergarten Schweinefleisch essen? Wird es zu christlichen Gebeten gezwungen? Meine Tochter darf beim schulischen Schwimmunterricht auf keinen Fall im Badeanzug von den Nachbarjungen, die in dieselbe Klasse gehen, gesehen werden. Was sollen die Eltern der Jungs von uns denken? Was passiert auf der Klassenfahrt, wenn die Kinder sich abends selbst überlassen sind? Wird die Ehre meiner Tochter beschmutzt, können wir uns bei unseren Verwandten nicht mehr sehen lassen. Niemand wird sie mehr heiraten, wenn Zweifel an ihrer Ehrbarkeit bestehen.

se, politische, soziale und ethnische Aspekte stehen unterschiedlich stark im Vordergrund. Es kommt immer wieder zu **Auseinandersetzungen zwischen nichtorganisierten Muslimen und konservativen Dachverbänden.**

Der konservative **Koordinierungsrat der Muslime** wurde aus vier Dachverbänden gebildet, die auch in der Islamkonferenz vertreten sind. Der mächtigste von ihnen ist die **DITIB** (Türkisch-Islamische Union der Anstalt für Religion e. V.), die als Ableger des türkischen Religionsamtes bezeichnet werden kann. Ihre theologische Haltung und moralische Grundausrichtung ist eher ländlich-konservativ und die von ihr bestellten religiösen Gelehrten sind in der Regel nicht mit der deutschen Kultur vertraut und auch der deutschen Sprache nicht mächtig.

Der ebenfalls von türkischen Muslimen geführte **Islamrat,** bei dem die konservative (und vom Verfassungsschutz beobachtete) **Milli-Görüs-Vereinigung** den Ton angibt, versteht sich als Interessengemeinschaft von in Deutschland lebenden Muslimen. Er ist eher städtisch-modern, aber fundamentalistisch ausgerichtet. Im Fokus stehen die Bereiche Theologie, Glaubensunterweisung Jugendlicher und Erwachsener und die Durchführung von Gottesdiensten und anderen religiösen Veranstaltungen. Der Islamrat tritt für die Einheit und den Schutz des Islam ein, für kulturelle und

Familienpicknick am Wochenende

religiöse Verständigung und die Integration der Muslime durch Schaffung einer zukunftsorientierten Infrastruktur. Eine Gleichstellung mit anderen Religionsgemeinschaften wird durch die Anerkennung als Körperschaft des öffentlichen Rechts angestrebt.

Der **Zentralrat der Muslime in Deutschland** stellt eine eher kleine Organisation dar, zumindest verglichen mit den anderen Dachverbänden, und versteht sich als multinationaler Zusammenschluss von Muslimen mit überwiegend arabischem Hintergrund. Hier findet sich die Ideologie der Muslimbrüder aus Ägypten wieder, die dem Verein ein konservatives Erscheinungsbild geben, obwohl die Vorsitzenden für sich in Anspruch nehmen, den „Mainstream-Islam" zu vertreten.

Die Dachverbände haben keine Kontrolle über Erscheinungsformen des extremistischen und gewalttätigen Islam, aber einige Unterorganisationen der Dachverbände stehen zumindest **im Verdacht, radikales Gedankengut zu fördern** und durch fundamentalistische oder sogar extremistische Prediger besonders Jugendliche zu beeinflussen. Alle großen muslimischen Verbände bekennen sich zur Rechts- und Verfassungsordnung der Bundesrepublik Deutschland.

Einige **„moderne Muslime"** in Deutschland mit liberalen und weltoffenen Einstellungen benennen wichtige **Voraussetzungen für die Verankerung des Islam in westlichen Gesellschaften:** Akzeptanz der Säkularität, der Verfassung und Gesetze des deutschen Staates und das Recht auf Religionsfreiheit. Das bezieht sich aber nicht nur auf das Recht, jede Religion ausüben zu dürfen, sondern eben auch sie nicht ausüben zu müssen und aus dieser Religion austreten zu dürfen. Allgemeine Bürger- und Menschenrechte genießen Vorrang vor religiös begründeten Einschränkungen im Alltag, der Familie und in den Schul- und Arbeitswelten. Aus diesen Einschränkungen ergeben sich oftmals die Konflikte, die so charakteristisch für Einwanderungsgesellschaften sind: Das Tragen des Kopftuchs, das Schächten von Tieren, die Abmeldung muslimischer Mädchen vom Sportunterricht und vieles mehr. Nach Meinung dieser „modernen Muslime" müssen Schulpflicht und Bildungsrecht über den von konservativen Muslimen erstrittenen Räumen für Ausschlüsse von Mädchen und Frauen stehen. Diese Ausnahmen wurden ihrer Interpretation zufolge im Rahmen falsch verstandener Religionsfreiheit gewährt. Die durch konservative Theologen propagierte Unterdrückung muslimischer Frauen dürfe wegen des Vorrangs der Menschen- und Bürgerrechte von Gesetzgebern und Gerichten in Deutschland nicht übernommen werden, was beispielsweise im konkreten Fall bedeuten kann, dass es keine mildernden Umstände für ein Verbrechen im kulturellen oder religiösen Kontext von Ehrverletzungen gibt.

Extrainfo 13 (s. S. 8): Islamische Theologie – den Glauben reflektieren. Dokumentation des Zentrums für Islamische Theologie der Universität Münster.

Der **Zentralrat der Ex-Muslime** ist eine Besonderheit in der Vereinslandschaft der Muslime in Deutschland – und steht mit den meisten von ihnen auf Kriegsfuß. Der Rat wurde in Köln von religionsfreien, säkular denkenden Menschen gegründet, die entweder muslimischen Glaubens waren oder aber aus einem muslimisch geprägten Land stammen. In einem Interview erklärte die Vorsitzende des Vereins, Mina Ahadi, dass die islamischen Verbände in Deutschland den Anspruch hätten, für alle zu sprechen – und teilweise von deutscher Seite auch so anerkannt würden. Sie wolle ein Zeichen dagegen setzen und sagen: nicht in unserem Namen. Die Mitglieder nennen sich säkulare Humanisten und treten für Menschenrechte ein. Sie wollen mit ihrer Bewegung einen Gegenpol zu den muslimischen Organisationen bilden. Bei den Ex-Muslimen haben sich Männer und Frauen aus islamisch geprägten Ländern wie Iran, Algerien oder Bangladesch zusammengetan – ihnen ist gemein, dass sie dem Glauben abgeschworen haben. Laut Vereinssatzung kann jeder Mensch Mitglied werden, der die Ziele des Vereins anerkennt, gleich ob er einmal Muslim war, aus einem muslimischen Land stammt oder keine Verbindungen zum Islam hat. Viele Vereinsmitglieder haben Angst, sich zu ihrem Unglauben zu bekennen. Sie zahlen zwar Mitgliedsbeiträge, bleiben aber am liebsten den Aktionen fern. Menschen, die sich vom Islam abgewendet haben und dies öffentlich bezeugen, gehen ein hohes Risiko ein. Die

Ein Leben im Widerstand

Mina Ahadi, die aus dem Iran stammt, hat sich in ihrer Jugend sowohl mit dem Shah-Regime als auch mit den religiösen Führern der islamischen Revolution angelegt. Mit Kommilitoninnen organisierte sie Demonstrationen für Frauenrechte, fünf ihrer Mitstreiterinnen sind hingerichtet worden. Auch ihr Mann wurde von dem Regime der Ayatollahs ermordet. Sie schaffte es, sich unter einem Tschador von Täbris über Teheran in die Kurdengebiete durchzuschlagen und wurde in Abwesenheit zum Tode verurteilt. Als Vorsitzende des Zentralrats der Ex-Muslime (s. oben) wendet sie sich gegen Kopftücher in öffentlichen Behörden, gegen die patriarchale und Gewaltkultur in vielen muslimischen Familien und macht sich für Menschrechte stark. Und obwohl sie das Grundrecht der Meinungsfreiheit für sich und ihre Mitstreiter in Anspruch nehmen kann, sind sie selbst und alle Mitglieder durch ihre Aussagen gefährdet. Auch in Deutschland ist der Druck durch konservative Muslime und Verbände so groß, dass viele der Ex-Muslime lernen mussten, mit der ständigen Bedrohung ihres Lebens umzugehen.

Vorsitzende bekam Morddrohungen, als sie sich vor acht Jahren dazu bekannte, nicht mehr gläubig zu sein. Da lebte sie längst in Deutschland. Religion sei in Deutschland Privatsache und niemand dürfe sie wegen ihrer Entscheidung attackieren, so Ahadi, aber trotzdem musste sie monatelang Polizeischutz in Anspruch nehmen.

Im Islam ist die **Abkehr vom Glauben (Apostasie)** verboten und kann mit der Todesstrafe bestraft werden; in einigen Ländern, in denen nach der Scharia gerichtet wird, kommt diese auch zur Anwendung. Die Religionszugehörigkeit wird im Islam vom Vater auf die Kinder vererbt. Die Gründung der Vereinigung stellt damit in der islamischen Welt einen Tabubruch dar und auch die Wahl des Namens ist provokant, da er auf den Zentralrat der Muslime in Deutschland anspielt, der oft als quasi-offizielle Vertretung aller aus muslimischen Ländern stammenden Menschen wahrgenommen wird und dessen Name sich wiederum an den Zentralrat der Juden in Deutschland anlehnt.

Gemeindezentrum Moschee

Im Umfeld moderner Muslime, die sich kritisch mit ihrer Religion auseinandersetzen und sich mit Fragen der Integration beschäftigen, wird der Ausbau des Moschee-Netzwerkes in Deutschland und besonders auch die Errichtung von Großmoscheen durchaus auch skeptisch betrachtet. Die Moschee ist das Gebetshaus der Muslime – es kann sich dabei um einen einfachen **Gebetsraum** handeln oder um ein großes und prachtvolles Gebäude mit in den Himmel ragenden Minaretten. Der Begriff umspannt Einrichtungen vom Hinterhofzimmer eines islamischen Vereins bis zu den beeindruckenden Bauwerken historischer islamischer Herrscher. **Großmoscheen** in Deutschland bieten unter ihrem Dach nicht nur Platz für Gebetsräume, sondern beherbergen teilweise auch Koranschulen, Medienräume, Reisebüros und Beerdigungsinstitute, Ärzte- und Anwaltspraxen, aber auch Sportklubs und andere Freizeitmöglichkeiten für junge Muslime.

In kleinen Moscheen trifft man sich zum täglichen oder zumindest freitäglichen Gebet, viele werden nur von Männern besucht, andere haben abgetrennte Räume auch für Frauen. Die Großmoscheen verfügen über ein großes Angebot an religiöser, aber auch weltlicher Betreuung und Versorgung. Der Äußerung einer türkischstämmigen Politikerin nach bieten sie eben alles, was ein Muslim außerhalb seiner Wohnung braucht, wenn er nicht nur beten, sondern auch nichts mit der deutschen Gesellschaft zu tun haben will. Für sie spielen diese Moscheen eine große Rolle in der Entstehung einer **Gegengesellschaft.** Für viele Deutsche, deren El-

Das Recht auf das eigene Gotteshaus

„Wenn man in den Nachrichten von Verbrechen erfährt, die im Namen des Islam begangen wurden und die viele unschuldige Menschen das Leben gekostet haben, will man nicht, dass in der Nachbarschaft eine Moschee gebaut wird, das kann ich gut verstehen. Viele Menschen sehen unsere Gotteshäuser inzwischen als Provokation oder Bedrohung an. Besonders wenn die Moscheen nicht mehr in Hinterhöfen und einfachen Häusern ‚versteckt‘ sind, sondern große auffällige Bauten - vielleicht sogar mit Minaretten - entstehen, regt sich häufig Widerstand." Im Zuge der Diskussion über das Recht auf eigene Gotteshäuser erzählt Arif von einer Begebenheit, die er nur wenige Tage zuvor erlebt hat: „Ich komme aus Afghanistan und bin vor Kurzem von meiner Gastfamilie gefragt worden, ob es denn für Christen in Afghanistan möglich sei, dort eine Kirche an prominenter Stelle zu bauen. Ich habe mich sehr geschämt, als ich ihnen sagen musste, dass es in meiner Heimat zwar gar keine christlichen Gruppen gäbe, dass es aber auch nicht so ohne Weiteres möglich wäre, dort eine Kirche zu bauen. Unsere religiösen Führer würden es nicht erlauben und auch viele Bürger würden sich dagegen wenden. Ich habe mit meinen Eltern einige Jahre in Pakistan gelebt und gesehen, dass die Christen dort in ummauerten Gettos leben. Sie werden benachteiligt und ausgegrenzt, ihre Kirchen von gewalttätigen Gruppen angegriffen. Das war mir damals aufgefallen, aber ich hatte nie so richtig darüber nachgedacht. Dass meine Gasteltern trotzdem zu einer Gegendemonstration gegangen sind, um sich mit Leuten auseinanderzusetzen, die gegen den Bau einer neuen Moschee in unserem Viertel sind, hat mich schwer beeindruckt. So viel Toleranz hätte ich niemals erwartet."

Sind die liberalen Werte Europas bedroht?

Gerät die Idee des liberalen Europa in die Zange der ideologischen Kräfte der extremen Rechten und des militanten Islamismus? Beide politisch-kulturellen Tendenzen sind aggressiv und gegen die Liberalität gerichtet - und momentan scheinen sie sich gegenseitig zu verstärken. Es stellt sich die Frage, inwieweit der rasante Aufstieg der rechtsorientierten Gruppen in Europa durch das Feindbild des Islamismus befördert wurde und welche Auswirkungen auf Kultur und Gesellschaft langfristig zu erwarten sind. Islamisten dominieren das kulturelle Leben in vielen Ländern. Sie arbeiten nicht selten mit militärisch gestützten Despoten zusammen, sie schützen und stabilisieren sich gegenseitig - und richten sich beide gegen eine offene, multikulturelle Gesellschaft und selbstbestimmte Menschen. Medien, Verlage und Vereine richten sich nach ihren Vorstellungen, Einfluss wird auch *auf Kleidung, Freizeitverhalten und Feste ausgeübt. Bildung, Familienleben, Moralvorstellungen und das Geschlechterverhältnis sehen sich diesen Einflüssen ausgesetzt. Islamistische Fernsehprogramme, die beispielsweise in den arabischen Ländern oder Ägypten produziert werden, ergänzen oder ersetzen die normalen Programme. Ein dichtes islamistisches Netzwerk verfügt über ausreichende finanzielle Mittel, um breit gefächerte islamistische Agitationsliteratur zu vertreiben und die digitalen Medien zu beeinflussen. Wirken sich diese Tendenzen auch auf das Leben von Muslimen in europäischen Ländern aus? Die Meinungen darüber sind geteilt und die Diskussion ist breit gefächert. Einige muslimische Stimmen äußern sich kritisch über den „islamistischen Druck", den sie verstärkt verspüren: „Wir haben früher die Religion nach persönlichen Vorlieben gelebt, heute beugen wir uns dem Druck der Gesellschaft. Jeder beobachtet jeden. Ein Glas Wasser während des Ramadan – das ist unmöglich geworden. Wer nicht regelmäßig die Moschee besucht, wird kritisch beäugt. Früher sprachen wir offen über Liebe und Familienplanung, heute wird diskutiert, was ‚halal' und was ‚haram' ist", beschreibt ein deutscher Muslim mit ägyptischem Hintergrund die Veränderungen. Er sieht die von ihm geschätzten und vertretenen liberalen Werte seiner neuen Heimat als gefährdet an, wenn den radikalen Einflussversuchen nichts entgegengesetzt wird. Dieser deutsche Muslim ist mit seiner Meinung nicht allein, aber es gibt auch zahlreiche andere Stimmen europäischer Muslime und Experten, die sich mit religiösen und gesellschaften Themen beschäftigen, die Europas kulturelle Werte und Errungenschaften nicht als gefährdet ausehen. Für sie stellt der Verbund der europäischen Länder eine starke und von liberalen und demokratischen Strukturen geprägte Wertegemeinschaft dar, die sich selbst vor radikalen Kräften schützen kann. Die politischen Systeme der einzelnen Länder besitzen ihrer Meinung nach ausreichend Kontrollmechanismen, um Einflussversuche eindämmen zu können. Der „europäische Islam", in dem sich religiöse Elemente mit liberalen Werten und demokratischem Staatsverständnis verbunden haben, wird von vielen als positive Entwicklung angesehen und sogar als geeignet, um mögliche Wege der Erneuerung aufzuzeigen. Gleichzeitig werden Ideen entwickelt, um Radikalisierungstendenzen und Islamisierungsdruck entgegentreten zu können. Zu den Vorschlägen aus unterschiedlichen Kreisen gehört die intensivere Vermittlung von Werten der liberalen und bürgerlichen Gesellschaft, zu denen Toleranz, Freiheit und Humanismus gehören, durch verschiedene Medien und Websites. Bildungsinstitutionen, Dialog- und Stipendienprogramme könnten in die Darstellung der Offenheit stärker einbezogen werden. Zusätzlich wird immer wieder betont, wie wichtig es ist, sich gegen radikale Ideologien aussprechen zu können, ohne Angst davor haben zu müssen, jemanden zu beleidigen.*

tern oder Großeltern aus islamisch geprägten Ländern nach Deutschland kamen, sind solche Moscheen ein Hindernis für die Integration. Unter Berufung auf das Religionsprivileg würden geradezu **islamische Gewerbegebiete mit eingebetteter Gebetsmöglichkeit** entstehen. Intellektuelle, die aus dem islamischen Kulturraum stammen, gehören manchmal zu den heftigsten Kritikern von immer neuen Moschee-Großprojekten, da dort, wo Moscheen großen Einfluss ausübten, konservative Aspekte der Religion gepredigt und verbreitet würden. Dies führe auch zu einer Zementierung von Geschlechtertrennung, die Mädchen müssten mit Kopftuch zur Schule gehen und würden von der Mainstream-Gesellschaft isoliert. Besonders einigen deutschen Politikern wird im Rahmen dieser Diskussion grenzenlose Naivität in der Auseinandersetzung mit religiösen Kräften vorgeworfen. In vielen Moscheen in Deutschland bemühe man sich nicht nur um das Seelenheil der Gläubigen, sondern versuche ihnen ein Weltbild zu vermitteln, das einer Integration entgegenstehe. In manchen Gemeinden würden schon Kinder „Gläubige" von „Ungläubigen" zu unterscheiden lernen, dass die Deutschen unrein seien, weil sie Schweinefleisch essen, und dass es Gottes Wille sei, dass Männer und Frauen unterschiedliche Rechte und Pflichten haben. Es wird auch diskutiert, ob der Bau von Moscheen wirklich eine religiöse Frage sei oder doch nicht eher eine politische. Die islamischen Vereine seien schließlich keine eingetragenen Religionsgemeinschaften und die Moschee sei kein Gebetshaus, sondern eine Gemeindeeinrichtung, die viele Funktionen habe.

Die Wilmersdorfer Moschee in Berlin

Islamische und westliche Werte sind nicht unvereinbar

Europäische Muslime mit islamisch-europäischer Kultur haben eine Glaubensrichtung entworfen, die versucht, westliche Werte und die Regeln und Normen des Islam zu vereinen. Diese Richtung wird auch als **Euro-Islam** bezeichnet, ein Begriff, der schon Anfang der 1990er-Jahre von Bassam Tibi (Schriftsteller und Reformdenker syrischer Herkunft) geprägt wurde. Viele junge Muslime, oftmals die zweite oder dritte Generation von Migranten, und einige islamische Theologen haben ihn übernommen und weiterentwickelt. Sie sind davon überzeugt, dass der Islam verschieden interpretiert werden kann und anpassungsfähig ist. Ihrer Meinung nach ist der beste Beweis die Unterschiedlichkeit der arabischen und persischen Islam-Variationen und die sehr lokalspezifischen Formen des Islam in Indonesien oder Westafrika – trotzdem glaubten alle an denselben Gott und seinen Propheten.

Die **Flexibilität des Islam** wird am Beispiel der **Türkei** verdeutlicht: Nirgendwo sonst wurde der Religion so viel Weltlichkeit abverlangt wie dort, als Mustafa Kemal („Atatürk") die Türkische Republik begründete. Er schaffte das Kalifat ab, in dem der Sultan Herrscher über Land und Religion gewesen war, und versuchte den Staat durch Zwangssäkularisierung in die Moderne zu führen.

Auch wenn sich aktuelle Tendenzen wieder in Richtung eines konservativeren Islamverständnisses zu bewegen scheinen, will der Euro-Islam die Angst vor dem Zusammenprall und der Unvereinbarkeit von westlichen und islamischen Kulturen nehmen. Die Muslime sollen nicht als Fremde, als „die Anderen" wahrgenommen werden, sondern als integraler Bestandteil der westlichen Gesellschaften. Dazu gehört die „moderne" Auslegung des Koran und das Überwinden „verkrusteter" Traditionen. Statt unreflektiert alte Offenbarungen zu befolgen, müsse der historische Kontext beachtet werden, in dem die Offenbarungen Gottes an den Propheten Muhammad erfolgt seien, denn die Zeiten hätten sich geändert und die Uhr könne nicht zurückgedreht werden. Die Texte müssten auf neue Weise gelesen werden und Neudeutungen der Offenbarungen endlich erlaubt sein. Für moderne Gelehrte steht nur ein Bruchteil dessen, was die Offenbarung den Menschen vermitteln will, wörtlich im Koran. Der Großteil der wahren Aussagen erschließe sich erst durch das Studium der historischen Umstände und deren Interpretationen für die Gegenwart. Weil die Anpassung des Koran an die Aktualität größtenteils kritisch gesehen werde, fehlten den Muslimen die Antworten auf die Fragen der Mo-

Extrainfo 14 (s. S. 8): Kopftuchtragen in der Universität – was in und auf dem Kopf vorgeht. Dokumentation der Abteilung Bildungsforschung der Heinrich-Heine-Universität.

Die Religion ist nur eine Facette meiner Identität

Kemal, ein junger Deutscher mit türkischen Wurzeln, macht sich Gedanken über die verschiedenen kulturellen, sozialen und religiösen Facetten, aus denen sich seine Persönlichkeit zusammensetzt: „Auch als Muslim kann ich mich für die Gleichberechtigung von Homosexuellen einsetzen, in diesem Augenblick spielt meine Religionszugehörigkeit gar keine Rolle. Diese muslimische Identität muss nicht allumfassend sein; vieles, was ich tue oder denke, hat gar nichts mit irgendeiner Religion oder speziell dem Islam zu tun. Auch wenn ich in der Kneipe ein Glas Bier trinke, habe ich nicht das Gefühl, damit die tatsächlichen Werte meiner Religion zu verletzen. Dadurch verändert sich doch gar nichts; viel wichtiger ist es, gerecht und großzügig zu sein. Mit diesen Eigenschaften kann ich Gutes tun und etwas in der Gesellschaft verändern, mit meinem Feierabendbier hat das alles gar nichts zu tun.

Das Muslimsein ist doch nur eine Facette meiner Persönlichkeit. Mindestens ebenso wichtig ist doch, woher ich komme, in welchem Umfeld ich aufgewachsen bin und was ich alles gelernt habe. Ja, ich bin Muslim, aber auch Ingenieur und begeisterter Wanderer, ich wähle die Grünen – widerspricht sich das alles wirklich? Und wenn es sich widerspricht, was bedeutet es schon, es macht schließlich meine Persönlichkeit aus. Ein bisschen Fremdsein schadet auch nicht, es macht mich zu etwas Besonderem – oder?"

derne. Durch den Euro-Islam entsteht eine **Glaubensvariante, in der sich abendländische Normen und Islam nicht ausschließen.** Der Abfall vom Glauben gilt in diesem Kontext nicht als Verbrechen, denn der Glaube ist die persönliche Sache jedes Einzelnen. Wenn der unantastbare Kern des Islam respektiert wird – und damit sind die Fünf Säulen des Islam gemeint (s. S. 46) – können Glaubens- und Meinungsfreiheit, Menschenrechte und Demokratie mitgetragen werden. Diese Islam-Auslegung kann Brücken bauen und es Muslimen ermöglichen, sowohl ihre Religion aktiv zu leben als auch Deutschland als Heimat zu verstehen. Gläubigkeit und Weltoffenheit, Islam und Moderne müssen sich nach diesem Modell nicht ausschließen. Auch Disco-Besucher können demnach gute Muslime sein.

> Ein auskunftsfreudiger Imam

„Wir" und „die Anderen" – Identitätsbildung von deutschen Muslimen und Muslimen in Deutschland

In der modernen deutschen Gesellschaft hat sich das Konzept entwickelt, individuell zu leben und der Verwirklichung der eigenen Vorstellungen einen hohen Stellenwert einzuräumen. In einer eher kollektivistischen Gesellschaft, in der das Individuum einen starken familiären oder verwandtschaftlichen Zusammenhalt braucht, um zu überleben, ist das **„Wir-Gefühl"** stark ausgeprägt. Aber auch die Individualisten brauchen das „Wir". Es bedeutet Nähe, Wärme, Vertrautheit und die „gewohnte Ansprache". Menschen haben das Bedürfnis, in Überstimmung mit ihrem Umfeld zu leben. Durch gleiche Gesinnung und Ähnlichkeit wird diese Übereinstimmung hergestellt; ihr Grad bestimmt die Größe der Schnittmenge mit anderen.

Durch die Definition des „Wir" entsteht automatisch das **„Die",** womit die anderen gemeint sind, die sich außerhalb dieser „Wir"-Gruppe bewegen. Für die **Abgrenzungsmechanismen** erhalten Begriffe wie drinnen und draußen, eigen und fremd, vertraut und unvertraut eine neue Bedeutung. Aber nur wenn die Grenzen der eigenen Gruppe durchlässig sind, bleiben Möglichkeiten der Veränderung, der Entfaltung und Aufnahme neuer Elemente erhalten – eine abgeschlossene „Wir"-Gruppe ist starr, nicht wandlungsfähig, und „schmort im eigenen Saft". In diese Gruppe werden keine neuen Mitglieder aufgenommen (es sei denn, sie werden hineingeboren); der fehlende Austausch führt zur Bildung eines realitätsfernen Konstrukts. Sicherheit und Geborgenheit können im Extremfall auch zu einem Gefängnis werden.

Wie offen sind unsere „Wir"-Gruppen? Wen sind „wir" bereit hineinzulassen? Wer sind für uns die „Anderen"? **Muslime in Deutschland** werden oft als die **„Anderen"** gesehen, auch wenn sie schon vor langer Zeit zu **deutschen Muslimen** geworden sind. „Wir" grenzen uns

Polygamie in Deutschland

Den Vorgaben des Koran folgend darf ein Mann nicht mehr als vier Ehefrauen gleichzeitig haben: „So heiratet an Frauen, die euch gut erscheinen, zwei, drei oder vier, wenn ihr fürchtet, nicht gerecht zu sein, heiratet nur eine." Für eine Mehrehe gilt der strenge Grundsatz der Gleichbehandlung. Wer diese Bedingung nicht erfüllen kann, sollte nur eine Ehefrau haben. Islamwissenschaftler weisen darauf hin, dass vor Aufkommen des Islam Männer noch mehr als vier Frauen gleichzeitig heirateten. Von daher war es aus der Perspektive der damaligen Zeit sensationell, dass man die Zahl auf vier festlegte. Historisch betrachtet können polygame Lebensformen durchaus Sinn gehabt haben: Die Ehe galt lange Zeit als soziale Absicherung für Frauen, die als Unverheiratete nur Nischen in der Gesellschaft besetzen konnten. Der Prophet Muhammad riet den frühen Muslimen, die in kriegerischen Zeiten lebten, Kriegswitwen und Waisen zu ehelichen und so ihre Versorgung sicherzustellen. Bis in die heutige Zeit ehelichen Männer in einigen Regionen islamischer Länder die Witwen ihrer verstorbenen Brüder, um ihnen den Verbleib im Familienverbund zu ermöglichen und sie zu versorgen. Für viele Muslime stellt der Islam ein theologisches und ethisches Konzept dar, das in den jeweiligen zeitlichen Kontext eingebettet werden muss, um den Gläubigen sinnvolle und pragmatische Vorgaben und Lösungen zu bieten. Aus diesem Grund ist für viele jüngere und moderne Muslime die Polygamie kein passendes Lebensmodell mehr.

Nach Aussage des deutschen Justizministeriums dürfen und Mehrfach-Ehen in Deutschland keinen Platz finden und folglich auch nicht anerkannt werden.

Die Doppelehe ist strafbar und eine Anerkennung ausländischer Mehrfachehen verstößt gegen wesentliche Rechtsgrundsätze. Die Mitversicherung diverser Ehefrauen in der Krankenkasse des Mannes oder ein Familiennachzug aller Gattinnen sind – theoretisch – nicht möglich. Andererseits geht das deutsche Recht pragmatisch mit der Tatsache um, dass andere Staaten die Vielehe erlauben – und zwar dort, wo es allein um die Rechte der Betroffenen geht. So haben beispielsweise mehrere Ehefrauen einen

automatisch von ihnen ab, ohne viel nachzudenken – oder auch ganz bewusst. Einige deutsche Muslime fühlen sich in die deutsche „Wir"-Gruppe aufgenommen, viele andere hätten es gern, sind aber noch nicht am Ziel. Sie berichten von unterschiedlichen Erfahrungen: „Noch als Jugendliche, die sich auf das Studium vorbereitete, wurde ich von wohlmeinenden

gemeinsamen Anspruch auf Witwenrente – die sie sich dann freilich teilen müssen. Die Streichung solcher Ansprüche ginge auf Kosten der betroffenen Frauen, denen man das wegnimmt, worauf sie vertrauen. Oft sind im Ausland geschlossene Mehrfachehen für Behörden nicht auf den ersten Blick erkennbar, aber auch in Deutschland kann die Polygamie praktiziert werden. In manchen Fällen wird eine Ehefrau nach deutschem Recht geehelicht, weitere Frauen nach islamischem Recht. In muslimischen Kreisen sind Moscheen und Imame bekannt, die der Polygamie gegenüber positiv eingestellt sind und polygame Eheschließungen vornehmen. Nach islamischem Recht muss die Erstfrau mit weiteren Ehefrauen ihres Mannes einverstanden sein, aber es gibt durchaus auch Imame, die Trauungen auch ohne dieses Einverständnis vollziehen. Da die in den Moscheen geschlossenen Ehen nicht offiziell registriert werden, gibt es keine genauen Zahlen darüber, wie verbreitet die Polygamie in Deutschland ist.

Viele Probleme, die im Zusammenleben mit muslimischen Bürgern in Deutschland auftauchen und zur Entstehung von Parallelgesellschaften beitragen, sind nicht auf die Religion zurückzuführen, sondern haben soziale Gründe. Sie lassen sich eher durch die Herkunft aus ländlichen oder städtischen Räumen, dem Bildungshintergrund oder sozioökonomischen Gründen erklären. In diesem Kontext ist das Problem nicht der Islam, sondern sind es unterschiedliche Werte, die aus den verschiedenen Lebenswelten erwachsen. Wer in einer Gesellschaft mit einem patriarchalischen Weltbild aufgewachsen ist, in der die Benachteiligung von Frauen als gottgegeben oder traditionell überliefert akzeptiert wird, muss einen gewaltigen Anpassungsprozess durchlaufen, um mit dem westlichen Modell der Geschlechterbeziehungen zurechtzukommen. Die genannten Faktoren trennen häufig auch Bevölkerungsgruppen in den Herkunftsländern, wo die eher traditionsverhaftete und weniger gebildete Landbevölkerung einen Gegenpol zu der Bevölkerung der globalisierten Großstädte darstellt. Menschen aus privilegierten Schichten und einem städtischen Umfeld können sich meist sehr viel schneller und einfacher an ihre neue Umgebung anpassen, da die Unterschiede gering sind – geringer als die der unterschiedlichen Lebenswelten im eigenen Land.

deutschen Mitbürgern lobend darauf angesprochen, wie akzentfrei ich doch Deutsch spreche. Dabei bin ich hier geboren und aufgewachsen. Diese Erfahrung habe ich immer wieder gemacht."

Teilweise wird Ablehnung schmerzlich empfunden: „Ich gehörte nie so richtig dazu, wie sehr ich mich auch anzupassen versuchte, immer wurde ich als Ausländer und Fremder angesehen. Es tat mir weh, wenn ich die hasserfüllten Reden der wütenden deutschen Bürger hörte, und mir wurde deutlich, wie unerwünscht ich hier bin. Der Islam hat mir Rückhalt und so etwas wie eine Heimat geboten. Seitdem ich mich über meine Religion definiere, halte ich die Anfeindungen besser aus."

Die **Zugehörigkeit zu einer religiösen Glaubensgemeinschaft** kann attraktiv sein, weil sie die Menschen mit dem versorgt, was in der modernen und globalisierten Welt zu kurz zu kommen scheint: Ein **fester Platz in der Gemeinschaft, Eindeutigkeit und Verbindlichkeit.** Für die unterschiedlichsten Lebensentwürfe kann sie Richtung und Halt vermitteln und – für manche Menschen vielleicht das Wichtigste –: Sie **schafft Identität.** Die Festlegung der Identität kann aber auch etwas Einschränkendes und Vereinfachendes haben – die Vielfalt und die unterschiedlichen Aspekte einer Persönlichkeit, die sich dazu noch aus verschiedenen kulturellen und religiösen Quellen speist, sind oft nicht einfach unter den Hut eines Begriffs zu bringen. Die Durchlässigkeit der verschiedenen Seiten der Persönlichkeit mit all ihren Überlappungen, Ambivalenzen und Widersprüchen kommt dabei manchmal zu kurz.

Nicht alles, was ein Muslim oder eine Muslimin tut, steht im Zusammenhang oder Einklang mit seiner oder ihrer Religion. Menschen wachsen mit Religiosität auf, aber auch mit ihren Brüchen, Uneindeutigkeiten und Widersprüchen. Sie existieren und werden ausgehalten, so, wie es in vielen anderen Kulturen und Religionen ebenfalls der Fall ist. Der Wodka

nach dem Abendgebet ist nicht nur in zentralasiatischen Ländern für viele Gläubige unproblematisch. Natürlich wird **Alkoholgenuss** nicht islamisch begründet, aber kann den Feierabendtrinkern deshalb ihre Zugehörigkeit zum Islam streitig gemacht werden? Der Mensch ist vielleicht Muslim oder Christ, aber er ist **nicht nur** Muslim oder Christ. Kulturelle und soziale Faktoren, z. B. der Grad der Bildung oder der familiäre Hintergrund, sind ebenfalls Facetten desselben Menschen und machen vielleicht mehr von ihm aus als seine Religionszugehörigkeit. Einen Jordanier aus der modernen Hauptstadt Amman und einen Afghanen aus dem gebirgigen und abgelegenen Grenzgebiet zwischen Afghanistan und Pakistan mag die Religion verbinden, aber das ist es dann auch schon. Ihr Umfeld und ihre Lebensbedingungen haben sie geprägt und zu den Menschen gemacht, die sie sind – die Religion hat dabei vielleicht nur eine sehr kleine Rolle gespielt. Jede Persönlichkeit setzt sich aus vielen verschiedenen und veränderlichen Identitäten zusammen. Der Jordanier und der Afghane sehen sich als Teil der *ummah,* der Glaubensgemeinschaft der Muslime, aber die Zusammengehörigkeit geht nicht darüber hinaus. Erst wenn sich diese beiden in einer religiösen und eventuell sogar fundamentalistischen oder extremistischen Organisation zusammenschließen, werden die religiösen Aspekte in den Vordergrund gerückt. Dann empfinden sie sich als „Brüder" oder „Schwestern im Glauben" und vertreten gleiche religiöse und politische Ziele; die anderen Aspekte ihrer Persönlichkeit treten zeitweise zurück oder verlieren für einen bestimmten Zeitraum an Bedeutung.

Viele Muslime in Deutschland und deutsche Muslime sehen die **Berichterstattung über den Islam** und über Muslime sehr kritisch. Häufig wird nur über problematische Aspekte der Religion (so wie sie in Deutschland gesehen oder verstanden werden) und des Zusammenlebens berichtet, sodass ein überwiegend negatives Bild entsteht. Über gelungene Integration, das harmonische tägliche Miteinander und das normale Alltagsleben wird kaum berichtet. Besonders in den Zeiten der großen Flüchtlingszuwanderung und vermehrter terroristischer Anschläge in den westeuropäischen Ländern stehen Radikalismus und Extremismus im Vordergrund und werden in einem Atemzug mit dem Islam genannt (natürlich auch, weil sich die Täter selbst auf den Islam berufen). Negative Schlagzeilen nehmen einen unverhältnismäßig großen Raum in der Berichterstattung ein, Normalität und friedliches Miteinander kommen zu kurz – und verkaufen sich nicht so gut. Dies führt irgendwann zu dem Schluss, dass aus der „islamischen Welt" nichts Positives zu erwarten sei, der Islam wird in der

◁ Es ist alles vorbereitet für das deutsch-iranische Brautpaar

Extrainfo 15 (s. S. 8): In dem Beitrag „Türkische Hochzeit" des SWR werden Modernität und Traditionalität im Kontext einer türkischen Hochzeit in Deutschland diskutiert

Kinderehen in Deutschland

„In Deutschland darf es keine Kinderehen geben. Kinder gehören nicht vor das Standesamt und auch nicht an den Traualtar. Eine Verschärfung der derzeitigen Rechtslage ist insbesondere mit Blick auf im Ausland geschlossene Ehen erforderlich" äußerte sich der damalige Bundesminister der Justiz und für Verbraucherschutz, Heiko Maas, über das vieldiskutierte Thema.

Es geht darum, dass im Ausland verheiratete Minderjährige nach deutschem Recht umfassend geschützt werden sollen. Auch Auslandsehen in der Gruppe der 16- bis 18-Jährigen sollen prinzipiell keinen Bestand haben. Im Einzelnen sieht das neue Gesetz folgende Änderungen vor: Eine Ehe ist durch richterliche Entscheidung aufzuheben, wenn ein Ehegatte zum Zeitpunkt der Eheschließung das 16., aber noch nicht das 18. Lebensjahr vollendet hatte. Von einer Aufhebung kann nur in besonderen Härtefällen und dann abgesehen werden, wenn der minderjährige Ehegatte zwischenzeitlich volljährig geworden ist und die Ehe bestätigt. Ehen, bei denen einer der Ehegatten zum Zeitpunkt der Eheschließung das 16. Lebensjahr noch nicht vollendet hatte, sollen unwirksam sein. Eines gerichtlichen Aufhebungsverfahrens bedarf es für diese Ehen nicht.

Diese Grundsätze gelten auch für nach ausländischem Recht wirksam geschlossene Minderjährigenehen. Mit dem Gesetz wird klargestellt, dass das Jugendamt minderjährige unbegleitete Flüchtlinge in Obhut nehmen muss, auch wenn diese verheiratet sind. Damit wird die Rechtslage klargestellt und eine verbreitete Praxis der Jugendämter bestätigt. Das Jugendamt prüft nach der Inobhutnahme, welche Schutzmaßnahmen erforderlich sind, insbesondere ob der Minderjährige von seinem Ehegatten zu trennen ist. Durch eine Änderung des Asyl- und des Aufenthaltsgesetzes wirkt das Gesetz zudem gleichzeitig den asyl- und aufenthaltsrechtlichen Nachteilen entgegen, die für den Minderjährigen durch die Unwirksamkeit der Ehe oder deren Aufhebung anderenfalls entstehen könnten.

Wahrnehmung mit Gewalt, Bedrohung und Angst verknüpft. Und dieses negative Bild färbt natürlich auf die muslimischen Bürger Deutschlands ab. Sie geraten unter einen regelrechten **Rechtfertigungszwang** – wie sie als Muslime diese schrecklichen Taten zulassen können und wie ihre Religion mit dieser Form der Gewaltanwendung vereinbar sei. Es ist ein „Wir"-Diskurs in den deutschen Medien entstanden, in dem man sich von „den anderen", „den Muslimen", abgrenzt, auch wenn sich viele dieser Muslime längst als Deutsche verstehen.

Brauchen wir „Heimat" – und was ist das überhaupt?

In einer internationalisierten und globalisierten Welt, in der häufige Reisen und Standortveränderungen zum Lebensstil gehören, erscheinen Dinge wie **Kontinuität** und **Sicherheit** plötzlich wieder erstrebenswert. Das kann sich beispielsweise dadurch äußern, dass demonstrativ der Name des Herkunfts- oder Wohnortes auf dem T-Shirt getragen wird. Für den Menschen in Bewegung bekommt der Begriff „Heimat" einen ganz neuen Wert. Durch die Pflege von Traditionen oder das Tragen einer bestimmten Tracht wird ein **Zugehörigkeitsgefühl zu einem Ort** signalisiert, was zugleich eine Wertschätzung und das Wissen um die Wurzeln der eigenen Existenz bedeuten kann. Und trotzdem bleibt diese erstrebte Zugehörigkeit oft mehr Wunschdenken als Realität.

Historisch gesehen wurde „Heimat" ab der Mitte des 19. Jahrhunderts als das Recht bezeichnet, im Krankheits- oder Notfall einen Versorgungsanspruch zu haben. Der betroffene Mensch erhielt einen „Laufpass" und ging zurück in seinen Geburtsort, um dort versorgt oder auch bestraft zu werden. Damals war „Heimat" ein sehr realer Ort, der den Menschen das Recht oder einen Platz im Spital, Armenhaus, Gefängnis oder auf dem Friedhof zusprach. Erst danach, als sich das deutsche Bürgertum entwickelte, entstanden Verknüpfungen der Heimatvorstellung mit verschiedenen Traditionen wie Schützen- und Trachtenverein, Volkslied und Heimatroman, der romantischen Wanderbewegung und Naturbetrachtung und auch dem Patriotismus. Zu dieser Zeit begann die Emotionalisierung des Heimatbegriffs und die Identitätsbildung als lokaler Heimatmensch.

Nach dem Zweiten Weltkrieg wurde der Heimatbegriff bewusst dazu genutzt, um durch emotionale Bezüge, die sich in Heimatfilmen, Literatur und Musik manifestierten, wieder so etwas wie eine **deutsche Identität** zu schaffen. Erst in den Sechzigerjahren des letzten Jahrhunderts entwickelten sich politische Strömungen und Kunst- und Kulturszenen, die sich in Gesellschaftskritik übten und bestehende Verhältnisse akribisch unter die Lupe nahmen. Nach dieser Zeit war es in breiten Gesellschaftsschichten Deutschlands verpönt, von Heimat zu sprechen. Der Begriff war verknüpft mit dem Ewiggestrigen, mit Muff, Traditionalismus und konservativer Weltsicht. Und heute? Ist es wieder „in", von Heimat zu sprechen? Der Begriff scheint immer dann an Anziehungskraft zu gewinnen, wenn die Lebensumstände unübersichtlicher oder schwieriger werden. Der verunsicherte Mensch sucht Vertrautes und Bekanntes, einen Ort, an dem er sich beschützt und zu Hause fühlt. Die Suche nach emotionaler und sozi-

Vermittlung von Wertvorstellungen durch Medien der islamischen Herkunftsländer

Das Festhalten an traditionellen Wertvorstellungen wird auch in erheblichem Maß durch die Medien der Herkunftsländer gesteuert und verstärkt. Das Satellitenfernsehen ermöglicht den Empfang von Heimatkanälen – über 40 türkische Kanäle können in Deutschland angesehen werden und die arabisch-sprachigen stehen ihnen in ihrer Anzahl kaum nach. Unterhaltung, Nachrichten, aber auch religiöse Inhalte werden in die Wohnungen und Kultureinrichtungen gesendet; die Nutzung von deutschen Medien ist nicht notwendig, um sich zu informieren oder unterhalten zu werden. Auch fundamentalistische und islamistische Gruppierungen nutzen den Medienzugang zur Diaspora und üben ihren Einfluss aus. Fernsehprediger klären Rechtsfragen und vermitteln islamische Moral, viele von ihnen wenden sich explizit an jugendliche Zuschauer. Unter den Predigern finden sich auch Vertreter eines „modernen Islam". Sie halten zwar am traditionellen Bild der Ehe fest und auch am Recht, „unbotmäßige" Gattinnen zu züchtigen, geben Tipps zum korrekten Tragen des Schleiers, ermuntern aber auch Frauen, gesellschaftlich und politisch aktiv zu werden. Diese religiösen Medienstars sind auch in virtuellen Welten zu Hause und nutzen Internet und soziale Netzwerke, um die Gläubigen zu erreichen.

aler Stabilität hat an Bedeutung gewonnen in einer Lebenswelt, die zwar zahlreiche Kontaktmöglichkeiten bietet, insgesamt aber bindungsärmer geworden ist. Ausgeprägte Individualität, soziale Ungebundenheit und die Anonymität des Großstadtlebens können auf der einen Seite die große Freiheit bedeuten, auf der anderen aber auch Verlorenheit, Isolation und Sinnlosigkeit. Inzwischen wird der Begriff „Heimat" von **deutsch- oder rechtsnationalen Gruppierungen** wieder mit völkischen Inhalten angereichert und bewusst instrumentalisierend in der Debatte um Asyl, Migration und Abgrenzung von islamischen Mitbürgern eingesetzt.

Lässt sich persönliche Identität überhaupt noch an Orten festmachen? Heimat ist für viele Menschen da, wo man Freunde hat. Bei der Definition des Begriffs Heimat werden Aspekte wie emotionale und geistige Bindung, soziale Zugehörigkeit und kultureller Zusammenhang genannt – und ja, vielleicht auch ein bestimmter Ort – all das kann zur Verankerung von Menschen beitragen. Es gibt keine einheitliche, gemeinsame Idee davon, was Heimat bedeutet, und auch der Begriff „deutsche Heimat" wird sehr unterschiedlich interpretiert. Vielleicht ist Heimat auch eine Utopie und Menschen kreieren sich ihre Heimat selbst in einem fortwährenden Prozess.

Der Mensch wird durch die Umgebung und Erlebnisse seiner Kindheit geprägt, die Eltern und Geschwister spielen dabei eine große Rolle. Die Erfahrungen, die wir in der frühen Kindheit machen, werden oft auf die Orte übertragen, an denen wir sie gemacht haben. Die Ereignisse sind geprägt von Bildern, Sprache, Farben, Gerüchen, Geräuschen, Geschmack, Musik und vielem mehr. Ein Ort oder ein Gegenstand aus dem Umfeld können positiv oder negativ besetzt sein, je nachdem, welche Erfahrungen damit verknüpft werden. Eine Klaviersonate kann höchsten musikalischen Genuss bereiten oder an qualvolle Stunden des ungeliebten Klavierunterrichts erinnern. Der alte Küchentisch wird in Ehren gehalten, weil er an viele gemeinsame Stunden des trauten Familienlebens erinnert, oder er wandert auf den Sperrmüll, weil er immer wieder Erinnerungen an abendlichen Zank und Streit heraufbeschwört.

Manche Menschen brauchen einen bestimmten Ort, um sich heimisch zu fühlen, anderen reicht die Nähe zur eigenen sozialen Gruppe. Wenn ein einzelner Mensch in seinem Heimatdorf zurückbleibt, nachdem alle anderen fortgezogen sind, ist es dann noch seine Heimat? Oder entsteht die Heimat dort neu, wo die anderen sich nun aufhalten? Identität kann sich in der modernen Gesellschaft auch durch einen gemeinsamen Lebensstil bilden; die Gruppen, die sich um bestimmte Interessen, Essgewohnheiten oder auch lebensanschauliche Orientierungen bilden, können den Gruppenmitgliedern zu einer Heimat werden (manchmal spricht man dabei auch von einer „zweiten Heimat"). Vereine sind vielen Menschen zur Ersatzheimat geworden: Ob Fußball-, Gesangs-, oder Karnevalsverein – sie alle bieten Bindung, ein vertrautes Umfeld und ein gemeinsames Ziel. Die klassische lebenslange Vereinsmitgliedschaft kann teilweise mit dem mobilen Lebensstil nicht mithalten, Mitgliedschaften und Bindungen sind kurzlebiger geworden. Nachbarschaftsinitiativen und auf den jeweiligen Lebensabschnitt gerichtete Interessensverbünde (von der Kita-Gruppe bis zum Seniorentreff) versuchen hier Ersatz zu schaffen. Machen sich junge Menschen miteinander bekannt, fragen sie inzwischen selten: „Wo kommst Du her?" oder „Was machen Deine Eltern?" Geburtsort und Abstammung scheinen an Bedeutung verloren zu haben, viel eher werden Lebensstile verglichen und dadurch Identitäten erfasst: „Was trägst Du für Kleidung?", „Welches Smartphone benutzt Du?", „Was isst Du?" und „Welche Musik hörst Du?".

Wenn noch Fremdere kommen, so sagen die Migrationsforscher, rücken die etwas weniger Fremden einen Ring weiter nach innen. Auch

die sogenannten „Gastarbeiter", die seit den 1950er-Jahren aufgrund des Arbeitskräftemangels nach Deutschland eingeladen wurden, galten zunächst als Fremde. Wegen einer nicht konsequent umgesetzten Integrationspolitik nahm der Eingliederungsprozess viele Jahre in Anspruch. Inzwischen sind diese Bevölkerungsgruppen die „weniger Fremden" und die Nachkommen der Gastarbeiter in der zweiten und dritten Generation sind längst zu einem festen Bestandteil der deutschen Gesellschaft geworden.

Wenn sich die „Wir"-Gruppe eng eingrenzt und undurchlässig ist, empfindet sie häufig das Draußen, die Umwelt, als feindlich. Der Heimatbegriff steht dann konträr einer Vielfalt von Begegnungsmöglichkeiten gegenüber. Dieses Phänomen ist sowohl bei islamistischen als auch deutschnationalen Gruppierungen zu beobachten. In diesen Kontexten findet oft eine Verklärung des Begriffs statt – und fordert ein, dass „die Heimat" unveränderbar, fest und beständig sei, oder es wird dem Gefühl Ausdruck verliehen, dass bereits etwas verloren sei. Wird der Heimatbegriff aber mit Verantwortungsgefühl und Engagement verbunden und schließt er das friedliche Zusammenleben von verschiedenen Menschen in Deutschland mit ein, kann er durchaus auch sehr positiv verstanden werden. Gerade die jüngere Generation pflegt ein eher entspanntes Verhältnis zum Heimatbegriff, der nichts mit einer „Blut-und-Boden-Verherrlichung" zu tun hat.

Nafiza, die mit ihren Söhnen seit zwei Jahren in Deutschland lebt, erklärt, was „Heimat" für sie bedeutet

Der Alltag ist für mich nicht immer leicht in unserer „neuen Heimat". Es ist sehr schmerzhaft für mich zu sehen, wie meine Söhne in der U-Bahn ängstlich beobachtet werden, weil sie ihren ersten Bartflaum ungestutzt sprießen lassen oder ein T-Shirt mit der Aufschrift „Mekka" tragen, weil es in ihrer Szene gerade hip ist, oder wenn ich auf mein Kopftuch angesprochen werde ... ich sei doch so eine nette und fröhliche Frau, warum dann das Kopftuch? Und auch, wenn mein noch sehr holpriges Deutsch mal wieder mit fehlender Intelligenz gleichgesetzt wird. Diese Ereignisse und Einschätzungen gehören zu meinem Alltag in Deutschland. Und nicht nur zu meinem; von vielen Freunden und Bekannten habe ich ähnliche Vorfälle und Beobachtungen erzählt bekommen – ich könnte schon ein Buch damit füllen! Ich habe mich teilweise daran gewöhnt, aber nicht immer kann ich es gut wegstecken. Das hängt natürlich auch von meiner Tagesform ab. Ich denke nicht, dass es an den Deutschen oder an Deutschland liegt. Es würde mir in einem anderen Land genauso ergehen und ich bin mir sicher, dass es Fremde in meinem eigenen Heimatland auch nicht leicht haben. Aber diese distanzierte und objektive Betrachtung hilft mir nicht immer. Und trotzdem – und das ist das wirklich Seltsame – fühle ich mich hier in Deutschland immer mehr zu Hause. Ich habe Freunde gefunden, die mir weiterhelfen und versuchen, mich und meine Situation zu verstehen. Ich fühle mich bei ihnen gut aufgehoben. Ich kann Deutschland sicherlich noch nicht Heimat nennen, vielleicht werde ich das nie können, aber was bedeutet dieser Begriff schon, wenn ich zurück in meine eigene Heimat schaue, die gerade in Gewalt und Bürgerkrieg untergeht. Hier können wir leben, frei und unbehelligt, und meine Söhne haben Möglichkeiten, zu lernen und sich zu entwickeln. So ein Leben habe ich mir für meine Kinder immer gewünscht. Das ist viel wichtiger, als voller Selbstmitleid den Verlust der Heimat zu beweinen.

◁ Eindrückliche Botschaft einer Augsburger Moschee

Fragen und Antworten

Ist der Islam eine Bedrohung?

Vielen Deutschen erscheint der Islam seit der Häufung religiös motivierter Terroranschläge als Bedrohung und Tendenzen der Re-Islamisierung in der islamischen Welt werden sehr kritisch gesehen. Gewalttätige Übergriffe stellen eine konkrete Bedrohung dar und können jeden zu jeder Zeit treffen. Anschläge sind das Werk extremistischer und terroristischer Gruppierungen und werden häufig im Namen der Religion ausgeführt, aber dahinter stecken Personen und Organisationen mit politischen Zielen und nicht „der Islam" als Religion. Terrorismus wird ausgeübt, um ideologische, politische oder religiöse Ziele zu erreichen und wird in vielen verschiedenen Kontexten eingesetzt (der politisch motivierte Terrorismus der linksgerichteten RAF oder der rechtsgerichteten NSU in Deutschland oder der unter christlichen Vorzeichen ausgetragene gewalttätige Konflikt in Nordirland z. B. liegen auch in Europa nur wenige Jahre zurück).

Auch islamistische Tendenzen und eine subjektiv empfundene Überfremdung können als Bedrohung angesehen werden. Letzteres tritt häufig in Erscheinung, wenn aufgrund einer verfehlten Integrationspolitik Gettos mit muslimischen Bevölkerungsgruppen entstehen, in denen sich beispielsweise einzelne Deutsche, die ebenfalls diese Stadtteile bewohnen, verloren fühlen. Manchmal berichten auch Eltern in solchen Wohngegenden davon, dass sich ihre Kinder in „Migrantenklassen" in der Minderzahl befänden und der Schulunterricht durch fehlende Deutschkenntnisse der

Kinder leide. Aber auch hier geht die Bedrohung nicht von „dem Islam" aus, sondern wird durch gesellschaftspolitische Verhältnisse und Versäumnisse verursacht – aber anders empfunden. Angesichts von Islamisierungstendenzen scheint für manche die Rückbesinnung auf christliche Werte so etwas wie eine geeignete Abwehrstrategie zu sein, andere betonen die Traditionen des Humanismus und der Freiheit. In dieser Debatte gerät leicht die Gesamtheit der Gläubigen unter Generalverdacht, auch wenn hierzulande vielleicht nur wenige Hundert Muslime extremistische und terroristische Aktionen propagieren. Viele Muslime haben deshalb das Gefühl entwickelt, von der deutschen Gesellschaft abgelehnt und ausgegrenzt zu werden. Das Festhalten am Konzept des gefährlichen Islam kann zu einer **sich selbst erfüllenden Prophezeiung** führen. Je öfter der Islam als negativ und bedrohlich dargestellt wird, je mehr vor ihm gewarnt wird, desto stärker fühlen sich Muslime ausgegrenzt und sogar angegriffen. Die sich daraus ergebende Frustration kann in Kombination mit anderen Aspekten ein idealer Nährboden für Radikalismus und Extremismus werden. Daraus kann sich eine Eskalationsspirale aus Gewalt und Gegengewalt entwickeln, in deren Entstehung Hass und Angst eine bedeutende Rolle spielen.

In der islamischen Welt wird häufig die Frage diskutiert, wie man zum Westen stehe oder stehen sollte und dabei geht es immer wieder um Werte wie Menschenrechte, die Gleichstellung der Geschlechter und Demokratie. Dabei sind sowohl Abgrenzungstendenzen als auch Orientierung am Westen zu beobachten. Die eigentlichen Konflikte religiöser und gesellschaftlicher Natur finden aber innerhalb der islamischen Welt statt. Hier stehen fundamentalistische Kräfte den liberalen gegenüber, die ein säkulares Gesellschaftsmodell vertreten und den Islam angepasst an die Neuzeit interpretieren und leben wollen.

Für viele deutsche Muslime spielen religiöse Rituale nur noch eine Rolle als Reminiszenz an die Heimat. Ihnen erscheint es völlig unsinnig, den Grad ihrer Religiosität als Messlatte zu nutzen, um festzustellen, ob sie gute oder schlechte Staatsbürger sind. Für sie ist es eine sehr persönliche Sache, ihre Identität als Muslime zu bewahren, aber gleichzeitig in Deutschland geltende Grundrechte und Grundwerte, wie beispielsweise die Gleichberechtigung der Geschlechter oder die sexuelle Selbstbestimmung, anzuerkennen und zu akzeptieren. Sie als Muslime und ihre Religion, der Islam, stellen keine Bedrohung, sondern eher eine Bereicherung ihrer neuen Heimat dar.

◁ Die Zentralmoschee in Köln zählt zu den modernsten Bauten ihrer Art

Gibt es Muslime oder islamische Gruppierungen, die den extremen Positionen der „Strenggläubigen" und dem Terrorismus etwas entgegensetzen können?

In der islamischen Welt ist eine **zunehmende Vielfalt der politischen und religiösen Standpunkte** zu beobachten. Die Globalisierung der Welt, Internet, soziale Medien und der problemlose Empfang von Satellitensendern lassen keine Abschottung von einzelnen Gruppen zu und fördern die Vielstimmigkeit. In unzähligen Diskussionsforen (besonders auch im Internet) werden von Muslimen die unterschiedlichsten Aspekte des Islam diskutiert. Einerseits hat sich die Suche nach Orientierung und Autorität verstärkt, andererseits werden immer wieder auch Reformgedanken formuliert, die sich langfristig auch auf die Interpretation des Koran auswirken können. Diese modernen und reformistischen Stimmen sind allerdings meist eher leise und erheben sich nur vorsichtig – die Gefahr des *takfir* (arab. für „jemanden für ungläubig erklären") ist allgegenwärtig.

Den Überlieferungen zufolge hat der Prophet nur drei Vergehen benannt, für deren Bestrafung das Blut von Muslimen durch Muslime vergossen werden darf: Mord, Ehebruch und den Abfall vom Islam. *Takfir* wird von islamistischen Terrororganisationen als Rechtfertigung genutzt, sich zu Herren über Leben und Tod aufzuschwingen. Weicht jemand von ihrer eigenen strengen Religions- und Koranauffassung ab, wird er als ungläubig definiert. Damit gilt er als vom Islam abgefallen und darf ihrer Interpretation zufolge getötet werden.

Für **Vertreter moderner und reformistischer Richtungen** steht nur weniges, was die Offenbarung den Menschen vermitteln will, unmittelbar im Koran. Ihrer Meinung nach erschließt erst ein Studium der damaligen historischen und soziokulturellen Umstände und ihre Interpretation für die Gegenwart einen Großteil der Aussagen. Sie fordern eine Anpassung des Koranverständnisses an die Gegenwart und gehen so weit zu sagen, dass die Muslime ihre „Rückständigkeit" in diesem Bereich überwinden und Antworten auf Fragen der Moderne finden müssen. Terroristischen Aktivitäten können Vertreter dieser Richtungen nicht direkt etwas entgegensetzen – was in der Natur des Terrors liegt –, aber **langfristig ist eine Beeinflussung des Diskurses nicht ausgeschlossen.** Noch befinden sich diese Stimmen in der **Minderheitenposition,** aber diese Gewichtung kann sich in weiteren Entwicklungsprozessen, die von jeder Religion durchlaufen werden, verschieben. Durch das aggressive und rücksichtslose Vorgehen extremistischer Gruppierungen werden liberale und progressive Muslime zur Zielscheibe und müssen mit Bedrohungen und Einschüchterungsversuchen leben.

Der sogenannte **„Mainstream" der Muslime** beschäftigt sich in der Regel weder intellektuell-theologisch noch politisch mit religiösen Themen. Man ist per Geburt Muslimin oder Muslim, lebt eingebettet in lokale und religiöse Traditionen und Werte und hält sich in unterschiedlich intensiver Ausprägung an islamische Regeln und Gebote. Die Art und Weise, „den Islam zu leben" ist so vielfältig wie die Menschen selbst. Besonders Muslime, die vom Alter her in der Mitte ihres Lebens stehen, berichten von modernen Tendenzen in einigen ihrer Herkunftsländer in den 1960er- und 1970er-Jahren. Religion und Konfessionszugehörigkeit (z. B. Sunniten oder Schiiten) waren eher Privatsache, sie wurden nicht demonstrativ gezeigt oder politisiert. Sie berichten, dass die religiöse Durchdringung des Alltagslebens noch nicht so verbreitet war, wie es heute teilweise der Fall ist: Selbst in heute als sehr konservativ geltenden Gesellschaften ging man zwanglos mit Gebetszeiten, Moscheebesuch und Kopftuch oder Schleier um – die Religion galt als Sache zwischen Mensch und Gott und der Gläubige konnte selbstbestimmt seine eigenen religiösen Ausdrucksweisen wählen. Viele Muslime, die in diesen Jahren aufgewachsen sind, tun sich schwer damit, die konservativen Tendenzen, die sich in den Jahrzehnten danach entwickelt haben, zu akzeptieren. Sie lehnen die Poli-

Im Tschador gekleidete Frauen

tisierung des Islam und die Rigidität der Religionsausübung ab. Sozialer Druck, gesellschaftliche Kontrolle und die unterschwellige Beeinflussung durch verschiedene Medien bedingen aber häufig ein „Mitschwimmen" im „Mainstream" des aktuellen islamischen Religionsverständnisses. Dieses Phänomen ist sowohl in den islamischen Ländern selbst als auch in der Diaspora zu beobachten – ob es auf eine veränderte Wahrnehmung, neue Überzeugungen oder den Wunsch, in der jeweiligen muslimischen Gemeinschaft nicht aufzufallen, zurückzuführen ist, sei dahingestellt.

Wo sehen moderne Muslime Handlungsbedarf im Spannungsfeld von Religion und Staat?

Eine Gesellschaft wird nicht nur von Gesetzen und Institutionen zusammengehalten, sondern auch von Werten. Im Verständnis von liberalen und weltoffenen Muslimen gehören dazu auch Geduld, Verzicht, Rücksichtnahme, Gerechtigkeit, aber auch Fürsorge und Verantwortung für die Familie und für die Gesellschaft. Diese Werte spielten im Islam eine wichtige Rolle, weil sie zur Entwicklung jeder Gesellschaft beitrugen. Vertreter eines modernen Islam fordern, dass **Religionslehrer und Theologen Schlüsselfiguren bei der Vermittlung von Werten** sein sollen. Der Koran verpflichte zum Guten und bejahe das Leben; Hass und Zerstörung würden abgelehnt. Sie sehen die **Notwendigkeit eines Verständigungspro-**

zesses zwischen religiösen Geboten und staatlichen Gesetzen, besonders in Konfliktfällen, denn ihrer Meinung nach sind religiöse Normen für Religionsgemeinschaften da, staatliche Gesetze aber für alle Bürgerinnen und Bürger eines Landes.

Religionen würden häufig missbraucht und dabei spiele die Unwissenheit der Gläubigen eine große Rolle. Um diesen Missbrauch zu verhindern, müsse **Raum für den religiösen Dialog** geschaffen und müssten in der Begegnung Werte vermittelt werden – nur so könne ein alternatives Bild des Islam dem momentan vorherrschenden gegenübergestellt werden. Kein Muslim solle den Anspruch erheben, die alleinige Wahrheit zu vertreten, denn er könne nur an ihr teilhaben. Moderne Muslime halten es für unabdingbar, dass Gläubige sich intensiver mit dem Islam beschäftigen und in den Dialog mit Andersgläubigen treten. Nur wenn ein Austausch über Werte stattfände, würde das gegenseitige Verständnis befördert und die Möglichkeit der gemeinsamen Gestaltung einer friedlichen Welt eröffnet. Es wird als die Pflicht der Muslime verstanden, ihre Stimmen gegen Wahrheitsansprüche und Terrorismus im Namen der Religion zu erheben.

Die Eindeutigkeit des **Bekenntnisses zum Grundgesetz** und den darin verankerten Werten müsse für alle Menschen klar sein; moderne Muslime erwarten diese Form der Integration und Akzeptanz von allen gesellschaftlichen Gruppen Deutschlands, inklusive der muslimischen. Sie lehnen ab, dass Rechtsnormen und gesellschaftliche Standards im Sinn des Kulturrelativismus aus Rücksicht auf kulturelle Eigenheiten flexibel gehandhabt oder für bestimmte Personen oder Gruppen sogar ausgesetzt werden. Handlungen, die auf der Grundlage von Traditionen oder religiösen Werten und Annahmen stattfänden, dürften nicht entschuldigt werden, weil das staatliche über dem religiösen Recht stünde.

Warum gibt es nur so wenige Alten- und Pflegeheime für Muslime?

Alten- und Pflegeheime haben bei vielen Menschen aus islamisch geprägten Gesellschaften einen **schlechten Ruf.** Nur mittellose und gebrechliche Alte, die keine Familie mehr hatten, „landeten" früher in solchen Häusern. Heute gibt es auch schon **türkische Pflegeheime in Deutschland.** Bei den meisten älteren Menschen herrscht aber nach wie vor die Vorstellung vor, dass sie von und in ihrer Familie versorgt werden – wie in der Großfamilie üblich, in die sie hineingeboren wurden. Zu den Wertvorstellungen gehört, dass sich Mitglieder einer intakten Großfamilie ein Leben lang umei-

◁ Atatürk – Vater der modernen Türkei

nander kümmern. Und diese Vorstellungen wurden konserviert, obwohl es auch beispielsweise in der Türkei schon lange Alten- und Pflegeheime gibt, sowohl in der Stadt als auch in ländlichen Gebieten. Auch der Zusammenhalt der türkischen Familien wird von modernen Lebensgewohnheiten infrage gestellt – die Kinder und Enkel vieler alter Menschen sind berufstätig, feste Familienverbände wurden durch Migration aufgelöst. Trotz allem besteht ein hoher sozialer Druck, sich selbst um die Alten in der Familie zu kümmern; sie „wegzugeben" wird oftmals noch als schändlich angesehen. Das Ergebnis können überforderte Angehörige und schlecht versorgte Pflegebedürftige sein, besonders wenn altersbedingte Erkrankungen wie Demenz hinzukommen.

Können Muslime ihre eigenen Bestattungsriten in Deutschland pflegen?

Die meisten Muslime, die in Deutschland sterben, werden in ihren Heimatländern beerdigt, aber die Anzahl der Bestattungen in Deutschland steigt an. In den nächsten Jahren, wenn die folgenden Generationen, die nicht mehr so eng an ihre Familien im Ausland gebunden sind, ins Sterbealter kommen, wird die Zahl der islamischen Bestattungen vermutlich drastisch ansteigen. Islamische Bestattungsunternehmen organisieren den Auslandstransport ebenso wie ein Erdbegräbnis in Deutschland. Traditionell wird der Verstorbene so schnell wie möglich („Beeilt Euch mit dem Begräbnis", soll der Prophet Muhammad den Überlieferungen zufolge gesagt haben) zu Grabe getragen; in vielen islamischen Ländern geschieht dies noch am Tag des Ablebens. Deshalb bieten die **muslimischen Bestattungsunternehmen** auch einen 24-Stunden-Service an und sind Tag und Nacht erreichbar. Der Leichnam wird gewaschen und traditionell ohne Sarg, nur in Leichentücher gehüllt, in der Erde begraben, als Symbol, dass er nun ganz Gott gehört. Feuerbestattungen sind im Islam verboten. Der Imam spricht das Totengebet und bittet um die Vergebung der Sünden des Verstorbenen. Das Grab muss nach Osten ausgerichtet sein, der Leichnam liegt auf der rechten Seite, das Gesicht Mekka zugewandt. Meist werden nur einfache Steine oder kleine Holztafeln auf dem Grab aufgestellt, auf denen Namen, Geburts- und Sterbejahr festgehalten werden.

Soll der Tote in Deutschland begraben werden, müssen zunächst **einige Hürden** genommen werden, und viele Muslime sehen ihre Bestattungskultur durch deutsche Gesetze behindert. In Deutschland dürfen Verstorbene erst **48 Stunden nach Todeseintritt** beigesetzt werden, der vorgeschriebene islamische Zeitraum von 24 Stunden kann somit nicht eingehalten werden. In vielen Bundesländern müssen die Toten in **Sär-

gen beerdigt werden, auch diese Vorschrift kollidiert mit den islamischen Vorstellungen. Das islamische Verbot, einen Muslim neben Christen oder Atheisten zu bestatten, erschwert das Miteinander auf dem Friedhof. Ein weiterer Konfliktpunkt ist die „ewige Totenruhe", die in Deutschland meistens auf 25 Jahre beschränkt ist; dann werden die Gräber in der Regel aufgelöst. Die **befristete Ruhezeit** gefährdet die Aussicht auf Auferstehung, die am Tag des Jüngsten Gerichts erfolgen soll.

Aber langsam und oft unbemerkt haben die **islamischen Bestattungsvorschriften,** die zu den Regelungen des islamischen Rechts, der Scharia, gehören, **Einzug in die Gesetze einiger Bundesländer und Kommunen gehalten.** Immer mehr Bundesländer und Kommunen erlauben islamische Bestattungsriten. Städte und Gemeinden stellen ihren muslimischen Bürgern inzwischen getrennte Gräberfelder zur Verfügung, damit die Abgrenzung nach dem Tod gewährleistet ist. Auch die **Pflegebestimmungen** für Gräber von Muslimen wurden geändert. Da Grabschmuck traditionell unbekannt ist, machen die Gräber für den deutschen Geschmack schnell einen vernachlässigten Eindruck, werden nicht gepflegt und von Unkraut befreit. Auch wenn sich viele Friedhofsbesucher beschweren, vertreten die Betreiber die Meinung, dass die fremden Trauertraditionen zu respektieren seien. Auch in der Frage des „Sargverzichts" sind die Behörden den Muslimen entgegengekommen, tatsächlich wird davon aber in vielen Fällen kein Gebrauch gemacht. Durch Wiederkauf der Grabstelle können auch die „Liegezeiten" erheblich verlängert werden.

Gräber auf einem muslimischen Friedhof mit Gebetsketten und Amuletten

Wie geht man mit dem Dilemma freie Religionsausübung vs. Tierschutz um?

Schächten ist das rituelle Schlachten von Tieren, das insbesondere im Islam und im Judentum zu den religiösen Nahrungsregeln gehört. Der Koran gebietet: „Verboten ist euch das Verendete sowie Blut und Schweinefleisch und das, worüber ein anderer als Allahs Name angerufen wurde." Der Verzehr von Blut ist sowohl im Judentum als auch im Islam verboten. Die Tiere werden mit einem speziellen Messer mit einem einzigen großen Schnitt quer durch die Halsunterseite getötet, in dessen Folge die großen Blutgefäße sowie Luft- und Speiseröhre durchtrennt werden. Mit dem Schächten soll das möglichst rückstandslose Ausbluten des Tieres gewährleistet werden. Das Schächten erfolgt ohne vorherige Betäubung des Tieres. Muslimische Metzger wollen so schlachten, wie sie glauben, dass der Koran es von ihnen verlangt. Die deutschen Gerichte mussten entscheiden, welches Recht zurücktreten muss: das auf freie Ausübung der Religion oder das des Tieres, beim Sterben nicht unnötig zu leiden.
Die deutsche Rechtsprechung ist in Bezug auf das Schächten ambivalent. Nach dem Tierschutzgesetz darf ein Wirbeltier nur unter vorheriger Betäubung geschlachtet werden, sodass Schächten eigentlich nur während einer Kurzzeitbetäubung gestattet ist. Es werden aber Ausnahmegenehmigungen erteilt, wenn zwingende religiöse Vorschriften vorliegen und das Fleisch der geschlachteten Tiere nur von Personen verzehrt wird, die diesen Vorschriften unterliegen. In diesen Fällen muss das Schächten vom zuständigen Veterinäramt überwacht und von registrierten Schlachtbetrieben durchgeführt werden. Es ist aber nicht verboten, das Fleisch von Tieren einzuführen, die im Ausland geschächtet wurden, sodass viele muslimische Schlachtbetriebe von dieser Möglichkeit Gebrauch machen und das Fleisch dieser Tiere nach Deutschland einführen. Muslime, die gegen diese Vorschriften verstoßen und beispielsweise zum Opferfest Hausschlachtungen nach islamischen Regeln durchführen, machen sich strafbar.

Es ist unter Muslimen umstritten, ob durch diese Schlachtung produziertes Fleisch als *halal*, rein im religiösen Kontext, gelten kann. Niemand könne mit Gewissheit sagen, ob das Tier nicht doch schon durch die Betäubung gestorben sei. Außerdem blute ein betäubtes Tier womöglich nicht richtig aus. Dann würde sein Fleisch *haram* und dies käme einer Sünde

> Historisches Miteinander verschiedener Religionen:
eine alte Synagoge in Yazd (Iran)

gleich. Aber auch aus Sicht vieler Muslime ist das betäubungslose Schächten nicht in Ordnung und stimmt nicht mit den Tierschutzgeboten des Islam überein. Den Überlieferungen nach hat der Prophet Muhammad mehrfach darauf hingewiesen, dass das Leiden der Tiere auf ein Minimum reduziert werden solle. Die Zahl der illegalen Schlachtungen nach der Schächtungsmethode wird hoch geschätzt, ist aber unbekannt.

Warum sind Antisemitismus und Antizionismus unter Muslimen so verbreitet?

Hass gegen Juden manifestiert sich als spontaner Alltags-Antisemitismus und Antizionismus auf der Straße, in der Schule und in Vereinen. Schon kleine muslimische Kinder, die diese Tendenzen in ihrem Umfeld mitbekommen haben, wenden das Schimpfwort „Du Jude!" an, es ist sogar häufig schon in Kindergärten zu hören. Schüler beschimpfen ihre Lehrerinnen und Lehrer als „Judenhunde", wenn der Unterricht ihnen nicht schariakompatibel erscheint. Angriffe auf Juden durch Muslime häufen sich. Lehrer werden durch muslimische Schüler, aber auch Anhänger rechtsorientierter Meinungen und Gruppierungen, mit Aussagen konfrontiert, in denen die Sympathie für die Nazis mit dem Holocaust begründet wird.

Auch durch die Medien werden schon die Kleinsten indoktriniert: Trickfilme greifen den Konflikt zwischen Juden und Palästinensern auf, Selbstmordattentäter werden „spielerisch" glorifiziert, mit mitreißender Musik wird für das Märtyrertum geworben und im Abendprogramm laufen Spielfilmserien, die eindeutig gegen Juden gerichtet sind. Saudi-Arabien, Ägypten und andere arabisch beeinflusste Staaten stellen diese Produkte wie auf dem Fließband her und beliefern damit die gesamte islamische Welt – und auch die Diaspora in Deutschland. Auch unter muslimischen Studenten ist die Verbreitung pauschaler Vorurteile gegen Juden alltäglich – sie lässt sich also nicht nur einer sozial deklassierten Szene zuschreiben.

Angesichts dieser Phänomene stellt sich die Frage, welchen Ursprung Antisemitismus und Antizionismus in der islamischen Welt haben und wodurch sich die beiden Begriffe unterscheiden. Zu den Merkmalen des Antisemitismus gehören rassistische Vorurteile und Judenfeindlichkeit. Wenn man auf die Frühgeschichte des Islam zurückblickt, um Ursachen für diese Vorurteile zu entdecken, stößt man auf machtpolitische Auseinandersetzungen zu Zeiten des Propheten Muhammad. Der Prophet scheiterte mit seinen Bemühungen, jüdische Stämme in Medina für die junge Religion, den Islam, zu gewinnen. Sie widersetzten sich den Islamisierungsversuchen und blieben unzuverlässige Bündnispartner, wie die Überlieferungen beschreiben. Diese Konflikte vor historischem Hintergrund mögen zu abwertenden Kommentaren im Koran geführt haben. Hinzu kamen ganz allgemein Ressentiments gegen Andersgläubige in der Region.

Dieser Antisemitismus wird teilweise von antizionistischen Thesen überlagert, die von islamischen Fundamentalisten propagiert werden. Zu diesen Thesen gehören die Verneinung des Existenzrechts des Staates Israel, die Ablehnung des Selbstbestimmungsrechts der Juden und die Leugnung des Holocausts. Der Antizionismus zieht seine Kraft seit 1918 aus den Konflikten zwischen in Palästina ansässigen Arabern und Juden, die 1936 in einen arabischen Aufstand mündeten. Nach der Staatsgründung Israels 1948 wurden sechs Kriege zwischen diesen Gruppen geführt und die bewaffneten Konflikte setzen sich bis heute fort. Die Unterstützung der Israel-Politik der US-Regierung wird dabei als eine Konfliktursache gesehen. Theorien von einer Weltverschwörung der Juden tragen zu der Gemengelage bei: Mithilfe der US-Regierung würden einflussreiche Juden in den USA, in Israel und anderen Ländern eine Weltherrschaft auf Kosten islamischer Länder etablieren wollen. Wirtschaft, Medien und viele gesellschaftliche Einrichtungen würden schon lange der jüdischen Kontrolle unterstehen. Hier kommt es zur Vermischung mit weiteren Elementen: Imperialismus und Kapitalismus. Mittels kapitalistischer Zinswirtschaft beuten Juden alle anderen Völker aus. Solche Standpunkte werden z. B. von der türkischen Milli-Görüs-Bewegung vertreten, aber auch von der palästinensischen Hamas, die Juden zusätzlich als islamfeindlich und kriegstreiberisch beschreiben. Zu weiteren Vertretern dieser Thesen gehören extremistische und terroristische islamische Vereinigungen, aber auch Vertreter der islamischen Republik Iran. Ayatollah Khomeini bezeichnet Israel als den „kleinen Satan" und drohte mit der Zerschlagung des Staates.
Viele islamische Organisationen können eher als antizionistisch beschrieben werden, übernehmen aber auch Elemente des europäischen Antisemitismus; man spricht auch von einem islamischen oder arabischen Antizionismus.

Muslimische Jugendkultur

Lebensentwürfe zwischen Tradition und Smartphone

Bis heute orientieren sich viele Muslime der ersten Migrantengeneration an den Traditionen ihrer Heimatländer, auch wenn sie schon seit Jahrzehnten in Deutschland leben. Auch wenn der Islam für viele Jugendliche eine wichtige Rolle spielt, unterscheidet sich die Art und Weise, wie die Religion von Jugendlichen gelebt wird, immer deutlicher von den Traditionen und Glaubenslehren ihrer Eltern. Dies zeigt sich nicht zuletzt auch im Stellenwert, den viele Jugendliche der **deutschen Sprache** beimessen. Für die meisten Jugendlichen ist Deutsch die selbstverständliche Sprache des Alltags. Das gilt für die Diskussion theologischer Fragen und die Sozialberatung von Studierenden genauso wie für aktuelle Themen und öffentliche Aktionen. Dies wird besonders deutlich in der Jugendinitiative „Lifemakers", dem Rat muslimischer Studierender und Akademiker oder in der muslimischen Umweltinitiative HIMA. Der Islam und die *ummah* bleiben auch für viele muslimische Jugendliche ein wichtiger Bezugspunkt, aber dies bedeutet keinen Rückzug aus der Gesellschaft. Entsprechend frustriert reagieren gerade diese jungen und aufgeschlossenen Muslime auf die fortwährenden Debatten um Integration und den Stellenwert des Islam in Deutschland. In ihren Lebenswirklichkeiten ist die Teilhabe an gesellschaftlichen Prozessen ein Teil ihres Selbstverständnisses.

Das neue Selbstbewusstsein – es ist „hip", junger Muslim in Deutschland zu sein!

Seit einigen Jahren entstehen zahlreiche Initiativen und kleinere Vereine, in denen sich junge Muslime engagieren. Gemeinsam ist ihnen der Wunsch, sich in die Gesellschaft einzubringen und ihre Umwelt aktiv zu gestalten. **Deutschsein und Muslimsein** ist für sie kein Widerspruch, sondern **selbstverständlicher Ausdruck ihrer Interessen und Erwartungen.** Der ausdrückliche Wunsch nach Sichtbarkeit und Partizipation unterscheidet diese Jugendlichen und jungen Erwachsenen von der Generation ihrer Eltern und Großeltern. Im Rahmen unterschiedlichster Veranstaltungen wird jungen, talentierten Muslimen die Möglichkeit gegeben, gehört zu werden, wenn sie sich zu gesellschaftlichen, politischen oder religiösen Themen äußern. Die Botschaft dieser Jugendlichen und jungen Erwachsenen ist entsprechend selbstbewusst. Sie sehen sich nicht als Bittsteller, sondern als Bürger mit Rechten und Interessen, die in der deutschen Öffentlichkeit bisher zu kurz kommen. Manchmal werden dazu auch innovative Formate genutzt, wie beispielsweise der sogenannte **„I-Slam",**

ein Dichtwettbewerb in der Tradition des Poetry Slam. Junge Frauen und Männer treten mit selbstverfassten Gedichten gegeneinander an und werben um den Applaus des Publikums. In den Texten geht es um Fragen des Glaubens, aber auch um Freundschaft, Familie, das Konsumverhalten von Jugendlichen, den Umgang mit Alkohol und die Folgen von Diskriminierung und antimuslimischen Ressentiments.

JUMA steht für jung, muslimisch, aktiv (und bedeutet auch Freitagsgebet). In dem 2010 gegründeten Netzwerk versammeln sich junge, kreative und engagierte Muslime und Musliminnen, die etwas auf die Beine stellen und bewegen wollen. JUMA ist eine Plattform, auf der sich Jugendliche einbringen können, die sich gesellschaftlich engagieren und mitgestalten wollen. Sie entscheiden selbst, worüber sie schreiben oder welche Projekte sie durchführen wollen. Auf der Plattform geht es nicht darum, wie jemand seine Religion lebt. Ob sie also beten, fasten oder sonstige religiöse Rituale praktizieren spielt keine Rolle. Angesprochen werden junge Menschen, die den Islam als Teil ihrer Identität begreifen, sich selbst als Muslime bezeichnen und sich angesprochen fühlen, wenn in der Öffentlichkeit über Muslime gesprochen wird. Die Zusammenarbeit von Jugendlichen unterschiedlicher Herkunft mit verschiedenen religiösen Identitäten und Praktiken soll durch die Plattform intensiviert werden. Bei JUMA sind

Viele junge Musliminnen in Deutschland kombinieren moderne und traditionelle Kleidungsstücke

Muslime unterschiedlicher Gemeinden und religiöser Ausrichtungen gemeinsam aktiv. Es haben sich junge, interreligiöse Teams gebildet, die in Schulen über religiöse Identität sprechen. Sie diskutieren individuelle und gesellschaftliche Bedeutung von Religion oder was es für sie bedeutet, Religion als positive Ressource zu verstehen. Religion soll nicht nur als Ursache von Konflikten gesehen werden, sondern auch als etwas, das Menschen verbindet und ein gutes Zusammenleben fördern kann.

Besonders irritierend für ihr Umfeld sind **junge Muslime,** die in Deutschland aufgewachsen sind und sich aus freien Stücken an die islamischen Regeln halten – und nicht etwa, weil ein autoritärer Vater sie dazu gezwungen hätte. Wenn sie sich freiwillig und voller Überzeugung dazu entschieden haben, stellen sie gleichzeitig die deutschen Werte und den Lebensstil der Mehrheitsgesellschaft in Frage. Sie kennen die Freiheiten, die andere Jugendliche genießen und entscheiden sich bewusst dagegen – damit provozieren sie Fragen wie „Wieso wollen sie unsere Freiheit nicht?" oder „Was ist falsch an ihr?". Sie unterwerfen sich nicht unbedingt allen Regeln, mit denen Jugendliche in islamischen Ländern konfrontiert werden, sondern wählen für sich aus und übernehmen das, was zu ihnen, ihrem Umfeld und Lebensstil passt. Gleichzeitig sind sie nicht bereit, sich an alle deutschen Sitten und Gebräuche anzupassen. Statt Ferien im Zeltlager am See verbringen sie Zeit in muslimischen Jugendgruppen und nehmen deren Freizeitangebote wahr – ohne abendliche Trinkgelage, gemischten Budenzauber und Badevergnügungen.

Islam als Identität

Schirin, eine junge Afghanin, die in Deutschland aufgewachsen ist, versteht religiöse Werte als Teil ihrer Identität: „Meine Eltern sind religiös, aber auch liberal. Ich musste als junges Mädchen kein Kopftuch tragen, nicht fasten, selbst meinen (deutschen!) Partner durfte ich mir selbst aussuchen. Trotzdem verbinde ich mit dem Islam meine Herkunft. Meine Eltern legten Wert darauf, dass ich Kenntnisse über unsere Religion erwarb. Im Korankurs in der Hinterhofmoschee in unserem Viertel wurden mir am Wochenende die Grundlagen vermittelt. Im Verständnis meiner Eltern hatten sie damit ihre Pflicht als gläubige Muslime erfüllt. Was ich mit dem Wissen tun würde, blieb mir selbst überlassen. Als erwachsener Mensch sind meine Wurzeln eng mit dem Islam verbunden, aber ich praktiziere die Religion nicht mehr. Nach außen hin bin ich sehr deutsch geworden, aber ein Stück meiner alten Identität – zu der der Islam gehört – habe ich mir erhalten."

Steckt mich nicht wegen meines Kopftuchs in eine Schublade!

Ich heiße Nadia, bin Studentin und werde nächsten Monat 22 Jahre alt. Meine deutschen Mitbürger sehen mich als junge Frau mit Kopftuch und stecken mich gleich in eine Schublade. Es macht mir Spaß, sie zu überraschen – im positiven Sinn –, wenn sie merken, dass Deutsch nicht nur meine Muttersprache ist, sondern dass ich an der Uni Germanistik studiere. Ich würde später gern als Lehrerin tätig werden, weiß aber nicht, ob das mit meinem Kopftuch möglich sein wird. Es abzulegen, kommt für mich nicht infrage. Es gehört zu mir wie meine Kultur und meine Religion, für mich ist es ein Stück meiner Persönlichkeit. In Gesprächen werde ich immer wieder gefragt, ob ich das Tuch tragen muss, weil es z. B. meine Eltern so wollen. Ich überrasche meine Gesprächspartner ein zweites Mal, wenn ich ihnen versichere, dass meine Mutter nie ein Kopftuch getragen hat und meine jüngere Schwester dies auch nicht tut. Sie verbinden das Kopftuch mit Rückständigkeit, Zwang und einer konservativen Lebensweise. Manchmal sind sie sehr befangen im Gespräch und trauen sich nicht so recht, mich nach dem Tuch zu fragen und was es für mich bedeutet. Wenn ich ganz offen mit ihnen darüber spreche und sogar auch Witze darüber machen kann, merke ich, dass ich aus der anfänglichen Schublade geholt werde und dass eine neue für mich gesucht wird. Und das finde ich gut so, denn ich möchte nicht in alte Schubladen gesteckt werden – am liebsten hätte ich gar keine Schubladen. Ich möchte gern so akzeptiert werden, wie ich bin: Als deutsche Studentin mit arabischer Kultur und islamischem Glauben. In einigen Lebensbereichen bin ich tatsächlich konservativ. Ich bete regelmäßig und halte streng die Fastenzeiten ein. Ich mache Sport, aber nur in Einrichtungen, die reine Frauenkurse anbieten. Abends gehe ich wenig aus, ich fühle mich mit meinen Büchern im Studentenwohnheim wohler als in der Disco. Und wenn ich mir später einen Partner suche, wird seine Religiosität für mich eine große Rolle spielen. Vielleicht suche ich dann sogar den Rat meiner Eltern und lasse sie Vorschläge für mich machen. Ich glaube, dass sie sehr gut einschätzen können, wer zu mir passt und mit wem ich ein gutes Leben führen kann. Ich habe Kinder sehr gern und möchte gern mit ihnen arbeiten – mein größter Wunsch wäre es tatsächlich, Kinder zu unterrichten. Vielleicht wird es von der Gesetzeslage her in meinem Bundesland möglich sein, wenn ich mit dem Studium fertig bin.

> Kopftuchträgerinnen werden in Deutschland oft mit Vorurteilen konfrontiert

Trotz aller Schwierigkeiten im alltäglichen Leben und der zunehmenden Ausgrenzung der Muslime in Deutschland aufgrund des Terrors im Namen des Islam ist in Deutschland ein neues muslimisches Selbstbewusstsein entstanden – so sehe ich es jedenfalls. Ich fühle mich gut als Muslimin, denn ich habe etwas, für das ich sprechen und kämpfen kann. Das macht mich stärker als andere. Gemeinsam mit mehreren muslimischen Kommilitoninnen konnte ich durchsetzen, dass wir einen Gebetsraum in der Uni bekommen. Das haben wir als großen Erfolg gesehen und es hat uns auch als Gruppe gestärkt. Wir wissen jetzt, dass wir etwas bewegen können, wenn wir uns nur wirklich darum bemühen.

Ich werde oft gefragt, ob es für mich nicht schwierig ist, mein Leben nach dem Islam auszurichten und gleichzeitig deutsche Staatsbürgerin zu sein, weil Koran und Sunna auch das politische und gesellschaftliche Leben regeln. Für mich entstehen aber keine Widersprüche, ich akzeptiere das Grundgesetz und so, wie ich die Scharia verstehe, kann sie daran angepasst werden. Die Glaubensprinzipien sind für mich festgeschrieben, aber Regelungen bezüglich Politik und Gesellschaft sind flexibel und müssen meiner Meinung nach immer wieder neu angepasst werden. Aber es fehlt uns definitiv der intellektuelle Austausch über diese Dinge im Islam; Modernisierung und Flexibilität würde uns ganz andere Spielräume eröffnen und vielen Muslimen das Leben in Ländern mit anderen gesellschaftlichen Normen und religiösen Vorstellungen erleichtern. Ich habe nicht das Gefühl, in zwei verschiedenen Welten zu leben, für mich ist es eine Welt mit verschiedenen Facetten – und das macht es doch erst so richtig spannend, oder?

Coolness und Islam passen zusammen!

Wie passen zeitgenössische Subkultur und islamische Religiosität zusammen? Dieses Thema wird in jüngster Zeit immer wieder in den Medien aufgegriffen und ist Bestandteil der Forschung zu islamischer Jugendkultur. Die neue Coolness muslimischer Jugendlicher stellt eine Kombination dar, die Stereotype bricht. Es haben sich **eigene Stilformen** entwickelt, die junge Muslime voller Selbstbewusstsein zeigen. Es gibt ein Bedürfnis nach einem neuen Weg. Der neue Stil vereint zwei Perspektiven, bezieht sich auf die türkische, iranische oder arabische Kultur – und zugleich auf die deutsche Mehrheitsgesellschaft. Es ist ein **zeitgenössischer Stil,** den man oft erst auf zweiten Blick erkennt – und dann vor allem an Details. Die coolen jungen Muslime tragen keine traditionelle Kleidung aus den islamischen Herkunftsländern oder solche in einem ausgeprägten Folklore-Stil. Sie schmücken sich zum Beispiel mit einem Taschenaufnäher mit einer islamischen Botschaft (die im Jugendkontext als „Message" bezeichnet wird). Sie tragen islamische Modelinien wie **StyleIslam,** die Buttons oder T-Shirts mit Slogans wie „I love my prophet" herstellen. Junge coole Musliminnen tragen zum Teil auffällige Kopftücher, um ihre Sichtbarkeit auf diese Weise zu erhöhen. Zum angesagten Stil zählt ebenso Musik, die Bezug zum Islam hat. Religion gilt grundsätzlich eher als etwas Uncooles. Und „cooler Islam" ist besonders auffällig, da der Islam immer wieder mit starr, dogmatisch und spaßfeindlich stereotypisiert wird. Die „coolen Muslime" stellen eine **Subkultur** dar, **die sich stark über Religion definiert.** Es wird ein neues Selbstbewusstsein in den Vordergrund gerückt, das als Station einer langfristigen Entwicklung gesehen werden kann. Das selbsterklärte Ziel ist Normalität und Selbstverständlichkeit, in der die Jugendlichen ohne Diskriminierung dazugehören. Die Popkultur junger Muslime oder der „coole Islam" sind vielleicht das Ergebnis der Suche nach einem **kreativen Ausweg** und Reaktionen auf die Mehrheitsgesellschaft, die junge Leute als „Muslime" definiert, selbst wenn sie sich vielleicht gar nicht so sehen.

Rückbesinnung auf traditionelle Werte

Für viele junge religiöse Muslime geht es darum, einen Platz in der Gesellschaft zu finden und zugleich eine eigene Identität zu entwickeln oder zu wahren. Im Zuge dieser Identitätsfindung kommt es bei einigen jungen Muslimen hier in Deutschland zu einer Rückbesinnung auf traditionelle und religiöse Werte. Dazu gehören Vorstellungen von einem Familienleben, das **Respekt vor den Eltern und die Versorgung der älteren Familienmitglieder** beinhaltet, teilweise auch eine traditionelle Rollenverteilung von Männern und Frauen im Familienverband und eine größere Einflussnahme der Eltern auf das Leben ihrer Kinder inklusive Berufs- und Partnerwahl. Die **islamische Etikette dem anderen Geschlecht gegenüber** ist ein Erkennungsmerkmal junger Muslime, die nach religiösen Regeln leben wollen. Deshalb ist bei Veranstaltungen in diesem Kontext eine Trennung der Geschlechter angesagt. In diesen konservativen Kreisen finden Treffen zum Kennenlernen der jungen Leute nur unter den Augen von Familienangehörigen statt oder zumindest an neutralen öffentlichen Orten – dies soll vor unüberlegten Gefühlen oder Handlungen schützen. Diese Jugendlichen legen Wert darauf, andere Maßstäbe zu setzen als die deutsche Mehrheitsgesellschaft. Sie wenden sich teilweise entrüstet von einer **vermeintlich dekadenten deutschen Gesellschaft** ab und kultivieren gleichzeitig **Überlegenheitsgefühle und ihr „Anderssein"**. Dies findet gelegentlich seinen Ausdruck in der gewählten Kleidung: Abgrenzung, Identitätssuche und das Bedürfnis zu provozieren werden durch **„islamische Kleidung"**, die sich oft an der Kleidungstradition konservativer Gruppen im arabischen Raum orientiert, sichtbar gemacht.

Ich bin Muslimin, aber keine unterdrückte Frau!

„Ich kann einfach nicht verstehen, warum unsere Religion, der Islam, immer wieder mit der Unterdrückung der Frauen in Verbindung gebracht wird", entrüstet sich Simin. „Ich fühle mich in keinster Weise unterdrückt, wenn ich die Regeln des Islam befolge. Und auch zu Hause in Damaskus habe ich keine Eingrenzung oder Diskriminierung als Frau erfahren. Meine Eltern haben alle Kinder, Söhne und Töchter, sehr liberal erzogen und uns Selbstverantwortung beigebracht. Ich bin zur Uni gegangen und habe zwei Jahre als Lehrerin gearbeitet, bevor wir vor dem Krieg flüchten mussten. Seitdem ich hier in Deutschland lebe, frage ich mich, ob die deutschen Frauen wirklich so frei und emanzipiert sind. In der Werbung und den Medien werden Frauen oft zum Sexsymbol degradiert. Hat eine Frau in dieser Gesellschaft wirklich einen höheren Wert, wenn sie in aufreizender Pose Schokolade isst oder halbnackt für ein schickes neues Auto wirbt? Warum geben sich Frauen dafür her? Ich empfinde dieses Verhalten als entwürdigend. Der Imam in unserer Stadtteil-Moschee ist so fortschrittlich, dass er Themen wie Gewalt gegen Frauen in seiner Freitagspredigt anspricht. Wir werden als vollwertige Mitglieder der Glaubensgesellschaft angesehen, wenn wir uns an einige wichtige Grundregeln halten, aber die gelten ja im gleichen Maß auch für die Männer. Der Islam schützt uns Frauen und garantiert uns vollwertige Rechte. Wenn dagegen verstoßen wird, liegt es an einzelnen Männern, aber nicht an der Religion!"

Islam-Pop und muslimische Rapper

Es hat sich eine neue Jugendkultur entwickelt, in der es möglich ist, gleichzeitig gläubiger Muslim und guter Bundesbürger zu sein. Diese Jugendkultur hat zahlreiche Musikidole, zu denen deutsch-türkische oder deutsch-arabische Popstars und Rapper gehören. Einige gelten als **Musterbeispiele gelungener Integration,** andere fallen gelegentlich durch **rassistische oder islamistische Äußerungen** auf. Junge Muslime in kriminellen Kontexten orientieren sich manchmal an Rappern, die dieses Milieu, Gewaltausübung und Rassismus verherrlichen. Schimpfworte, die sich entweder auf die nationale oder die Religionszugehörigkeit beziehen, werden gern und reichlich benutzt („Scheiß-Christ", „Schweinefleischfresser" u. a.). Sowohl die Musiker als auch viele junge Männer in diesem Milieu zeichnen sich gleichzeitig durch eine äußerst frauenverachtende Sprache und entsprechendes Verhalten aus.

Schon sein Name ist symbolträchtig: Der Rapper Ammar 114 aus München hat die Zahl in seinem Künstlernamen gewählt, um auf eine Koransure anzuspielen, die Zuflucht bei Allah in Not und Gefahr zum Inhalt hat. Er kam in Äthiopien zur Welt, konvertierte aber als Jugendlicher zum Islam. Sein erklärtes Ziel ist es, das Ansehen der Muslime in Deutschland zu verbessern und den Islam als positiven Beitrag zur Gestaltung der Gesellschaft darzustellen. Das Besondere an seiner Musik, die zum deutschsprachigen Hip-Hop gezählt wird, ist, dass er islamischen Botschaften in seinen Texten Raum gibt. Die Strömung des „Pop-Islam", die der junge Musiker mitgeprägt hat, ist einerseits gekennzeichnet durch die intensive Beschäftigung mit religiösen muslimischen Werten, anderseits aber auch durch eine aktive Integration und eine Öffnung für andere in der Gesellschaft vorherrschende Werte. Ammar 114 kritisiert Terror und Gewalt und richtet sich auch ganz explizit gegen Ehrenmorde, die in islamischen Gesellschaften häufig stattfinden und denen meistens Mädchen und Frauen zum Opfer fallen. Sein Lied „Fuenf32" hat er nach der Koransure 5, Vers 32, benannt; diese Sure ruft die Gläubigen zur Friedfertigkeit auf: „Wenn jemand einen Menschen tötet (...), so ist es, als hätte er die ganze Menschheit getötet. Und wenn jemand einem Menschen das Leben erhält, so ist es, als hätte er der ganzen Menschheit das Leben erhalten."

Sein Lied „Wir sind Deutschland" lässt sich als wütende Stellungnahme zu den Diskussionen um die Integration von Muslimen verstehen: „Wir sind Deutschland, ja, wir sind ein Teil davon. Es ist Zeit, dass wir endlich unsere Rechte bekommen."

In anderen Bereichen der Musik-Szene wird islamistische Ideologie und Antisemitismus aufgegriffen. Rapper inszenieren sich gern als „Generation Dschihad" und lassen ihre Sympathie für den „Islamischen Staat" (IS) durchblicken. Der **„Intifada-Rap"**, der aus der hasserfüllten Hamas- und Hisbollah-Ideologie entstanden ist, bestückte seine Musik schon vor Jahren mit radikalen antisemitischen Inhalten. **Bushido,** vielgepriesener deutscher Hip-Hopper, stilisiert sich gelegentlich gern als muslimischer Attentäter und Taliban, der die Welt in Brand steckt. Er hält seine Texte nicht nur für kulturell wertvoll, sondern empfiehlt auch, sie im Schulunterricht zu nutzen. **„Zyklon Beatz"**, ein Rap-Ensemble, das sich aus deutschen, türkischen, iranischen und palästinensischen Musikern zusammensetzt, „vergießt nicht nur Tränen für Palästina" oder „lässt Deutschland sterben, damit es wiederauferstehen kann", sondern bedient sich auch eines ausgeprägten Antisemitismus; Ausdrücke wie „Teufel in Menschengestalt" sind dabei noch die harmlosesten. Seltsamerweise provozieren die offen rassistischen, sexistischen, gewaltverherrlichenden und teilweise islamistischen Texte dieser Musiker der Jugendszene keine Skandale, ja, erregen noch nicht einmal Aufmerksamkeit.

Zur Jugendszene gehört übrigens auch die Gegenrichtung: dass **Subkultur in die religiösen Kontexte hineingetragen** wird, zum Beispiel durch einen Hip-Hop-Auftritt während der Ramadan-Feierlichkeiten. Wenn der Künstler jemand wie Ammar114 ist, der auf der Straße gelebt hat und große „street credibility" genießt, wirkt es nicht aufgesetzt, sondern kann beide Bereiche verbinden. Wenn man die Taqwacore-Bewegung aus Amerika betrachtet, die Punk und Islam verbindet, sieht man, dass letztlich alles möglich ist. Taqwacore ist ein Kunstwort, das sich aus dem arabischen Begriff *taqwa* (Gottesehrfurcht oder auch Demut gegenüber Allah) und dem englischen Wort *hardcore* (als Analogie zu Hardcore-Punk) zusammensetzt und eine islamisch beeinflusste und geprägte Punk-Musikbewegung bezeichnet. Es gibt noch keinen endgültig ausgeprägten Taqwacore-Sound, die Künstler kommen aus verschiedenen Musikrichtungen von Punk bis Hip-Hop.

Islam im Internetzeitalter

Viele Internetseiten, die sich gezielt an Muslime wenden, **bieten Informationen und religiöse Richtlinien für alle Lebensbereiche** an. Ein Rechtsanwalt wird gesucht, der sich speziell mit religiösen Fragen auskennt und z. B. Befreiungen vom schulischen Sportunterricht erwirken kann? – Kein Problem, entsprechende Adressen werden vermittelt. Frisöre für die „muslimischen Schwestern", die nicht einsehbare Räumlichkeiten bieten, sodass die religiös geforderte Privatsphäre gewährleistet ist? – Auf der Website können entsprechende Salons gefunden oder Hausbesuche organisiert werden. Die Vermittlung von frommen Heiratspartnern wird

Die Fotos vom neuen Enkelchen sind da – die neuen Medien verbinden Familien über Landesgrenzen hinweg

auf entsprechenden Plattformen angeboten. Ratschläge für alle Lebenslagen von Hygienevorschriften über die Statthaftigkeit von Medikamenteneinnahme im Ramadan bis hin zur Regelung des zwischengeschlechtlichen Miteinanders – das Angebot ist überwältigend.

Religiöse Texte werden interpretiert und für deutschsprachige Muslime aufbereitet. In der Art der Interpretation spiegelt sich immer die Ausrichtung und Einstellung der jeweiligen Gruppierung hinter dieser Internetseite wider – von modern bis ultra-konservativ und teilweise auch extremistisch ist alles zu finden. Natürlich spielt auch Politik eine große Rolle und es werden die unterschiedlichsten politischen Aspekte diskutiert, die eine Relevanz für den Islam oder in Deutschland lebende Muslime aufweisen. Auf einer dieser (stark frequentierten) islamischen Seiten macht die Überschrift: „Wann wird Deutschland endlich islamisch – Betrachtungen zum Grundgesetz" neugierig. Hier finden sich **politisch-religiöse Abhandlungen,** die überwiegend die Überlegenheit der islamischen Religion und kultureller Phänomene gegenüber deutschen Gesetzen, Regeln und Werten darstellen. Deutschland soll vorangebracht werden auf dem Weg der Menschlichkeit und Nächstenliebe, das ist das erklärte Ziel dieser Seite, die zu einem der größten deutschsprachigen Internet-Portale islamischer Prägung gehört.

In der Rubrik „Berührungsexlusivität" wird erläutert, dass zwischengeschlechtlicher Blickkontakt und Berührungen – zu denen der Händedruck gehört – nur zwischen Eheleuten und Familienangehörigen statthaft ist. In der Abhandlung „Schutz der Ehe und Familie gegen den Kapitalismus" wird nicht nur diese Wirtschaftsform als zerstörerisches Element identifiziert, sondern auch die Legalisierung der Homosexualität und die freie sexuelle Orientierung. Garniert werden diese Texte mit allerlei Absurditäten, die der Phantasie der Verfasser entspringen. Einer der Betreiber dieses

Internetportals betreut ebenfalls die „Enzyklopädie des Islam". Wird dort beispielsweise der Begriff „Ehevertrag" angeklickt, lernen der Leser und die Leserin, dass Ausnahmeregelungen notwendig sind, damit eine Ehefrau das gemeinsame Heim ohne Erlaubnis des Ehemanns verlassen darf. Auf der Seite wird auch erklärt, dass gemäß den „religiösen Geboten des Islam" ein Mädchen mit spätestens „neun Mondjahren die religiöse Reife" erreicht, deshalb müsse schon ein Grundschulkind auch in Deutschland seinen Körper vor fremden Männern verhüllen – Gesicht und Hände dürften allerdings frei bleiben. Wollen Eltern z. B. eine Befreiung vom Schwimmunterricht erwirken, erhalten sie hier dann auch gleich Musterbriefe für Ausnahmegenehmigungen, und, wenn auch das nichts nützt, die Adressen von auf diese Fälle spezialisierten Juristen.

Die Brücken, die zwischen Orient und Okzident, Muslimen und Christen nach Aussage der Betreiber gebaut werden sollen, erscheinen angesichts solcher Interpretationen nicht sonderlich tragfähig. Hier scheint es eher darum zu gehen, im säkularen deutschen Rechtsstaat Räume zu schaffen, in denen eine von der islamischen Religion definierte moralische Ordnung gilt.

Internet im Alltag junger Muslime

Das Internet und soziale Medien sind wichtige Elemente des Alltags junger Muslime und ihrer Kommunikation – hier können sie sich zu aktuellen Themen äußern oder auch religiöse Fragen diskutieren. Den Machern von Onlineinitiativen wie beispielsweise dem Filmportal **Muslime.tv** geht es allerdings nicht darum, sich über religiöse Fragen auszutauschen. In den professionell gemachten Kurzfilmen, die von den jungen Filmemachern produziert werden, kommt vor allem auch die Absicht zum Ausdruck, den weitverbreiteten Vorbehalten gegenüber Muslimen, sie seien rückständig und Fremdkörper in der Mehrheitsgesellschaft, entgegenzutreten.

Innerhalb muslimischer Jugendverbände dienen Internet und soziale Medien als **Vernetzungsplattformen der Jugendlichen untereinander.** Junge Muslime berichten online über ihre Projekte und Engagements, tauschen sich über Fragen ihrer Identitätsfindung und gesellschaftspolitische Themen aus. Auch muslimische Bloggerinnen und Blogger sind zunehmend aktiv und bedienen sich unterschiedlichster Formate und Schreibstile. Auf islamischen Internetportalen stößt man aber beispielsweise auch auf die sogenannten **„Cyber-Fatwas",** Rechtsgutachten unterschiedlichster Seriosität, die auf verschiedenen Foren angefragt werden können. Auch Varianten einer **„Cyber-Da'wa",** also einer „Einladung", den Islam anzunehmen oder ihn im Alltag deutlicher zu leben, sind zu finden. **Dschihadistische Online-Propaganda** verstärkt Radikalisierungstendenzen junger Muslime durch das Internet. Auch auf der Online-Plattform **MyUmmah.de,** einem Netzwerk aktiver Muslime und eine Mischung aus Xing und StudiVZ, wollen junge Muslime vor allem miteinander in Kontakt treten und ihre Projekte bewerben. Die Übergänge zwischen religiösen und beruflichen Themen sind fließend, Gemeinsamkeiten mit Nichtmuslimen werden betont. Meistens tauchen die gleichen Fragen und Diskussionen zu Politik, Technik, Gesellschaft und Zukunft auf, die man auch in nichtmuslimischen Blogs findet.

Leben in zwei verschiedenen Welten

„Ich fühle mich nicht nur in Deutschland zu Hause, es ist mein Zuhause – da besteht kein Zweifel. Und trotzdem genieße ich den Moment, in dem ich die Schwelle zu unserem Haus überschreite und in eine andere Welt eintrete. Dort lebt meine Familie, wir sprechen Arabisch – auch wenn sich draußen mein schwäbischer Dialekt nicht von dem der anderen unterscheidet. Es gibt kräftige und fröhliche Farben im Haus, so, als hätten die Bewohner die südliche Sonne eingefangen und sie erst im Wohnzimmer wieder frei gelassen. Andere Gerüche wehen dem Eintretenden entgegen – meine Mutter kocht mit vielen marokkanischen Gewürzen, die sie in dem arabischen Lädchen ein paar Straßen weiter kauft. Und es ist meistens laut bei uns: Meine drei kleinen Geschwister lärmen, der Fernseher läuft, weil meine Mutter neben der Hausarbeit unbedingt arabische Soaps schauen muss, mein Vater sieht sich in einem anderen Raum Bundesligaspiele an. Das ist mein Zuhause im Zuhause. Obwohl ich die Heimat meiner Eltern im Alter von nur vier Jahren verließ, empfinde ich das marokkanische Leben in meiner Familie – oder das, was ich dafür halte – als vertraut und warm, es spricht meine Sinne an und vermittelt mir Geborgenheit. Religion ist bei uns zu Hause kein Thema. An Feiertagen geht mein Vater mit seinen Freunden in die Moschee oder in ein Vereinshaus, wo sie Tee trinken, Musik hören und Karten spielen. Meine Mutter ist gar nicht religiös. Meine Eltern haben es mir selbst überlassen, ob ich mich mit Religion beschäftigen möchte oder nicht. Verlasse ich das Haus, bin ich gleich wieder deutsch. Ich habe nicht das Gefühl, dass es irgendwie schwierig für mich ist, in zwei verschiedenen Kulturen zu leben und mich in zwei Sprachen zu Hause zu fühlen. Ich bin der deutschen Gesellschaft gegenüber loyal, aber natürlich auch meiner marokkanischen Familie. Mit der Identität ist es schon ein wenig schwieriger. Da weiß ich manchmal nicht, wie ich mich eigentlich bezeichnen soll. Natürlich bin ich Deutscher, so steht es auch in meinem Pass, aber irgendwie bin ich auch Marokkaner. Es müsste einen Begriff geben, der diese Mischung darstellen kann, aber den gibt es leider noch nicht."

Der **Boom der Blogs** seit einigen Jahren und auch die steigende Nutzung von sozialen Netzwerken durch junge Muslime kann aus dem Bedürfnis resultieren, Teil der Gesellschaft sein zu wollen, in der man sich immer noch erklären muss. Und das, obwohl man hier geboren und aufgewachsen ist. An den Inhalten wird deutlich, dass die Nutzer nicht jedes mediale Urteil über die eigenen Wertvorstellungen unwidersprochen über sich ergehen lassen wollen.

Ganz nach dem Vorbild der weltweit erfolgreichen App Tinder wurde eine Version für muslimische Singles geschaffen: **Minder.** Die Dating-App für Muslime funktioniert genauso wie ihr Vorbild. Gefällt dem Nutzer das Profil eines potenziellen Partners, wischt er auf dem Smartphone oder Tablet nach rechts, sagt das Profil nicht zu, erledigt sich das Ganze mit einem Wischen nach links. Bei beiderseitigem Gefallen können die Nutzer kommunizieren. Der einzige Unterschied ist, dass Minder gezielt heiratswillige Muslime anspricht. Details wie Konfession, ethnische Zugehörigkeit und die Selbsteinschätzung auf einem „Religiositätsbarometer" von „sehr fromm" bis „sehr liberal" ergänzen das Profil der Nutzer.

Online-Portale und Apps für die Suche nach dem muslimischen Traumpartner gibt es schon lange. Sie heißen **Salaam Swipe, Muslimlife** oder **Islamic Marriage**. Doch vielen Seiten haftet etwas Altbackenes an. Väter und Brüder der zukünftigen Bräute können als Aufpasser live beim Online-Flirt dabei sein. Im Portal **My Diaspora** können muslimische, bereits verheiratete Männer auch nach Zweitfrauen suchen, Nutzerinnen können beim Herunterladen der App angeben, ob sie als potenzielle zweite Ehefrau vermittelt werden möchten. Minder dagegen wird als Treffpunkt für „progressive, kluge, lustige und interessante Muslime" beworben.

Die Faszination extremistischer Gruppierungen auf muslimische Jugendliche

Bei einigen Gruppen junger Muslime haben sich in den letzten Jahren **fundamentalistische und islamistische Haltungen** entwickelt; vielleicht in dem Wunsch, eine junge politische Kraft zu bilden, die sich dem Establishment widersetzt. Die islamistische Bewegung versteht sich in diesem Kontext als einziger Widersacher der globalen Weltordnung. Die Anwerber islamistischer Organisationen bedienen sich inzwischen kräftig an den Statussymbolen der **muslimischen Popkultur: Musik, Kleidung** und ein bestimmter **Lebensstil** verbinden die Jugendkultur mit der islamistischen Mission. Online-Läden für junge Muslime preisen ihre Kleidung als coole, städtische islamische Hip-Hop-Mode für die neue Generation der islamischen Jugend an. T-Shirts und Kapuzenjacken mit religiösen Botschaften

sind bei jungen Männern besonders beliebt, darunter taucht dann auch schon mal „We are all ISIS" auf. Auch an Universitäten hat sich der Islam teilweise zur Protestkultur entwickelt. Da ist es nicht nur „in", „hip" oder „cool", Muslim zu sein, sondern es wird auch mit radikalen Varianten des Islam sympathisiert. Gerade die **IS-Ideologie** bietet attraktive Aspekte für die nach Identität suchenden jungen Muslime. Unter den jungen Muslimen scheint die Gruppe der Konvertierten und derjenigen, die die Religion ihrer Vorfahren neu für sich entdeckt haben, besonders anfällig für radikale Tendenzen des Islam zu sein. Aus ihren Reihen rekrutieren verschiedene Organisationen Nachwuchs für gewalttätige und terroristische Aktionen – diese Gruppierungen bieten die Strukturen, in denen das fanatische Gedankengut ausgelebt werden kann.

Warum sind fundamentalistische Lebensentwürfe so attraktiv? Eine mögliche Erklärung ist, dass sie Menschen mit dem versorgen, was ihnen in der modernen, globalisierten und unübersichtlich gewordenen Welt fehlt: Eine **Identität,** die einhergeht mit festen Zugehörigkeiten, verbindlichen Regeln und Eindeutigkeit. Der Islam verheißt mit seinen ausgeprägten Lebensregeln sicheren Halt – ein großer Vorteil angesichts unüberblickbarer individueller Freiheiten, Risiken und mannigfaltiger Wahlmöglichkeiten. Auch der **soziale und emotionale Zusammenhalt** in muslimischen Familien – auch übertragen auf die *ummah* – kann sehr anziehend auf Suchende und Verunsicherte wirken.

Junge muslimische Männer finden unter ihresgleichen Zusammenhalt

Extremistische Organisationen wie der „Islamische Staat" oder salafistische Gruppierungen haben professionelle Mechanismen entwickelt, um Suchende, Frustrierte, Wütende und Außenseiter zu ködern. Sie verleihen ihnen Bedeutsamkeit und vermitteln das Gefühl dazuzugehören. „Wenn ihr von der Gesellschaft keinen Respekt erhaltet, liegt das an den anderen – also kommt zu uns, hier werdet ihr anerkannt! Und wenn ihr bei uns seid, dürft ihr auch die bestrafen, die euch nicht respektieren." Diese Botschaft unterscheidet sich nicht von den Signalen, die auch rechtsextremistische Gruppen an Jugendliche und Desillusionierte senden.

Zu den **besonders gefährdeten Gruppen** von Jugendlichen gehören in Deutschland aufgewachsene Kinder von Eltern, die aus islamischen Ländern stammen, sich nicht ausreichend in die neue Gesellschaft integrieren konnten und zu den tatsächlichen oder gefühlten „Verlierern" gehören. Verfehlte Schulabschlüsse, eingeschränkte Ausbildungsmöglichkeiten und ein Freundeskreis, der sich überwiegend aus „Verlierern" zusammensetzt, können ausschlaggebende Faktoren für eine Radikalisierung darstellen. Die frustrierten und wütenden Jugendlichen machen die sie umgebende Gesellschaft für ihre Lebenssituation und Misserfolge verantwortlich und wenden sich schließlich gegen diese Gesellschaft. Dies wird oft durch eine prekäre finanzielle Situation der Familien und Jugendlichen verstärkt, die oftmals von sozialen Sicherungssystemen abhängig sind. Das zur Verfügung stehende Geld reicht nicht aus, um sich mit Symbolen der modernen Jugendkultur zu versorgen: Angesagte Markenkleidung, teure Smartphones, das Traumauto und vieles mehr können nicht gekauft werden. Der Unterschied zu den privilegierteren Jugendlichen wird ihnen besonders auch durch diese Statussymbole bewusst – ihr Fehlen erhöht die Frustration und verstärkt das Gefühl, zu den Außenseitern der Gesellschaft zu gehören und „weniger wert zu sein".

Aber auch unter den Jugendlichen, die als **Flüchtlinge** aus verschiedenen islamisch geprägten Ländern nach Deutschland kommen, gibt es besonders gefährdete Gruppen. Traumatisierung durch die Situation im Herkunftsland, die Flucht, die oft Monate oder sogar Jahre gedauert haben kann, und die instabile Lebenssituation nach der Ankunft und während des Asylprozesses erhöhen die Anfälligkeit für extremistisches Gedankengut. **Unbegleitete minderjährige Flüchtlinge** sind – zumindest in der momentanen zahlenmäßigen Größenordnung – ein relativ neues Phänomen und ihre Versorgung stellt die Aufnahmegesellschaft vor neue Herausforderungen. Für diese Gruppen hat therapeutische Behandlung und psychosoziale Begleitung eine hohe Priorität, denn sie scheinen besonders anfällig für Radikalisierung zu sein. In den Unterkünften kursieren Propaganda-Videos des IS oder anderer terroristischer Gruppierungen

Woran ich mich als junger deutscher Muslim orientiere

„Wenn ich Fragen zu den Regeln des Islam habe, wende ich mich meistens zuerst an meinen Vater. Er ist belesen, kennt sich gut aus und ist auch selbst praktizierender Muslim. Manchmal habe ich aber Fragen, die speziell mit meinem Leben als muslimischer Jugendlicher in Deutschland zu tun haben, dann wende ich mich eher an Freunde oder Mitglieder der Jugendgruppe in der Moschee.

Früher habe ich auch viel mit meinem älteren Bruder über Religion gesprochen, aber seit er studiert und einen ganz neuen Freundeskreis hat, scheint er sich für religiöse Fragen nicht mehr sonderlich zu interessieren. Passe dich an, ist seine Botschaft, dann wirst du auch von deinem deutschen Umfeld akzeptiert. Er heißt Yunis, aber jetzt lässt er sich von seinen Freunden „Jonas" rufen. Das kann ich nicht nachvollziehen, warum sollte ich meinen Namen ändern? Ich bin und bleibe Salman. Natürlich passe ich mich auch an, aber meine Religion ist mir weiterhin sehr wichtig.

Ich habe mich auch schon an unseren Imam gewandt, der uns allen immer wieder Hilfestellung bei Problemen anbietet. Aber wenn es um Freizeitaktivitäten oder Mädchen geht, mag ich ihn nicht fragen, das ist mir dann zu persönlich. Und er ist auch schon älter und versteht viele unserer Fragen und Probleme gar nicht so richtig. Ich treibe sehr viel Sport und bin freitags oft mit meinem Sportverein zu Turnieren unterwegs. Dann kann ich aber nicht die Moschee zum Freitagsgebet besuchen. Ich wollte wissen, wie ich damit umgehen kann und habe diese Frage mit unserem Imam diskutiert. Er ist sehr verständnisvoll, riet mir aber, gelegentlich am Freitagsgebet teilzunehmen. Ja, und dann habe ich Saskia im Verein kennengelernt. Sie ist keine Muslimin, noch nicht einmal Christin; sie sagt, sie hätte gar keine Religion. Aber das ist eine andere Geschichte und gehört jetzt nicht hierher.

Wenn ich selbst die Quellen des Islam heranziehe und im Koran oder den Überlieferungen nachschlage, werde ich schnell verwirrt. Es gibt so viele verschiedene Interpretationsmöglichkeiten und die unterschiedlichsten Antworten, dass es mir meistens nicht weiterhilft. Es gibt aber sehr interessante religiöse Sendungen auf den arabischen Kanälen, die wir zu Hause empfangen können, und da werden auch Fragen behandelt, die das Leben in Europa betreffen. Häufig nutze ich auch das Internet, um Auskunft und Antworten zu erhalten, allerdings besuche ich nur Seiten, bei denen ich genau weiß, wer dahintersteht. Es gibt so viele radikale Gruppierungen im Netz, mit denen ich nichts zu tun haben möchte; auf anderen Seiten werden Falschnachrichten verbreitet, um uns in die Irre zu leiten."

und Anwerber bemühen sich besonders um die teils labilen und orientierungslosen Jugendlichen, die aus ihrem stabilisierenden Familienverband herausgelöst wurden. Viele haben Familienmitglieder verloren und Menschen grausam sterben sehen. Gewaltausübung und Missbrauch auf der langwierigen Flucht verursachen oder verstärken bereits vorhandene Traumatisierungen. Diese Jugendlichen, die teilweise noch Kinder sind, befinden sich nun allein in einem fremden Land mit einer unbekannten Sprache. Therapeuten und Dolmetscher sind rar und viele junge Männer aus Gesellschaften der islamischen Welt sind es auch nicht gewohnt, über ihre Gefühle zu sprechen.

Profile potenziell gefährdeter Jugendlicher

Speziell für labile Jugendliche haben Anwerber aus extremistischen Organisationen Modelle entwickelt, um sie zum Beitritt zu bewegen. In der **Phase der Vertrauensbildung** wird nach **Schwächen** bei den potenziellen Jugendlichen gesucht, dann werden entsprechende Hilfestellungen angeboten. Diese Zuwendung wird mit religiösen Motiven begründet und mit Koranzitaten unterlegt. In einem weiteren Schritt wird das bisherige Leben infrage gestellt und in den düstersten Farben gemalt. Diese Phase kann schon einer **Gehirnwäsche** gleichen; ist diese vollzogen, werden neue Inhalte angeboten und eine extremistische **Radikalisierung** findet statt. Besonders gefährdet scheinen Jugendliche zwischen 16 und 20 Jahren zu sein.

Junge Männer, die den Dschihadismus für sich entdecken, werden oft als **wütend, traumatisiert oder labil** bezeichnet. Vielen Attentätern wird eine **narzisstische Persönlichkeit** zugeschrieben – sie wollen als Einzelpersonen berühmt (oder besser als Märtyrer verehrt) werden und tragen einen ausgeprägten Hass auf die Welt „der Anderen" in sich. Kombinationen aus Motiven wie Wut, Hass, Rachegedanken und teilweise tief empfundene Wertlosigkeit sind bei dieser Personengruppe zu finden. Sie fühlen sich oft **gedemütigt und schlecht behandelt,** ohne dass diese Gefühle rational begründet sind. Das Umfeld bekommt oftmals von dieser Gemütslage und den damit einhergehenden Veränderungen wenig mit. Gewalttätige Computerspiele, eine Affinität zu Waffen, Musik mit hasserfüllten Texten, aber auch Äußerungen über Mord- oder Selbstmordgedanken können Indikatoren sein, müssen es aber nicht. Man muss die Wut junger Männer begreifen lernen, wenn man ihnen und ihren Familien helfen möchte. **Familiäre Probleme, Schwierigkeiten in der Schule, Abwendung von Freunden** sind häufig wiederkehrende Faktoren, die eine Radikalisierung beschleunigen können. Hinweise kommen oft aus dem persönlichen Umfeld, von Familien, Mitschülern oder Arbeitskollegen.

Natürlich will ich hier bleiben, aber auch mein Anderssein leben!

„Ich glaube, ich bin ein guter Bundesbürger und gleichzeitig gläubiger Muslim – das ist für mich kein Gegensatz. Natürlich will ich hierbleiben, wo sollte ich auch hingehen, hier bin ich geboren, hier ist mein Zuhause. Ich bin Teil der deutschen Gesellschaft und will sie mitgestalten, aber auch unter islamischen Vorzeichen. Warum haben meine deutschen Mitbürger Angst davor? Die einen sagen, dass es nicht meine Frömmigkeit ist, die sie irritiert, sondern dass ich den Islam als ganzheitlich verstehe und dass er meine ganze Lebensweise umfasst. Dabei habe ich kein Sendungsbewusstsein, ich will nicht missionieren und meine Mitmenschen von der alleinigen Wahrheit überzeugen.

Die Religion ist meine eigene und höchst private Angelegenheit, aber sie hat natürlich Auswirkungen auf das Verhalten meinem Umfeld gegenüber. Andere bringen Religiosität und Frömmigkeit gleich mit radikalen Gruppierungen in Verbindung. Wie oft habe ich schon bestätigen müssen, dass ich nichts mit der Muslimbruderschaft oder Milli-Görüş-Bewegung zu tun habe, geschweige denn mit den Salafisten. Ich stelle auch nicht die Scharia über das Grundgesetz, sondern denke, dass beides gut miteinander vereinbar ist."

Psychologische Erklärungsversuche

In einigen psychologischen Erklärungsversuchen wird Gewalt als der Kern der Konstruktion von Männlichkeit beschrieben. Weil viele Attentäter in ihrer Männlichkeit gekränkt sind, greifen sie auf diesen Kern zurück. Die Gewalttat ist durch Kränkung, Größenwahn und Vernichtungswahn charakterisiert und basiert auf einem gestörten Selbst- und Weltbild, auch wenn

In solchen Fällen tragen Polizei und Behörden Informationen zusammen und versuchen herauszufinden, wie konkret die Pläne sind, ob es Zugang zu Waffen oder gefährlichen Substanzen gibt und ob Kontakte zu Organisationen bestehen. **Prävention** war lange Zeit kein großes Thema für die Politik. Staat und Gesellschaft sind zurückhaltend mit Versuchen, gefährdeten Jugendlichen zu helfen oder junge Radikale zurückzuholen. Inzwischen gibt es Beratungszentren für Angehörige von Islamisten. Sozi-

religiöse oder politische Überzeugungen herangezogen werden. Die islamistische Terrortat dient der Verbreitung von Tod, Angst und Schrecken. Das Morden im Rampenlicht wird als die öffentliche Inszenierung von Allmachtsphantasien verstanden. Die Attentäter genießen ihren Auftritt auf der medialen Weltbühne. Das lässt sich an ihrem Verhalten erkennen, das auf ins Netz gestellten Amateurvideos erkennbar ist.

Der „Islamische Staat" ist in Europa unter radikalisierten muslimischen Jugendlichen zu einem Kult geworden. Sie identifizieren sich mit dem Projekt eines totalitär verstandenen politischen Islam. Der mit Propagandavideos verbreitete Schrecken und die ausgesendeten Machtgebärden sind starke Identitätswaffen. Eine weitere Rolle spielt dabei eine paranoide Weltverschwörungstheorie: Der dekadente Westen, der Kapitalismus und das Weltjudentum verkörpern dabei „das Böse". Gleichzeitig wird im Sinne einer Utopie von Reinheit und einheitlichem Volkskörper die „ummah" als muslimische Heilsgesellschaft angestrebt. Der Mord an Un- und Andersgläubigen wird im Namen der Religion moralisch begründet.

Anstatt die Ursachen für das Elend in der eigenen Kultur- und Sozialgeschichte zu suchen, werden immer noch die ehemals kolonialistischen westlichen Länder dafür verantwortlich gemacht - und nicht die eigenen rücksichtslosen und korrupten Eliten. Die Klagen drehen sich um die vermeintliche Diskriminierung des Islam - Bildungsdefizite und starkes Bevölkerungswachstum als mögliche Entwicklungshemmnisse werden geleugnet. Rechte und Freiheiten des Individuums werden als unislamisch verteufelt, anstatt sie zu nutzen, um eine Entwicklungsdynamik in Gang zu setzen. Manche Interpretationen gehen so weit, die Aggressionsbereitschaft, die vom radikalen Islamismus ausgeht, als paranoide Reaktion auf ein selbstverschuldetes Modernisierungsdefizit zu bezeichnen. An der vermeintlichen Kränkung wird festgehalten, um die Wut zu rechtfertigen, die eigene moralische Überlegenheit zu beweisen und dadurch auch selbst an Bedeutung zu gewinnen.

alarbeiter, Psychologen und Pädagogen unterstützen die Polizei und vor allem Familien, die nicht mehr weiterwissen und keinen Zugang mehr zu ihren Kindern finden.

Aber auch **Mädchen und Frauen** können anfällig für die Verheißungen der „Gemeinschaft der wahren Gläubigen" sein. Für sie werden andere Köder ausgelegt: Junge Mädchen konvertieren zum Islam, nachdem sie im Internet Muslime kennengelernt und eine virtuelle Beziehung zu ihnen aufgebaut haben. Sie sind oftmals bereit, diese Männer zu heiraten, ohne sie jemals getroffen zu haben. Das äußerliche Erscheinungsbild verändert sich durch das Tragen des Kopftuchs oder Schleiers, soziale Kontakte zu Freunden und Familien werden gestört oder abgebrochen. Die andere, neue Gemeinschaft scheint attraktiver, die Radikalisierung nimmt ihren Lauf und endet in manchen Fällen mit der Ausreise in das Land, in dem der Bräutigam wartet – und in dem z. B. der IS aktiv ist. Innerfamiliäre Konflikte scheinen häufig der Türöffner für eine Radikalisierung zu sein, aber einige „Verführte" stammen auch aus „heilen Familien". Betroffene Eltern und Familien setzen sich mit Fragen auseinander, ob ihre Töchter einer Gehirnwäsche unterzogen wurden und wie dies unbemerkt von ihnen geschehen konnte. Sie fragen sich, ob die radikalen Tendenzen wieder aus den Köpfen entfernt werden können.

Gibt es einen Weg zurück?

Deradikalisierung ist ein langer Prozess, die Brücken zurück in das alte Leben müssen mit Werten wie Respekt und Selbstachtung stabilisiert werden. Gesunde soziale Beziehungen scheinen eine Bedingung für das gelungene Rückkehren zu sein – ein Garant sind sie nicht. Mehr Prävention und flächendeckende Beratungsangebote sind der erste Schritt, um sich besser gegen Radikalisierungstendenzen aufzustellen. In einigen Ländern gibt es **Ausstiegsprogramme** für jene, die mitten im Radikalisierungsprozess stecken und wieder herauswollen. Familien und Freunde suchen meistens verzweifelt nach Hilfe und Rat, was sie tun können, um einer geliebten Person zu helfen.

Von einigen Experten werden **Mütter** als die besten Partner bezeichnet, um Rekrutierung und Radikalisierung Einhalt zu gebieten. Sie bemerken oftmals als erste die Veränderungen an ihrem Kind, haben aber häufig keine Hilfe von außen. Manchmal werden sie auf eigene Faust tätig, schließen die Kinder ein, bringen sie zu Verwandten in eine andere Stadt oder verstecken die Reisepässe. Diese Reaktionen sind oft kontraproduktiv, denn der Widerstand wird als Beweis gesehen, auf dem richtigen Pfad der wahren Gläubigen zu sein. Die Rekrutierungsideologie der entsprechenden Organisationen vermittelt auch die Erklärung, dass die Ablehnung durch die eigene Familie eine unvermeidliche Konsequenz auf dem Weg der Wahrheitsfindung sei. Die neue, spirituelle Familie ist die *ummah,* die biologische Familie verliert ihre Funktion und wird teilweise sogar als feindlich wahrgenommen. Deshalb brauchen diese Familien **Unterstützungsnetzwerke,** um sie zu schulen und mit ihnen positive Alternativen zu entwickeln, die die Motivation der Jugendlichen ansprechen könnten. Es sind **Online-Communitys** entstanden, z. B. Mothers for Life, die den

Eltern, und besonders Müttern, Hilfestellungen anbieten und Rückkehroperationen planen. Die Anziehungskraft des „Labels IS" ist nur mit den Familien und dem direkten Umfeld der Jugendlichen zu brechen. Aufklärung über das wahre Wesen des IS-Kalifats und die scheinbar idyllischen Welten anderer extremistischer Organisationen ist notwendig, um ein realistischeres Gegenbild aufzuzeigen. Die Aufklärung muss Definitionen beinhalten, was Begriffe wie Kalifat, Dschihadismus und Salafismus tatsächlich bedeuten.

Fragen und Antworten

Wie passen religiöse Themen in die moderne Welt der Internet-Blogger?

Das Bildungsniveau unter den deutschen muslimischen Bloggern ist überdurchschnittlich hoch. Sie sind jung, erfolgreich, ehrgeizig – zumeist Gymnasiasten, Studierende oder junge Unternehmer, die sich auch über ihre Netzaktivitäten hinausgehend gesellschaftlich engagieren. **Cedar,** das European Muslim Professionals Network, ist ein Beispiel für ein Netzwerk von jungen Menschen, die Veränderungen bewirken und die Gesellschaft motivieren wollen. Intensiverer Dialog und multimediale Präsenz gelten als wirksame Mittel gegen Islamophobie. Die Verknüpfung von modernen und erfolgreichen Lebens- und Berufswelten mit zum Teil konservativen Ansichten ist oft ein Thema. Und auch wenn die Seiten hip daherkommen, spielen religiöse Fragen teilweise eine große Rolle. Die Modernität der neuen Medien, die Netzmöglichkeiten und die Blogger-Kultur stellen offensichtlich keinen Gegensatz zur Beschäftigung mit religiösen Themen dar, die doch häufig eher im konservativen Lager angesiedelt sind. Ganz im Gegenteil scheinen sie mühelos in diese moderne Welt integriert zu werden. Die Medien werden von den jungen Muslimen auch dazu genutzt, um sich über religiöse Themen auszutauschen, sich miteinander zu vernetzen, etwas ganz Eigenes zu entwickeln und sich selbst darzustellen. Es ist aber auch zu beobachten, dass junge Muslime ihre Botschaften im Netz eher zögerlich verbreiten und lieber anonym bleiben, da sie berufliche Nachteile befürchten. Sie wollen vermeiden, automatisch mit extremistischen Einstellungen in Verbindung gebracht zu werden, wenn sie im Netz auftauchen. Viele erklären, dass sie mit ihren Botschaften vermitteln möchten, dass der Islam nicht mit Gewalt und Frauenfeindlichkeit gleichzusetzen ist, und dass sie zwischen den verschiedenen Lagern Frieden stiften wollen. So wird beispielsweise in dem Blog **das fremdwoerterbuch** einer Journalistin aus dem Alltag als junge Migrantin berichtet und den gängigen Vorurteilen über Kopftuch und Islam mit Humor entgegengetreten. Blogger stellen das Selbstverständnis von Muslimen und muslimischen Verbänden und deren interne Debatten in den virtuellen Raum. Ihre Botschaft wird im Rahmen der Diskussion über Integration, Fremd- und Selbstbild selbstbewusst und selbstverständlich vorgetragen: Wir können sehr wohl mit unserer Herkunft, Religion und der modernen Lebenswelt in Deutschland im Einklang leben.

Warum tragen manche jungen Muslime in Deutschland traditionelle Kleidung?

Viele junge Muslime unterscheiden sich in ihrem Kleidungsstil nicht von der sie umgebenden Gesellschaft. Am ehesten fallen noch Mädchen und Frauen auf, die zu einem Kopftuch oder einer anderen Verschleierungsform greifen. Besonders in Vierteln großer Städte mit hohem Migrantenanteil gibt es aber auch junge männliche Muslime, die „islamische Kleidung" tragen. Ein Beispiel sind die traditionellen **Dschalabiyas,** langen Hemden ähnliche Kleidungsstücke für Männer, die auch in einer modischen Kurzversion vertrieben werden. Darunter werden meistens weite Hosen getragen, die den Knöchel freilassen. Jugendliche, die sich zu salafistischen Gruppierungen hingezogen fühlen, wählen manchmal diese Kleidung, die sich am Vorbild des Propheten orientieren soll. Dazu wird der Bart ungestutzt getragen und der Kopf mit einem Käppchen bedeckt.

Aber es gibt auch **moderne Varianten,** mit denen junge Muslime einen eigenen Trend kreieren und sich ganz bewusst vom Kleidungsstil der Salafisten absetzen. Langärmelige T-Shirts oder Jacken etwa, die auf Brust oder Rücken mit dem Namen eines heiligen Ortes, etwa Mekka, bedruckt sind. Sprüche aus dem Koran oder den Überlieferungen sind dagegen nicht erlaubt, da sich die Träger ständig von allen Verunreinigungen fern halten müssten. Diese Kleidungsstücke sind über das Internet zu beziehen oder werden auf islamischen Großveranstaltungen vertrieben. Natürlich ist auch verantwortungsvolles Verhalten mit dem Tragen dieser Kleidung verbunden; eine Bar oder Disco sollte mit einem „Mekka-T-Shirt" nicht betreten werden.

Es gibt verschiedene **Gründe,** warum junge Männer und Frauen einen Kleidungsstil wählen, der als „muslimisch" bezeichnet werden kann. Dazu gehört die Orientierung an religiösen Regeln: Den gängigsten Interpretationen folgend wird die islamische Kleiderordnung so ausgelegt, dass Männer ihren Körper von den Knien bis zum Bauchnabel bedecken sollen, Frauen den ganzen Körper bis auf Gesicht, Hände und Füße. Mit welcher Art von Kleidung dies geschieht, bleibt aber den Gläubigen überlassen, sie sollte nur nicht hauteng oder durchsichtig sein. Ein anderer Grund ist das Bestreben, sich als Muslim oder Muslimin von einer Gesellschaft aus überwiegend Nichtmuslimen abzusetzen und die eigene Identität zu betonen. Dies kann sich verstärken, wenn eine Ablehnung dieser Gesellschaft gefühlt wird. Die Kleidung wird als Protest gegen eine empfundene Diskriminierung gewählt: Wenn ihr uns als andersartig anseht, dann betonen wir diese Andersartigkeit noch. Durch die Wahl der Kleidung können aber auch innerhalb der muslimischen Subgesellschaften Signale ausgesandt werden. Sie kann Auskunft darüber geben, wie konservativ oder modern ein Mensch ist, und erlaubt eine schnelle Zuordnung innerhalb der eigenen Gruppe, was sich unter Umständen wiederum auf Verhaltensweisen und Kommunikation auswirkt. Eine verschleierte Frau signalisiert ihrem – insbesondere männlichen – Umfeld: Ich bin eine Muslimin, die religiöse Regeln befolgt – behandle mich mit dem gebotenen Respekt und halte Abstand. Die Wahl traditioneller Kleidung kann auch im Kontext von Abgrenzung und Auflehnung gegen die Eltern gesehen werden, die vielleicht schon lange oder schon immer moderne und „westliche" Kleidung tragen. Dies kann in einer Phase der Selbstfindung geschehen oder durch die Hinwendung zu konservativeren Wertvorstellungen als die Eltern sie

◁ Nur das Kopftuch ist von der traditionellen Kleidung geblieben –
aber daran wollen die Mädchen festhalten

Extrainfo 16 (s. S. 8): „Warum das Stückchen Stoff die Gemüter so sehr erhitzt" (Doku)

teilen. Das Phänomen der Veränderung des Äußeren und der Wahl der Kleidung als Zeichen von Auflehnung gegen Eltern oder Gesellschaft und im Zuge der Identitätsbildung ist in allen Kulturen zu beobachten. Man denke an Jeans statt Tuchhose, Mini- statt Faltenrock, die grün gefärbte Punkfrisur, Piercings und vieles mehr. In diesem Kontext führt der Weg der Selbstfindung manchmal in die andere, die konservative oder religiöse Richtung. Ein weiterer Grund für die Wahl traditioneller Kleidung kann der Wunsch sein, die Zugehörigkeit zu einer bestimmten politisch-religiösen Gruppe zu demonstrieren, wie es z. B. an anderer Stelle im Buch in Bezug auf die Salafisten beschrieben wird (s. S. 183).

Wie kann sich „muslimische Popkultur" darstellen?

Einige nationale Populärkulturen verfügen über eine grenzüberschreitende Attraktivität. In Asien z. B. nimmt die indische Filmproduktion von Bollywood einen besonderen Stellenwert ein. Im muslimischen Pakistan stehen diese Filme aus dem Nachbarland hoch im Kurs, obwohl die beiden Länder seit der Gründung Pakistans 1947 verfeindet sind und mehrere Kriege gegeneinander führten und die hinduistische Religion und Kultur von konservativen islamischen Kräften in Pakistan abgelehnt wird. Türkische Telenovelas sind ein Exportschlager und in der muslimischen Welt so beliebt wie in der Türkei selbst. Die in der Türkei verbotene Polygamie wird in diesen Serien ganz selbstverständlich als „islamische Kultur" dargestellt, eine Kussszene muss aber unbedingt verpixelt werden. Diese Telenovelas werden aber auch in andere Kulturräume, z. B. Lateinamerika, exportiert.

◁ Von Pakistan ins Land der unbegrenzten Möglichkeiten

Die amerikanische Populärkultur hat es vermocht, in weiten Teilen der Welt eine gefühlte Vertrautheit mit der amerikanischen Kultur und Gesellschaft zu erzeugen. Dabei werden natürlich auch ihre Vorzüge im Vergleich zu anderen Gesellschaften herausgestellt. Trotz aller Kritik und Auflehnung gegen eine US-amerikanische Dominanz erweckt dies immer wieder Begehrlichkeiten. Dies verdeutlicht ein Cartoon aus der Zeit der amerikanischen Intervention im Irak, dieser ist unterschrieben mit den Worten: „Ami go home ... but take us with you!" In der afghanischen und pakistanischen Politik werden die USA immer wieder in populistischer Weise als sehr zweifelhafte Freunde dargestellt, die den lokalen Gesellschaften ihren Stempel in Form ihres eigenen Wertesystems aufdrücken wollen. Finanzielle und militärische Unterstützung wird gern akzeptiert, aber gegen Dominanz und Einflussnahme setzt man sich zur Wehr. Die islamistischen Kräfte dieser und anderer Länder sehen in den USA „den große Satan", der als Gegenspieler des Islam auftritt. Bei Kabinettbildungen nach Wahlen in den beiden Beispielländern stellt sich aber immer wieder heraus, dass viele Minister nicht antreten können, weil sie eine doppelte Staatsangehörigkeit besitzen – die zweite ist meistens die US-amerikanische ...

Die amerikanische Populärkultur mit Kleidungsstil, Esskultur, Musik und vielem mehr ist „sympathisch" und positiv besetzt und hat vielleicht deshalb die ganze Welt inklusive islamischer Länder erobert. Russische und chinesische Populärkulturen haben dies über ihre Region hinaus noch nicht geschafft. Auch wenn der Slogan „Tod den USA" lange Zeit regelmäßig aus dem Iran zu hören war, trinkt man am liebsten Original-Coca-Cola und die in den Städten verbreitete Hamburger-Kette Mash Donalds gleicht dem Vorbild bis auf das (fast) korrekte Logo.

Mit welchen Versprechungen und Themen ködern extremistische Organisationen Jugendliche?

Warum wenden sich Jugendliche plötzlich dem Islamismus zu und werden zu Dschihadisten? Welcher Mittel bedienen sich Organisationen, um empfängliche Jugendliche zu ködern? Diese Fragen tauchen seit Jahren immer wieder in der aktuellen politischen Diskussion auf. Es gibt keine einfachen Antworten, aber inzwischen wurde eine ganze Reihe von Erklärungsversuchen entwickelt. Zum einen stehen den betreffenden Organisationen beträchtliche finanzielle Mittel zur Verfügung und das gesamte Arsenal der digitalen Kommunikationstechniken, mit denen besonders Jugendliche angesprochen werden können. Im Netz verbreitete Videos des IS zeichnen beispielsweise das äußerst positive Bild einer starken Ge-

meinschaft, die nicht nach Herkunft fragt, sondern jeden aufnimmt, der sich zu den Zielen bekennt. Zum anderen sind die Akteure „cool" und füllen den Mythos des „glorreichen Dschihad" mit Leben. Sie vermitteln ein schönes, romantisierendes Bild vom Leben im Kalifat. Diese überzeichneten Bilder beschreiben bedingungslose **Kameradschaft, heile und stabile Familien, klare Verhältnisse** und **einfache Regeln.** Die verlockenden Verheißungen der „Gemeinschaft der wahren Gläubigen" sind in ein goldenes und weiches Licht getaucht und sprechen verschiedene Sinne und Emotionen der Suchenden an. Selbst der Tod für die gemeinsame Sache wird zu einem Heldenmythos verklärt – der Märtyrer gibt sein Leben hin, um Gott und dem Islam zu dienen, und erhält dafür Bedeutung und Wertschätzung über den Tod hinaus. Und es wartet ein **Platz im Paradies** auf ihn, denn Märtyrer dürfen sich ohne Umwege dorthin begeben und sich den paradiesischen Genüssen bis in alle Ewigkeit hingeben. In dieser **Kalifats-Idylle** stehen die Männer vor orientalischer Kulisse mit im Abendwind wehenden Gewändern und Fahnen zusammen und recken die glänzenden Waffen der untergehenden Sonne entgegen. Die Frauen hüten derweil zu Hause die Kinder und erziehen die nächste Generation von „Rechtgläubigen". Der Schriftsteller Karl May hätte Männerfreundschaften und Blutsbrüder unter Waffen in abenteuerlichen Weltgegenden nicht anrührender zeichnen können. Auch in diesem erdachten Kosmos spielte Religion keine unerhebliche Rolle – allerdings in diesem Kontext die christliche. Verließ nicht auch der „edle Wilde" Winnetou als bekehrter Christ diese Welt?

In islamistischen Gruppierungen wird die Religion mit Waffen verteidigt

Extrainfo 17 (s. S. 8): ARTE-Dokumentation zum Thema Salafismus

Streben islamische Organisationen Veränderungen in der deutschen Gesellschaft an?

Einige konservative und fundamentalistische islamische Bewegungen und Organisationen helfen ihren Mitglieder nicht nur bei der Integration in das neue Umfeld, welches das Ziel der Migration oder der Flucht ist, sondern zielen auch auf die **Veränderung der aufnehmenden Gesellschaft** ab. Ihre Vertreter sind davon überzeugt, das richtige Weltkonzept zu haben, und gehen davon aus, dass irgendwann der Rest der Welt dies auch einsieht und das Konzept übernimmt.

Die **Expansion des Islam** ist für viele das Ziel der Bewegung und Europa wird dabei großes Zuwachspotenzial zugesprochen. **Aktive Werbung und reicher Kindersegen,** um die Gemeinschaft der Gläubigen zu stärken, werden von ihnen als passende Mittel für diesen Zweck propagiert. Druck wird besonders auf die Muslime ausgeübt, die ihre Religion weniger aktiv ausüben. Sie fühlen sich teilweise bedrängt, ebenfalls einen konservativeren Lebensstil anzunehmen, z. B. zum Kopftuch zu greifen oder auf Distanz zum anderen Geschlecht zu gehen.

Die Ideen und Leitlinien dieses Trends sind im politischen und gesellschaftlichen Kontext islamischer Länder entstanden; viele der darin enthaltenen Haltungen und Aussagen sind mit dem deutschen Wertesystem nicht vereinbar. **Panislamische Ideen** sind häufig nicht an den deutschen Diskurs anzupassen. Aus der zunehmenden Religiosität bestimmter Gruppen kann die Gefahr wachsender Empfänglichkeit für die Propaganda radikaler und anti-westlicher Prediger erwachsen, die zugleich religiöse Ziele mit Gewaltanwendung verknüpfen.

Kritische Muslime befürchten, dass Dialogbereitschaft und positive Haltung zu Integration aus dem Munde der religiösen Führer und Prediger dieser Organisationen nur der Beruhigung der westlichen Gesellschaften dienen; tatsächlich würde **im Hintergrund eine ultra-konservative Haltung** gepflegt, in der das individualistische und säkulare Umfeld als feindlich empfunden wird. In Deutschland würde versucht, Terror und Gewalt mit religiöser Aufklärung zu begegnen, und diese Aufgabe zum Teil ausgerechnet Organisationen mit einem starken Sendungsbedürfnis übertragen. So würde religiösen Aspekten sehr viel Raum gegeben, was teilweise im Widerspruch zum säkularen Selbstverständnis des Staates stehe.

Kulturschock Deutschland

Flucht und Migration | 200

Ernüchterung nach der Ankunft | 201

Die interkulturelle Begegnung | 202

Gespräche in der Begegnungsstätte | 205

◁ Alkohol, unbekannte Trachten und Freizügigkeit sind nur einige Phänomene, die bei Muslimen zu einem Kulturschock führen können (088ki-fo©emeraldphoto, stock.adobe.com)

Flucht und Migration

65 Millionen Menschen sind weltweit auf der Flucht (2017) – so viele wie seit dem Zweiten Weltkrieg nicht mehr. Zu den Fluchtursachen gehören Kriege, gewaltsame Konflikte, Verfolgung aufgrund von politischer, religiöser oder ethnischer Zugehörigkeit und Menschenrechtsverletzungen. Auch Naturkatastrophen und Hungersnöte zwingen Millionen Menschen zur Flucht. Die Zahl der Binnenflüchtlinge, die die Grenzen ihrer jeweiligen Länder nicht verlassen, wird auf 40 Millionen geschätzt. Allen Flüchtlingen ist gemein, dass sie durch Gewalt und Ausbeutung stark gefährdet sind und unter prekären Lebensumständen leiden. Verschiedene **Konfliktherde** machen den Nahen Osten zu einer besonders instabilen Region. Der Bürgerkrieg in Syrien, die Auseinandersetzungen mit der Terrororganisation „Islamischer Staat", der Staatszerfall in Libyen und andere Konflikte generieren Millionen von Flüchtlingen. Aber auch aus Ländern wie Afghanistan, Somalia, dem Sudan oder Nigeria fliehen Menschen vor Gewalt, Armut und Unterdrückung. Viele Menschen hoffen, für sich und ihre Familien in einem anderen Land ein besseres Leben zu finden.

Von **Flüchtlingen** wird bei Menschen gesprochen, die aufgrund äußerer Einflüsse zur Flucht gezwungen sind. Laut Artikel 1A der Genfer Flüchtlingskonvention ist ein Flüchtling eine Person, die „aus der begründeten Furcht vor Verfolgung wegen ihrer Rasse, Religion, Nationalität, Zugehörigkeit zu einer bestimmten sozialen Gruppe oder wegen ihrer politischen Überzeugung sich außerhalb des Landes befindet, dessen Staatsangehörigkeit sie besitzt, und den Schutz dieses Landes nicht in Anspruch nehmen kann oder wegen dieser Befürchtungen nicht in Anspruch nehmen will." Menschen, die aus eigenem Antrieb ihr Land verlassen, um nach besseren Lebensperspektiven zu suchen, werden als **Migranten** bezeichnet.

Flüchtlinge und Migranten, die seit 2015 in größeren Zahlen in Deutschland Schutz und ein neues Leben suchen, kommen vor allem aus Syrien, dem Irak und Afghanistan, aber auch aus Eritrea, dem Iran, Somalia, Nigeria und der Türkei. Bei fast allen Herkunftsländern handelt es sich um islamisch geprägte Staaten, nur Eritrea und Nigeria haben jeweils lediglich einen fünfzigprozentigen muslimischen Bevölkerungsanteil.

Für die meisten Flüchtlinge und Migranten bedeutet die Ankunft in Deutschland Hoffnung und die Chance auf ein sicheres Leben; viele Neuankömmlinge haben hier auch Angehörige und Freunde, die schon lange im Land leben und die ihnen in der Anfangsphase behilflich sein können. Viele Menschen werden aber auch von skrupellosen **Schleusern** und **Schleppern** unter falschen Versprechungen nach Deutschland gebracht. Für sie ist die Ankunft in einer Flüchtlingsaufnahme oft eine ernüchternde

Erfahrung. Fast **zwei Drittel der Flüchtlinge und Migranten sind männlichen Geschlechts** und Frauen damit deutlich unterrepräsentiert. Ebenfalls **zwei Drittel aller Antragsteller sind jünger als 30 Jahre.** Flüchtlinge aus Bürgerkriegsländern und Kontexten gewaltsamer Konflikte sind häufig traumatisiert. Auch die Flucht selbst, die oftmals Monate dauert und Familienverbände auseinanderreißt, kann zu der **Traumatisierung** beitragen. Besonders Kinder und Jugendliche sind häufig davon betroffen.

Ernüchterung nach der Ankunft

Junge Flüchtlinge sind stolz, „es geschafft zu haben", und erleichtert, nun in einem sicheren Umfeld zu leben, aber sie stehen auch unter einem **starken sozialen Druck.** Das Umfeld und die Sprache sind neu und fremd, die schützende Familie, in die sich der Einzelne zurückziehen kann, ist fern. In der Heimat verbliebene Familienmitglieder und Verwandte befinden sich oft in der Erwartungshaltung, nun so schnell wie möglich „nachgeholt zu werden" oder zumindest finanzielle Unterstützung von ihren geflüchteten Kindern zu erhalten, sobald diese sich eingelebt haben. Die Geflüchteten haben oftmals einen Schuldenberg zurückgelassen, da Verwandte und Bekannte das für die Flucht notwendige Geld zusammengelegt haben,

Ein neues Leben in Europa

um einem Familienmitglied – meist einem jungen Mann – die Flucht zu ermöglichen. Diese Schulden müssen nun abgetragen werden – ein Prozess, der sich manchmal über viele Jahre hinzieht und die Verschuldeten stark belastet. Hinzu können idealisierte Vorstellungen von den ökonomischen Verhältnissen in den Aufnahmeländern kommen – die finanzielle Versorgung für Ankommende und spätere Einkommensmöglichkeiten werden häufig völlig überschätzt, die geringe Wahrscheinlichkeit, Asyl zu erhalten, die Langwierigkeit des Eingliederungsprozesses und die hohen Lebenshaltungskosten unterschätzt. Die **Erwartungshaltung der Familien** kann den Geflüchteten, die sich plötzlich mit den realen Gegebenheiten in den Aufnahmeländern konfrontiert sehen, und besonders den Jugendlichen unter ihnen, enorm zu schaffen machen. Werden die Hoffnungen enttäuscht, wenn beispielsweise der Asylantrag abgelehnt wird und der Flüchtling in sein Herkunftsland zurückkehren muss, können sich der soziale Druck und das Gefühl des Versagens bis ins Unerträgliche steigern. Das Geld ist ausgegeben und die Erwartungen wurden nicht erfüllt – dadurch nimmt das gesellschaftliche Ansehen des erfolglosen Rückkehrers Schaden. Von den persönlichen Risiken der Rückkehr in politisch instabile Verhältnisse oder gewalttätige Konflikte ganz zu schweigen.

Die interkulturelle Begegnung

In den vorangegangenen Kapiteln wurde der soziokulturelle und religiöse Kontext von Menschen und Gesellschaften islamisch geprägter Länder vorgestellt. In diese Kontexte der verschiedenen Länder begeben sich Reisende – und aus diesen Kontexten stammen Flüchtlinge und Migranten, denen wir hier in Deutschland begegnen. Sie sind – so wie alle Menschen – **geprägt von ihren Kulturen** und bringen etwas davon mit in ihr Gastland. Aber auch Mitbürger, die vor vielen Jahren aus islamisch geprägten Ländern nach Deutschland kamen oder hier geboren wurden, haben noch unterschiedlich starke Bindungen an die kulturellen und religiösen Kontexte ihrer Herkunftsländer, vermittelt durch Familie, Freunde oder durch diese Kontexte geprägte Subkulturen, die Bestandteil der deutschen Gesellschaft sind.

Menschen aus unterschiedlichen Ländern und Kulturen sind in ihrem jeweils ganz eigenen Umfeld aufgewachsen. Durch Erziehung und Erfahrung haben sie im Verlauf ihrer Entwicklung die für ihre Kultur und Ge-

▷ Eine von zahlreichen Begegnungsstätten

Extrainfo 18 (s. S. 8): Dokumentation eines dreimonatigen Projekts: der Alltag muslimischer Mädchen und junger Frauen – Klischee und Wirklichkeit

sellschaft passenden und bedeutsamen Verhaltensregeln, Normen und Werte gelernt. Sie sind von ihrer Kultur geprägt und haben ein sehr spezifisches, für ihre Kultur typisches Orientierungssystem verinnerlicht. Ihr Handeln und Denken, Wahrnehmen und Empfinden wird von diesem **kulturspezifischen Orientierungssystem** gesteuert und beeinflusst. Dies alles geschieht unbewusst und die Prozesse laufen ganz selbstverständlich ab. In einem spezifischen Kontext verhalten sich alle Menschen ähnlich, dies wird als positiv und zielführend erfahren. Leichte Abweichungen können toleriert werden, aber starke Unterschiede werden sehr schnell auf Unfähigkeit oder Unwilligkeit zurückgeführt. Die Toleranz ist dann am Ende, viele Menschen reagieren in solchen Situation mit Belehrungen, Richtigstellungen oder anderen Methoden der Verhaltensänderung. Wir bleiben in unseren eigenen Orientierungssystemen verhaftet und sehen unsere daraus resultierenden Erwartungen enttäuscht.

Die meisten Menschen, die über ihre Erfahrungen im Umgang mit Bewohnern eines fremden Landes berichten, heben Unverständliches, Merkwürdiges und Widersprüchliches hervor. Besonders intensiv sind Erlebnisse, die eine starke Verunsicherung hervorrufen oder die eine **konfliktbehaftete Situation** beinhalten. Das **Fremde steht im Mittelpunkt,** der Grad des Fremdkulturellen wird an dem eigenen kulturellen Hintergrund mit den dazugehörigen Werten gemessen. Das Eigenkulturelle wird so zum Maßstab der interkulturellen Begegnung und Interaktion. Fremdheit und

Irritation wird erlebt, weil die Handlungsweisen nicht kompatibel sind. Vielen Menschen ist nicht bewusst, dass es verschiedene Varianten zur Gestaltung von Lebenssituationen gibt – sie halten die eigene und damit vertraute für die einzig mögliche und vor allem auch vernünftige.

Missverständnisse und Konflikte können bereits entstehen, wenn die Beweggründe für Verhaltensweisen des Gegenübers unerklärlich sind.

Selbstverständliches hinterfragen – Wer sind „Wir", wer „die Anderen"?

Wenn wir von „uns" sprechen, „den Deutschen", stellt sich die Frage, wer „wir" überhaupt sind. Ein geschätztes Viertel aller Bürger und Bürgerinnen Deutschlands – oder zumindest ihre Eltern – haben einen Ursprung, der außerhalb Deutschlands liegt, über viereinhalb Millionen Menschen bezeichnen sich als Muslime. Wer gehört „dazu" und wer nicht? Manche Stimmen vertreten eine „deutsche Leitkultur", der „die Anderen" folgen sollen. Wessen Leitkultur soll dies sein und wer sind „die Anderen"? „Wir" berufen uns auf „unsere" Grundwerte, die von „den Anderen" akzeptiert und geteilt werden sollen. Was aber sind diese zentralen Werte? Können wir sie definieren? Sind es Werte, die in „unserem" Grundgesetz stehen? Sind es christliche Werte? Gibt es in der deutschen Gesellschaft einen Konsens darüber? Welche Werte vertreten die hier lebenden oder hinzugezogenen Muslime? Unterscheiden sie sich von „unseren" Grundwerten? Können diese Unterschiede zu Konflikten führen? Wer von diesen Muslimen gilt schon als „deutsch", wer noch nicht? Neue und zukünftige Bürger wollen wissen, was sie tun müssen, um sich integrieren zu können – und als integriert zu gelten. Sie werden dazu angehalten, das Grundgesetz zu akzeptieren, die deutsche Sprache zu lernen, Regeln und Normen zu beachten und einzuhalten. Was erwartet die „deutsche Mehrheitsgesellschaft" noch von ihnen? Was müssen sie lernen und wie sich verhalten, um „dazuzugehören"?

Viele Themen und Begriffe, die in diesen Fragen angesprochen werden, erscheinen uns selbstverständlich. Wir müssen nur die Zeitung aufschlagen, eine Talkshow anschauen oder den Computer hochfahren – und schon werden wir damit regelrecht bombardiert. Wenn wir nur ein Wörtchen auswählen, z. B. das „wir", darüber nachdenken und es hinterfragen, verliert es sehr schnell seine scheinbar einfache Bedeutung und Selbstverständlichkeit. „Wir" alle sind eingeladen, uns einen Augenblick Zeit für das Hinterfragen und die Reflektion dieser Begriffe und Aussagen zu nehmen.

Die Kultur des jeweils anderen ist dann „ein Buch mit sieben Siegeln". Wenn Antworten auf die anfangs zahlreichen Fragen gefunden werden und eine langsame Annäherung mit Geduld, Toleranz und gegenseitiger Achtung stattfindet, öffnen sich die Siegel des Buches, eins nach dem anderen, bis der Inhalt gelesen und verstanden werden kann. Wenn wir uns zunächst mit unserem eigenen Orientierungssystem beschäftigen, werden wir all das, was wir in der Begegnung mit Menschen aus anderen Kulturen erfahren, besser verstehen können. Durch die Spiegelung des eigenen kulturspezifischen Verhaltens wird es uns ermöglicht zu erkennen, wie wir auf Menschen aus anderen Kulturen wirken, und zu lernen, wie sich interkulturelle Begegnungssituationen für beide Seiten angenehm gestalten lassen.

Gespräche in der Begegnungsstätte

In diesem letzten Teil des Buches steht die Begegnung mit der deutschen Gesellschaft, ihren kulturellen Elementen, Traditionen und Werten im Mittelpunkt. Er beschäftigt sich mit Erlebnissen und Erfahrungen der Ankunft und des Orientierungsprozesses in einer fremden Gesellschaft. Gleichzeitig gibt er Raum für häufig auftauchende Fragen zu soziokulturellen und gesellschaftlichen Aspekten in Deutschland, die – besonders für „Neulinge" – verwirrend, unverständlich und widersprüchlich sein können oder einfach „fremd".

Viele dieser Fragen und Gespräche können auch auf Reisen in islamisch geprägten Ländern auf Deutsche zukommen. Sie können uns dabei helfen zu erkennen, warum Muslime uns manchmal nicht verstehen. Mithilfe der Antworten, die sich aus den Gesprächen ergeben, vermögen wir es vielleicht, uns selbst über eigene Verhaltensweisen, soziokulturelle und geschichtliche Hintergründe klar zu werden. Wenn wir uns selbst besser verstehen, sind wir auch eher in der Lage, anderen Menschen unsere Eigenheiten zu erklären.

In einer (fiktiven) Begegnungsstätte finden (fiktive) junge Migranten und Flüchtlinge die Gelegenheit, von ihren ersten Erlebnissen in Deutschland zu berichten, ihre Fragen zu stellen und anfängliche Schwierigkeiten zu reflektieren. Die meisten von ihnen stammen aus islamisch geprägten Ländern. Als Gesprächspartner dienen ihnen junge Deutsche, die sich ehrenamtlich in der Flüchtlings- und Jugendarbeit engagieren. Einige von ihnen haben einen Migrationshintergrund, sie selbst oder ihre Eltern stammen ebenfalls aus islamischen Ländern. Mehrere der jungen Leute sind auch in muslimischen Jugend- oder Studentengruppen aktiv.

Erstes Gespräch: verloren im Dschungel der Regeln und Vorschriften

Hamid ist neu in der Gruppe, er besucht die Begegnungsstätte zum ersten Mal. Der junge Mann ist aus Syrien geflüchtet, Teile seiner Familie leben jetzt in der Türkei. Er vermisst seine Eltern und Geschwister, arbeitet aber sehr zielstrebig daran, sich in die Gesellschaft seines Gastlandes zu integrieren. Die Flüchtlingsunterkunft konnte er vor wenigen Wochen verlassen, er lebt jetzt in einer Einzimmerwohnung. Hamid macht sehr gute Fortschritte in seinem Sprachkurs und hofft auf eine Lehrstelle. In Damaskus hatte er bereits ein Ingenieursstudium begonnen.

Hamid stellt sich der Gruppe vor: „Deutschland ist großartig, ich fühle mich hier sehr wohl. Ich erzähle das jeden Tag meiner Familie am Telefon. Sie sind sehr froh, dass ich hier so gut aufgenommen wurde. Am meisten freue ich mich darüber, dass ich wahrscheinlich bald eine Lehrstelle bekomme. Ich durfte mich schon dem Betriebsleiter vorstellen." Seine Begeisterung ist ihm anzusehen. Aber er hat auch viele Fragen und versteht so manches nicht, was sich in seinem Umfeld abspielt. Das sei auch der Grund, warum er den Kontakt und Austausch in der Gruppe suche. Er möchte die Gesellschaft seines Gastlandes verstehen und Antworten auf seine Fragen erhalten. „Was mich am meisten überrascht hat, ist, dass es in Deutschland unzählig viele Regeln und Vorschriften gibt. Alles, aber auch wirklich alles im Leben der Deutschen scheint geregelt zu sein, mir schwirrt manchmal der Kopf vor lauter Vorschriften. In der Flüchtlingsunterkunft habe ich es nicht so gemerkt, aber jetzt, wo ich alleine wohne, habe ich ständig Angst, etwas falsch zu machen. Es gibt einen Putzplan für das Treppenhaus, ich darf die Waschmaschine im Keller nur zu bestimmten Zeiten benutzen und das mit der Mülltrennung ist ziemlich kompliziert. Meine Nachbarin hat es mir erklärt, sie war ganz freundlich, aber sehr bestimmt. Als

◁ So viele Regeln und Verbote ...

dann eine Plastiktüte im Bioabfall lag, hat sie gleich bei mir geklingelt. Als meine Freunde zu Besuch waren, haben wir auf der Gemeinschaftsrasenfläche vor dem Haus rumgekickt, aber da wurden wir gleich darauf hingewiesen, dass das verboten sei. „Auch den Sportplatz dürfen wir nicht nutzen, weil wir nicht zum Verein gehören", berichtet Hamid frustriert. Das Thema scheint viele aus der Gruppe zu bewegen, denn es folgen sofort weitere Beispiele. Mariam und ihre Familie suchen an Wochenenden immer wieder Plätze, wo sie im Familienkreis picknicken und grillen können – und müssen häufig wieder umziehen, weil es in den meisten Grünanlagen verboten ist oder weil die spielenden Kinder und der Rauch des Grills als Lärmquelle und Geruchsbelästigung wahrgenommen werden. Hamid ergreift noch einmal das Wort: „Für mich erscheint es widersprüchlich, wenn eine Gesellschaft einerseits so viel Wert auf Regeln legt und andererseits immer wieder die Freiheit und Unabhängigkeit jedes einzelnen Menschen betont."

Yasemin meldet sich zu Wort, auch sie kommt aus Syrien, ist aber schon seit einigen Jahren in Deutschland. Sie hat mit ihrer Sprachlehrerin ausführlich über die Vorliebe der Deutschen für Regeln, Vorschriften und Verbote diskutiert und möchte Hamid gern einige seiner Fragen beantworten: „Ich finde das Thema sehr spannend und habe deshalb meine Lehrerin mit vielen Fragen gelöchert. Von ihr habe ich so viel über deutsches Verhalten und Werte erfahren – das war für mich mindestens ebenso wichtig wie die Sprache. Sie hat mir erklärt, dass sich Regeln und Vorschriften in allen deutschen Lebensbereichen finden und kaum hinterfragt werden. Man hält sie selbstverständlich ein und bei Regelverletzungen reagieren viele Menschen sehr empfindlich – sogar unbeteiligte Personen. Wenn auf Regelüberschreitungen hingewiesen wird, nimmt das manchmal die Form von Erziehungsmaßnahmen an, so wie das bei Dir und der Mülltrennung war, Hamid. Dahinter steckt das ausgeprägte Bedürfnis nach einer klaren und eindeutigen Orientierung. Jederzeit soll die Kontrolle über Systeme und Situationen möglich sein und sollen Risiken ausgeschaltet werden."

Yasemin fährt fort: „‚Lieber vorher schlau als hinterher klüger', hat meine Lehrerin einmal zu mir gesagt. Ich habe mich gefragt, was das eigentlich bedeuten soll und was dahinter steckt? Sie erklärte mir, dass Deutsche es lieben, zu planen und zu organisieren, um möglichst störungsfrei handeln und arbeiten zu können. Sie schaffen sich Systeme und Modelle zur Orientierung und fertigen schriftliche Dokumentationen an, um sich später darauf berufen zu können. Man überlässt ungern etwas dem Zufall und versucht, Risiken durch gutes Planen und Vorbereiten auszuschalten. Unfallgefahren und Fehlerquellen sollen so weit wie möglich im Voraus erkannt und verbannt werden. Aufgrund der geringen Risikobereitschaft können sich Entscheidungen gelegentlich schon verzögern, weil man ‚sichergehen' möchte und viele Eventualitäten in die Planungen mit einbezieht. Auch bei der Produktion von Dingen wird eine hundertprozentige Fehlervermeidung angestrebt. Das perfekte Produkt soll höchsten Ansprüchen genügen und die Kunden zufriedenstellen, dafür sind die Deutschen ja auch auf der ganzen Welt berühmt. Wenn einmal ein Plan entwickelt wurde, hält man daran fest und versucht, ihn in die Tat umzusetzen. Wenn etwas Unvorhergesehenes passiert, ist man schnell aus dem Konzept geworfen und irritiert. Spontanes und flexibles Umplanen oder Schadensbegrenzung ist dann nicht so einfach möglich, weil man den einmal festgelegten Weg verlassen hat. Flexibles und spontanes Verhalten kann durch diesen Perfektionsanspruch allerdings auch erheblich eingeschränkt werden."

Die besondere Beziehung der Deutschen zu Regeln und Vorschriften

Der Entwicklung von Verhaltensweisen liegen meist historische Entwicklungen zugrunde. In der deutschen Kultur ist das Individuum und nicht eine höhere Macht verantwortlich für alle Geschehnisse, weshalb sich der Einzelne durch Regeln und Strukturen abzusichern versucht. Strukturen haben sich aus Erfahrungswerten von vielen Menschen gebildet; wenn sie sich als effektiv erweisen, wird dieser Vorgabe oder diesem Weg auch zukünftig gefolgt, ohne ihn weiter zu hinterfragen. Bevor sich die deutschen Fürstentümer und Kleinstaaten herausbildeten, lebten die Menschen in relativ überschaubaren Stammesgesellschaften. Auch dort entwickelten sich schon Regeln, die überlebenswichtig waren und den Zusammenhalt der Gruppen förderten – sie waren für alle absolut verbindlich. In den Jahrhunderten der Kleinstaaterei gab es keine Zentralgewalt in Deutschland, nur eine große Zahl von kleinsten Territorialstaaten, die absolutistische Staatsformen hatten.

Diese Lebensform wirkte beschränkend auf den Horizont der in diesen kleinen Staaten lebenden Menschen; man gewöhnte sich an die Enge und entwickelte Verhaltensweisen, die in die „Tiefe" gingen. Ordnung, Zuverlässigkeit und Genauigkeit wurden zu Tugenden, besonders in den Handwerkerinnungen, und bildeten die Basis für das heutige deutsche Qualitätsverständnis, das durch ein festes Regelwerk tradiert wurde. Als die Zeit der

Zweites Gespräch: Wie funktioniert Familie in Deutschland und warum ist der Einzelne mit seinen eigenen Bedürfnissen so wichtig?

Ali und Hassan sind zwei Brüder aus Afghanistan, die vor einem Jahr nach Deutschland gekommen sind. Sie stammen aus einem Dorf in der Nähe der afghanischen Stadt Mazar-e Sharif und berichten in der Begegnungsstätte, wie sie als Schiiten und Angehörige der ethnischen Gruppe der Hazara von den sunnitischen Taliban unter Druck gesetzt wurden. Als Kampfhandlungen zwischen der afghanischen Armee und den Taliban ausbrachen, verließen sie ihr Dorf und flohen in den Iran. Von dort führte sie der Weg auf einer monatelangen Reise nach Europa. Deutschland war ihr Traumziel, auch weil Verwandte ihrer Mutter schon seit den 1980er-Jahren hier leben. Sie haben viele Fragen zum Familienleben in ihrer neuen Heimat mitgebracht.

Aufklärung Deutschland erreichte, verbreiteten sich neue Ideen im Land, zu der das – zu jener Zeit noch abstrakte – Modell eines alles regelnden und ordnenden Staates gehörte. Der Staat wurde als Prinzip idealisiert, das alle widerstreitenden Interessen – und von denen gab es in den Kleinstaaten viele – vereinte und sie in ein universelles Rechtssystem integrierte. Zu Beginn des 19. Jahrhunderts kam es zur Vereinheitlichung und Verstaatlichung zum Teil winziger Territorien mit unterschiedlichen Systemen und Lebensstilen. Um diese Reformen durchzusetzen, wurden unzählige Gesetze und Verordnung erlassen, die auch das Alltagsleben der Bürger reglementierten. Sowohl die Reformen als auch die starke Kontrolle hinterließen tiefe Spuren in der deutschen Gesellschaft, weil sie sich zunächst im Rahmen der Kleinstaaten besonders intensiv auswirkten.

Im Rahmen der historischen Betrachtungen wurde auch die Theorie entwickelt, dass viele Verhaltensweisen dadurch ihre Prägung erhielten, dass Sicherheit und Ordnung auf dem Gebiet des heutigen Deutschland ständig bedroht waren. Während des Dreißigjährigen Krieges versank Deutschland in Gesetzlosigkeit, Anarchie und Willkür. Das Land diente als Schlachtfeld für andere Staaten und wurde nahezu vollständig verwüstet. In der jüngeren Geschichte werden mehrere tiefgreifende Krisen herangezogen, um heutige Verhaltensweisen zu erklären: Die Bedrohung der Existenzen von Millionen von Menschen in den beiden Weltkriegen, die großen Fluchtbewegungen nach dem Zweiten Weltkrieg von Osten nach Westen und die Teilung Deutschlands können das gesteigerte Sicherheitsbedürfnis der Deutschen erklären und festigten die Tendenz zur Wertschätzung von Strukturen.

Hassan hatte ein für ihn rätselhaftes Erlebnis mit dem deutschen Ehepaar, das die beiden Brüder im Rahmen von ehrenamtlicher Tätigkeit betreut und bei ihren Integrationsbemühungen unterstützt: „Marlies und Günther kümmern sich um uns, seitdem wir in Deutschland sind. Sie sind ungefähr so alt wie unsere eigenen Eltern und ihre beiden Kinder sind aus dem Haus und studieren in anderen Städten. Die beiden sind uns eine große Hilfe. Sie füllen Anträge für uns aus und begleiten uns zu den Behörden. Ohne sie kämen wir mit den ganzen Papieren gar nicht zurecht. Mit ihrer Unterstützung haben wir sehr schnell einen einen Platz in einem Deutschkurs bekommen und sie helfen uns manchmal sogar bei den Kursaufgaben, wenn sie die Zeit dafür finden. Wir sind ihnen sehr dankbar und haben das auch schon oft gesagt. Einmal wollte ich ihnen ein Kompliment machen und meinte, dass sie wie Vater und Mutter zu uns seien. Daraufhin schienen sie ganz erschrocken zu sein und versicherten fast schon entschuldigend, dass sie uns keinesfalls bevormunden oder bemuttern wollten. Sie wüssten ja, dass wir uns schon gut selbst zurechtfänden, und würden nur ein wenig Hilfestellung anbieten", berichtet Hassan sichtlich verwirrt.

Fatima, eine junge muslimische Deutsche, kann die Verwirrung verstehen und versucht, das Erlebnis zu entschlüsseln. „Ihr beide kommt aus ei-

Immer im Familienverbund

ner Gesellschaft, in der die meisten Menschen in großen und festgefügten Familiengruppen leben. Man unterstützt sich gegenseitig und ist voneinander abhängig, jeder nimmt seine vorbestimmte Rolle ein. Verwandtschaftliche Beziehungen haben eine große Bedeutung, um in der Gesellschaft bestehen zu können – so ist es auch in dem Land, aus dem meine Eltern vor vielen Jahren nach Deutschland kamen. Die meisten Deutschen leben in eher kleinen Familien und viele Funktionen, die früher von Familie oder Verwandtschaft erfüllt wurden, werden nun vom Staat übernommen. In der deutschen Erziehung haben Selbstbestimmung und Selbstständigkeit einen hohen Stellenwert. Jugendliche werden früh unabhängig vom Elternhaus und verlassen die Eltern, um ihr eigenes Leben zu führen. Sie entscheiden selbst über ihre Ausbildung, ihren Wohnort und ihren Partner. Natürlich bleiben die Kontakte bestehen und man besucht sich, aber es herrscht großer Respekt vor der Privatsphäre des anderen. Euer Kompliment hat Eure Betreuer verschreckt, weil sie vielleicht befürchten, Euch bevormundet und nicht ausreichend als eigenverantwortliche Erwachsene behandelt zu haben. Die Anerkennung, die Ihr geäußert habt, hat sie bestimmt sehr gefreut, sie sind es nur nicht gewohnt, außerhalb der Familie mit familiären Titeln angesprochen zu werden. Wenn wir in der Türkei Urlaub machen und ich im Dorf meiner Eltern einen älteren Mann höflich ansprechen möchte, kann ich ihn auch ‚Großvater' oder ‚Onkel' nennen und ihm damit Respekt erweisen – in Deutschland würde das viel Verwunderung hervorrufen".

Ali und Hassan erscheint Fatimas Erklärung einleuchtend, aber es gibt in der Gruppe weitere Fragen zur deutschen Familie. Einige haben das Gefühl, dass Deutsche gar keinen Wert auf Familienleben legen. Sie haben beobachtet, dass viele Menschen allein zu leben scheinen. Das junge Leute schon früh ihr eigenes Leben führen können, unabhängig und selbstständig sind und viel Freiheit haben, zu tun, was sie wollen, finden einige von ihnen gut. Genau dies hat ihnen in ihren eigenen engen familiären Bezügen manchmal gefehlt. Aber dass der Kontakt zu Eltern oder Großeltern manchmal sehr lose ist oder Verwandte nur ganz selten besucht werden, können die meisten nicht nachvollziehen. Es erscheint ihnen egoistisch und „kalt". Warum kümmern sich die Deutschen nicht um ihre alten Eltern? Es ist doch herzlos und unmenschlich, sie in Heime abzuschieben. Und wieso hat sich das Familienleben in der deutschen Gesellschaft in diese Richtung entwickelt?

Fatima beschließt, etwas weiter auszuholen und auf die Unterschiede zwischen Gesellschaften, aus denen die meisten der Anwesenden stammen und in denen großer Wert auf das Gemeinwesen gelegt wird, und Gesellschaften wie der deutschen, in denen der einzelne Mensch mit seinen Interessen im Mittelpunkt steht, einzugehen. „Ich kann eure Fragen gut verstehen, sie werden nicht zum ersten Mal hier in der Begegnungsstätte gestellt. Wir müssen uns aber vor Verallgemeinerungen hüten – gibt es sie wirklich, *die* deutsche, afghanische oder syrische Familie? Einige meiner deutschen Kommilitonen und Freundinnen ohne Migrationshintergrund haben ein inniges Verhältnis zu ihren Eltern und Geschwistern, für sie ist die Familie sehr wichtig. Und ich denke auch in den Ländern, aus denen ihr kommt, gibt es große Unterschiede. Es spielt bestimmt auch eine Rolle, ob man auf dem Land oder in der Großstadt lebt und ob man zu den gebildeten und wohlhabenden Schichten gehört oder nicht. Das familiäre Leben in Istanbul sieht völlig anders aus als in einem kleinen Dorf in Anatolien."

Die Entwicklung des Individualismus und das Verhältnis des Einzelnen zum Staat

Der Ursprung von Merkmalen der deutschen Gesellschaft reicht teilweise weit zurück in die Geschichte unseres Landes. Es wurden verschiedene Hypothesen entwickelt, um heutige Verhaltensformen zu erklären. Schon in der Antike, und besonders in den griechischen Stadtstaaten, hatte sich der Gedanke des Gesellschaftsvertrags entwickelt. Das bedeutet, dass man dem Staat – also quasi einer abstrakten Gesellschaft – verpflichtet ist, aber nicht mehr einer Verwandtschaftsgruppe, einem Klan oder einem Stamm. Das Zusammenleben in diesem Staat wird durch Gesetze geregelt, die von allen Bürgern akzeptiert werden; dieses Rechtsdenken ist Bestandteil aller europäischen Staaten. In persönliche Beziehungen wird nur bedingt Vertrauen gesetzt – man verlässt sich ungern allein auf „gute Beziehungen", häufig wird Verträgen der Vorzug gegeben. Besonders das römische Recht sah das Gesetz als solches als bindend an, nicht die Beziehung zu konkreten Menschen. Mit der Betonung von Recht und Gesetz sollte auch Gerechtigkeit hergestellt werden, die allen Menschen zuteilwerden kann.

Der Stellenwert des einzelnen Menschen wurde in den geistigen Strömungen des Humanismus (14. und 15. Jahrhundert), der Renaissance (16. Jahrhundert) und der Aufklärung (18. Jahrhundert) betont und verinnerlicht. Der Mensch wurde zum Individuum (das kommt aus dem Lateinischen und bedeutet „Unteilbares") und damit zu einem unvergleichbaren und einzigartigen Wesen. Er sollte in allen relevanten Bereichen des Lebens, z. B. der Bildung, kompetent sein und sein Leben selbstbestimmt und ratio-

Fatima fährt fort: „In manchen Gesellschaften, z. B. der deutschen, steht der einzelne Mensch im Mittelpunkt. Er lebt und handelt unabhängiger von Familie, Verwandtschaft oder anderen Gruppen als es beispielsweise in Gesellschaften der meisten islamisch geprägten Länder der Fall ist. Der persönlichen Identität des Einzelnen wird große Bedeutung beigemessen – sie unterscheidet ihn von anderen Personen. Jeder Mensch hat seine eigenen Erfahrungen, Ziele und Pläne, über die er weitestgehend selbst entscheidet. Er verantwortet sein Leben selbst und trägt auch die Konsequenzen für sein Fehlverhalten, dabei verlässt er sich nicht unbedingt auf die Unterstützung seines Verwandtschaftskreises oder einer anderen bestimmten Gruppe. Die Entwicklung eines Bewusstseins für das eigene Ich, die Abgrenzung von der Gruppe und die Entwicklung von Eigenständig-

nal nach logischen Prinzipien führen können. Gleichzeitig wurden Gleichheit und Toleranz aller Menschen vor dem staatlich verfassten Gesetz gefordert, der Einzelne aber auch zur Befolgung dieser Gesetze verpflichtet. Die Unabänderlichkeit des Schicksals wurde nicht länger als gegeben hingenommen – der Mensch konnte sich über Stand, Klasse und auch Religion erheben und gewann dadurch soziale Mobilität.

Im Zuge der Reformen der Aufklärung entwickelte sich die Tendenz der Verstaatlichung des Lebens. Dabei waren die Bürger mit der Fürsorglichkeit des Wohlfahrtsstaates einverstanden, aber nicht immer mit der Einmischung in das Privatleben. Staatliche Interventionen wurden immer wieder abgewehrt und der Versuch gemacht, die Privatsphäre zu schützen. In der Phase der Industrialisierung veränderte sich das System der Großfamilien erheblich. Die Familien wurden auseinandergerissen, der Vater war nicht mehr anwesend, später verdingten sich auch Mutter und Kinder als Arbeiter und verließen das Heim der Familie. Dieses Zeitalter bedingte einen gesellschaftlich-wirtschaftlichen Umbruch, der mit der Auflösung der alten sozialen Ordnungen und Bindungen verbunden war. Vorstellungen von Größe und Funktion der Familie und Haus und Hof als Orten, wo diese Familie nach traditionellen Konzepten zusammenlebt, veränderten sich völlig.

Die individualistische Lebensweise in ihrer ganzen Konsequenz ist eine Erscheinung des 20. Jahrhunderts, denn das Leben in kleinen Familien oder als Einzelperson hängt eng mit finanzieller Unabhängigkeit und Wohlstand der Gesellschaft zusammen. Individualistische Lebensformen entwickeln sich auch in städtischen, wohlhabenden und gebildeten Schichten von Ländern und Gesellschaften, in denen die Menschen überwiegend beziehungs- und gruppenorientiert leben.

keit werden zudem als wichtige Schritte beim Erwachsenwerden gesehen und in der Erziehung betont.

Das bedeutet aber nicht, dass man in Deutschland nur auf sich selbst schaut und egoistisch ist. Die eigenen Interessen werden schon mit denen der Menschen in der eigenen Familie, der Freunde oder andere Menschen abgeglichen. Andere sollen nicht geschädigt werden, wenn ich versuche, meine eigenen Interessen und Ziele durchzusetzen. Rücksichtnahme und Fairness gebieten es, auch die Interessen und Rechte anderer zu berücksichtigen. Es herrscht die Einstellung vor, dass alle Menschen gleiche Rechte und Pflichten haben – und jeder für sich und seine Interessen Verantwortung übernehmen muss. Der notwendige Schutz der Gruppe ist für die eigenen Interessen und Aktivitäten nicht unbedingt nötig. Man kann Menschen, die durch ihre Funktion für etwas verantwortlich sind, anrufen oder ansprechen, wenn etwas abzuklären ist, Informationen sind frei zugänglich und die Infrastruktur steht allen offen. Der Einsatz von Vermittlern ist nicht nötig, jedem Bürger und jeder Bürgerin steht der offizielle und formelle Weg offen. Man braucht keine Beziehungen, um innerhalb des Gesundheits- oder Sozialsystems Dienstleistungen und Unterstützung in Anspruch nehmen zu können – diese Systeme sind für alle da und jeder wird behandelt oder berücksichtigt. Auch die Arbeitssuche und Auswahl von Personal laufen theoretisch ohne Beziehungen ab, die Kriterien sollen nach sachlichen Gesichtspunkten festgelegt werden."

„Ich will noch zwei Punkte hinzufügen", ergänzt Fatima. „Auf der einen Seite wird in Deutschland großer Wert auf Privatsphäre gelegt: Diese kann sich auf eigene Räumlichkeiten oder einen abgegrenzten Arbeitsplatz beziehen, im übertragenen Sinn ist aber damit auch ein Freiraum gemeint, in dem man ‚sein eigenes Ding' machen kann. Für andere Menschen heißt es hier, Abstand zu wahren – und das kann die eigene Familie einbeziehen. Es gibt aber auf der anderen Seite auch ein Verständnis für das Gemeinwesen, das verantwortungsbewusstes Verhalten verlangt. Dieses Gemeinwesen ist in kollektivistischen Gesellschaften sehr viel schwächer entwickelt. Da ist beispielsweise die Bereitschaft, sich im Interesse der Allgemeinheit zu engagieren, sei es im Umweltschutz oder in der Flüchtlingshilfe. Das Ehrenamt ist ausgeprägt und erstreckt sich auf die unterschiedlichsten Bereiche, man beteiligt sich an Spendenaufrufen, mit denen bei weltweiten Katastrophen beachtliche Summen gesammelt werden. Hilfeleistung für völlig unbekannte Personen in Notsituationen, z. B. bei Unfällen, wird nicht nur erwartet, sondern ist auch eine Bürgerpflicht. Durch ein Gesetz kann man bei unterlassener Hilfeleistung juristisch belangt werden."

Hassan hat beobachtet, dass viele alte Menschen in Deutschland in Heimen leben. Er stellt die Frage, wie Kinder es fertigbringen können, die alten Eltern in ein Heim zu geben und nicht zu Hause zu pflegen. Fatima antwortet ihm: „In einer Großfamilie gibt es oftmals die Möglichkeit, alte Leute zu Hause zu pflegen. In kleinen Familien, in denen jedes Mitglied einer Arbeit nachgeht, ist das schwierig. Diese Situation findet man nicht nur in der deutschen Gesellschaft, sondern überall auf der Welt. Meine Eltern sprechen offen darüber, dass sie irgendwann in eine betreute Einrichtung ziehen, weil sie uns nicht zur Last fallen wollen. Sie wissen wie es ist, wenn alle Familienmitglieder berufstätig sind. Es gibt in Deutschland inzwischen auch türkische Pflegeheime, aber da wollen sie auf keinen Fall hin. Sie sind seit über 40 Jahren in Deutschland und sie sagen von sich selbst, dass sich ihre Gewohnheiten verändert haben."

Drittes Gespräch – Leben Deutsche für die Arbeit? Und warum sind sie immer so schrecklich direkt?

Osman aus Eritrea ist schon seit zweieinhalb Jahren in Deutschland und hat vor wenigen Monaten die ersehnte Lehrstelle in einer Baufirma bekommen. Er hat seine ersten Erfahrungen im Arbeitsleben gemacht und sich schon gut eingewöhnt, trotzdem hat er noch viele Fragen, die er seinen Kollegen oder seinem Chef nicht stellen möchte. „Ich frage mich oft, ob Arbeit das Wichtigste im Leben eines Deutschen ist. In meinem Betrieb habe ich diesen Eindruck gewonnen: Alle sind immer so ernsthaft bei der Sache, es wird ständig über die Arbeit und die einzelnen Aufträge gesprochen. Besonders mein Chef ist sehr sachlich und spricht uns nur an, wenn es etwas zu kritisieren oder zu verbessern gibt. Ich erfahre kaum etwas Persönliches über meine Kollegen und traue mich auch nicht, sie einmal privat zu besuchen. Ich habe das Gefühl, dass jede freie Minute durchgeplant ist und ein Treffen lange im Voraus angemeldet werden muss. Überhaupt braucht man für alles einen Termin und dabei spielt Pünktlichkeit eine sehr große Rolle – daran muss ich mich wirklich erst gewöhnen", beschreibt Osman seine Beobachtungen.

Rahel, eine junge Syrerin, schaltet sich in das Gespräch ein und pflichtet ihm bei; auch sie ist inzwischen in der deutschen Arbeitswelt angekommen: „Ich finde, dass viele Deutsche gute Spezialisten und sehr kompetent in ihrem Bereich sind. Sie erscheinen mir oft so logisch, rational und vernünftig, irgendwie kann immer alles begründet werden. Die Sachlichkeit scheint ihnen wichtiger als ihre Gefühle zu sein. Dadurch wirken sie oft so kühl und scheinen sich gar nicht darum zu kümmern, wie es dem Gegenüber geht. Dann frage ich mich, ob sie gar kein Interesse an anderen Menschen haben." Rahel berichtet über komplizierte Arbeits- und Sicherheitsvorschriften in ihrem Betrieb und dass sie sich mit dem Auftrags- und Vertragswesen noch lange nicht zurechtfände „weil es da echt auf jedes einzelne Wort ankommt."

Einigen Neuankömmlingen ist aufgefallen, dass die Kommunikation in Deutschland ganz anders abläuft als sie es aus ihren Heimatländern gewohnt sind. Deutsche seien sehr direkt und kämen immer gleich auf den Punkt. Die Gespräche seien zielorientiert und die Gesprächspartner ließen sich nicht von der Sache abbringen. Es irritiert sie, dass viele Deutsche oft über Probleme diskutierten; sie sich unverhohlen kritisierten und dabei sogar oft laut würden. Rahel stimmt ihnen zu: „Meine Chefin sagte einmal zu mir, ich solle nicht lange um den heißen Brei herum reden und zum Kern meines Anliegens kommen – das gilt in meiner Kultur aber als sehr unhöflich, besonders, weil sie die Ältere und eine Respektsperson ist. Smalltalk sei Zeitverschwendung, sagte sie ein anderes Mal, als ich das Gespräch wie bei uns üblich ein wenig ausschmücken wollte – ich dachte es wäre nett, wenn wir uns erst einmal ein wenig kennenlernen könnten. Ansonsten ist sie aber sehr freundlich zu mir und wirklich eine Expertin auf ihrem Gebiet."

Fatima ist gerne bereit, den Anwesenden die „deutsche Sachlichkeit", die sich bis in die Kommunikationsbereiche hinein erstreckt, zu erklären: „Wenn Menschen sich treffen, finden diese Begegnungen auf verschiedenen Ebenen statt. Da gibt es zum Beispiel die zwischenmenschliche und

die sachliche Ebene, bei der es auf Inhalte ankommt. In vielen Kulturen islamisch geprägter Länder steht die zwischenmenschliche Ebene, auf der Beziehungen wichtig sind, im Vordergrund. Bei der ersten Kontaktaufnahme steht aber in Deutschland häufig die Sachebene im Vordergrund; deshalb empfindet ihr die Menschen hier manchmal als kühl und unpersönlich. Diese Unterschiede werden von euch wahrgenommen, weil Menschen aus unterschiedlichen Kulturen entweder die Sach- oder die Beziehungsebene als entscheidend wahrnehmen und eine von beiden bevorzugen. Natürlich spielen beide Ebenen und ihre Verknüpfung eine Rolle, aber wenn die Gesprächspartner ihnen unterschiedliches Gewicht beimessen, erlebt der eine den anderen als kühl und unnahbar und wird selbst als redselig und ‚überemotional' empfunden. Natürlich schätzen Deutsche auch nette und sympathische Gesprächspartner, aber die werden nicht unbedingt erwartet, wenn es um ein Sachthema geht. Manchmal entsteht sogar der Verdacht, mit ‚übertriebener' Nettigkeit von der eigentlichen Sache ablenken zu wollen. Die Beziehung wird hier oftmals erst über die Sachebene hergestellt", erklärt Fatima.

Anschließend greift sie die Fragen zum Arbeitsleben auf: „Die Chefin oder der Chef in einem Betrieb nimmt sich oftmals nicht die Zeit, mit Mitarbeitern über Persönliches zu plaudern und Beziehungen herzustellen. Sie oder er konzentriert sich auf die Aufgaben und beschäftigt sich mit Plänen, Terminen und Zuständigkeitsbereichen. Bei Problemen werden gern Schwachstellen analysiert – ihr habt Recht, menschliche Empfindlichkeiten bleiben da manchmal auf der Strecke, besonders, wenn sehr sachlich vorgegangen wird. Aber es ist auch wichtig zu wissen, dass Vertrauen beispielsweise auch dadurch entsteht, dass zwei Personen sachlich gut zusammenarbeiten. Auf Kompetenz wird mit Anerkennung und Wertschätzung reagiert und darauf lässt sich eine positive Beziehung aufbauen. Andererseits haben Änderungen von Konzepten oder Plänen nicht nur sachliche Bedeutung, sondern können sogar eine Beziehung bedrohen, weil sie zu Unsicherheit und Schwierigkeiten führen. Dies kann in den meisten Fällen aber durch rechtzeitige Ankündigung, eine gute Begründung und eventuell eine Entschuldigung abgefangen werden. Diese Sachorientierung ist natürlich nicht alles, was Deutsche kennzeichnet, aber wenn man sie im Arbeitsleben von etwas überzeugen möchte, soll-

◁ Offene und vertrauensvoll geführte Gespräche bereichern beide Seiten

te das Anliegen sachlich aufbereitet werden. Dabei müssen wichtige und entscheidende Punkte und Argumente vorgebracht werden. Gefühlsausbrüche, Abschweifen und Lamentieren – das alles wirkt auf Deutsche sehr unprofessionell. Diese Einstellung spiegelt sich auch in der Sprache wider, ‚man kommt zur Sache' oder ‚bleibt bei der Sache'. Um eine sachliche Diskussion führen zu können, bereitet man sich gründlich und detailliert vor, um eine gemeinsame Basis zu schaffen. Dabei wird auch Schriftliches

Historische Hintergründe von Sachlichkeit und Direktheit

Der Blick in die deutsche Geschichte kann historische Hintergründe bestimmter Verhaltensweisen aufzeigen, aber nicht immer gibt es eindeutige Antworten. In vielen Fällen kann nur gemutmaßt werden, woraus sich eine Verhaltensweise entwickelt hat. Die Bedeutung der Arbeit, die Betonung der Sachlichkeit und die Bevorzugung der direkten Kommunikation hängen eng zusammen. Die Gründe dafür lassen sich eventuell bis in die Antike zurückführen, wo das logische Argumentieren zum traditionellen Meinungskampf gehörte. Mit der antiken Philosophie und den in Europa vorherrschenden Sprachen Latein und Griechisch wurde den Menschen auch das logikorientierte Denken vermittelt. Dies prägte sich stärker aus, als das höhere Schulwesen für breite Bevölkerungsteile zugänglich wurde – und damit auch die klassischen Sprachen mit ihrer Logik. Die europäische Logik wird oft auch als „Entweder-oder-Logik" bezeichnet: Von zwei widersprüchlichen Aussagen ist mindestens eine falsch und es gilt herauszufinden, wer recht und wer unrecht hat. Für viele Menschen aus asiatischen Kulturkreisen ist „Wahrheit" nur ein Teilaspekt und man versucht immer wieder, auch die andere Seite einzubeziehen. Für den deutschen Kommunikationsstil sind die Begriffe Rationalität, Wahrheit und Logik von zentraler Bedeutung. Eine weitere mögliche Interpretation dafür sind die politischen Verhältnisse in Zeiten der Kleinstaaterei in Deutschland. In den eng begrenzten lokalen Gemeinschaften existierten stabile Verhältnisse und Bezüge. Beziehungen konnten durch die Konzentration auf die Sachebene und den direkten Kommunikationsstil ohne doppelte Böden nicht gefährdet werden. Da in dieser Vielfalt die unterschiedlichsten Kontexte existierten, musste sehr explizit kommuniziert werden, damit eine Verständigung bei Grenzüberschreitungen überhaupt möglich war. Der direkte Weg war in diesem Zusammenhang zielführend. Auch der Protestantismus wird hoch geschätzt, denn damit wird der präzise Inhalt auch noch fixiert und liegt ‚schwarz auf weiß vor'. Viele Menschen in Deutschland definieren sich maßgeblich über ihre Leistungen und Aufgaben. Emotionen werden besonders im Arbeitsumfeld kontrolliert, weshalb Menschen aus anderen kulturellen Kontexten die Kommunikation mit Deutschen manchmal als etwas langweilig empfinden. Die persönliche Komponente wird vermisst, wenn man daran gewöhnt ist."

manchmal herangezogen, wenn es um Erklärungsversuche für die direkte Kommunikation und den schwach ausgeprägten Kommunikationskontext geht. Die protestantische Kultur ist eine des gelesenen und gesprochenen Wortes, das auf der Bibel basiert; Klarheit und Eindeutigkeit sind hierbei bestimmende Werte. Die Aufklärung verstärkte den Anspruch auf die bedingungslose Wahrhaftigkeit des Menschen noch.

Die Wertschätzung für Arbeit, Disziplin, Ordnung und Fleiß geht zurück auf alte christliche und soziale Modelle, denn im Christentum wird zu Leistung und rationaler Lebensführung motiviert, wie es zum Beispiel im Mönchsorden der Benediktiner mit ihrem Leitspruch „ora et labora" („bete und arbeite") umgesetzt wurde. Durch den Protestantismus wurden diese Werte zu bürgerlichen Tugenden erhoben. Das Verständnis von Pflichterfüllung war dabei ein wesentliches Element – Pflicht wird in diesem Zusammenhang vom eigenen Gewissen befohlen und bedeutet Leistung, sachliche Kompetenz und Selbstkontrolle. Auf dieser Basis wurde eine Arbeitsethik entwickelt, die so erfolgreich war, dass sie protestantischen Gebieten einen wirtschaftlichen Vorsprung vor katholischen Mehrheitsgebieten verschaffte. Die Jahre des Wiederaufbaus nach dem Zweiten Weltkrieg können vielleicht als letztes historisches Ereignis herangezogen werden, um die deutsche Sachorientierung zu erklären. Nach den emotional aufwühlenden Jahren, in denen viele Existenzen zerstört oder bedroht worden waren, konnte man sich wieder auf eine gemeinsame Aufgabe konzentrieren. Die „Sache" als Element der Marktwirtschaft stand im Mittelpunkt, das Land erlebte einen Aufschwung und wirtschaftliche Stabilität – und somit wurde die Orientierung an „der Sache" zum Teil des deutschen Erfolgsrezepts. Gleichzeitig ging die „traditionelle Tüchtigkeit" eine Verbindung mit der persönlichen Unabhängigkeit ein, sodass Selbstständigkeit und Unabhängigkeit durch Leistung erreicht werden sollten. Für viele Menschen hat die Arbeit die Bedeutung einer „Lebensaufgabe" bekommen; sie ist oftmals die Bedingung für Selbstachtung und Zufriedenheit mit dem Leben und die Grundlage für Ansehen, aber auch soziale Kontakte.

Osman hat beobachtet, wie wichtig den Deutschen in seinem Umfeld das „Worthalten" ist und möchte gern wissen, was es damit auf sich hat. Auch die Direktheit in der Kommunikation ist ihm aufgefallen – in seiner eigenen Kultur gilt es als unhöflich, manche Sachverhalte so direkt anzusprechen.

Fatima erklärt: „Zu seinem Wort zu stehen gilt bei vielen Deutschen als ‚kleiner Vertrag'. Es gilt als Ideal eines ‚anständigen Deutschen', sein Wort zu halten. Gleichzeitig gelten für alle Menschen die gleichen Spielregeln ohne Rücksicht auf eine bestimmte Position, den familiären Hintergrund, das Alter oder das Geschlecht, also ganz anders, als viele von euch es aus den eigenen Gesellschaften gewohnt sind. Sonderrechte und Sonderbehandlungen sind unerwünscht; zumindest existieren diese Grundsätze theoretisch in der Vorstellung der Menschen – die Realität sieht auch in Deutschland oftmals anders aus!", schließt sie die Ausführungen.

„Ich kann verstehen, dass Ihr es erstaunlich findet, dass Deutsche im Gespräch die Dinge ganz direkt angehen, sofort zum Punkt kommen, und alles bis ins kleinste Detail regeln und klären wollen, deshalb möchte ich noch einmal auf die verschiedenen Kommunikationsstile eingehen", ergänzt Fatima ihre Ausführungen. „In der deutschen Kommunikation formuliert man das, was einem wichtig ist, mit Worten und versucht, die Sachverhalte klar und deutlich zu benennen. Es kommt auf den Inhalt des Gesagten an, nicht so sehr darauf, *wie* es gesagt wird. Der Sprecher vermittelt den Gesprächsinhalt ohne Umwege und Umschweife. Diplomatie und Hintersinn sind meist nicht die Stärken bei der deutschen Art der Kommunikation, aber Ehrlichkeit und Aufrichtigkeit haben in Bezug auf das Gesagte große Bedeutung. Die Interpretationsspielräume sind klein – Anspielungen, Andeutungen oder Doppelbödigkeit, die in vielen anderen Kommunikationskulturen einen bedeutenden Anteil an der Botschaft haben, werden häufig einfach nicht wahrgenommen. Auch nonverbale Zeichen, Stimmungen der Personen oder die Gesprächsatmosphäre werden kaum beachtet. Deutsche nehmen den Kontext der Botschaft anderer kaum wahr und bedenken diesen auch wenig, wenn sie selbst etwas sagen. Es wird nicht überlegt, wie die Aussage in einer bestimmten Situation wirken könnte und was sie beim Gegenüber auslöst. Aussagen können leicht verletzend wirken, denn auf persönliche Befindlichkeiten wird nicht so viel Rücksicht genommen. Dafür müssen mündliche oder schriftliche Äußerungen von Deutschen in der Regel nicht mehr gedeutet werden. Was wichtig ist, wird aufgeschrieben und steht da ‚schwarz auf weiß'", betont Fatima.

Sie fährt fort: „Direkt und ‚unverblümt' wird auch Kritik am Gesprächspartner geübt – ohne dass der deutsche Teil verletzend sein möchte.

Fehler werden angesprochen, Probleme analysiert und Konflikte, die dabei entstehen können, nicht unbedingt als schlecht angesehen, sondern durchaus auch als konstruktiv. Ein „Nein" gilt nicht als unhöflich, sondern es vermeidet Missverständnisse. Man sagt ganz deutlich, ob man etwas machen möchte oder eher nicht. Diskussionspunkte werden ausgefochten, die Kontrahenten beziehen Stellung und verteidigen ihre Position. Für Menschen aus eher indirekt agierenden Kulturen wie eurer erscheinen diese Kommunikationsformen manchmal fast wie ein Kampf. In Deutschland wird dieser Stil lediglich als sachdienlich betrachtet, die Aggressivität, die von anderen empfunden wird, ist nicht beabsichtigt oder wird gar nicht bemerkt."

Rahel wendet sich mit einer weiteren Frage an Fatima, sie möchte wissen, warum viele Deutsche dem Eigentum große Bedeutung beimessen. Fatima erläutert: „Viele sachliche Entscheidungen scheinen von Kosten-Nutzen-Überlegungen geleitet zu werden. Es ist ein Aspekt der Sachorientierung, dass persönlichem Besitz und Eigentum auch ein hoher Wert beigemessen wird. Man schätzt das eigene Haus mit Garten, liebt sein Auto – und diesen Privatbesitz respektiert man auch bei anderen; diese Gegenstände werden Teil der Privatsphäre einer Person. Auch bei Geldangelegenheiten spielen Genauigkeit und Gerechtigkeit eine große Rolle. Beträge werden oft bis auf den einzelnen Cent auseinandergerechnet. Bei uns in der Türkei und in anderen Ländern bedeutet ‚Deutsch zahlen' bei Rechnungen in Restaurants, dass ganz genau und getrennt nach Personen abgerechnet und aufgelistet wird, wer was konsumiert hat. Vielen Angehörigen von Kulturen, bei denen Großzügigkeit, Gastfreundschaft und Statusdenken wichtige Elemente im sozialen Miteinander sind, erscheint das sehr ungewöhnlich und kleinlich."

Viertes Gespräch – Hat die christliche Religion noch eine Bedeutung für die deutsche Gesellschaft?

Nazifa und zwei ihrer Freundinnen bringen ein Thema mit in die Begegnungsstätte, das sie seit ihrem letzten Moscheebesuch beschäftigt. Sie treffen sich regelmäßig mit einer Gruppe von muslimischen Mädchen und jungen Frauen in ihrer Stadtteilmoschee. Sie beten am Freitag gemeinsam und diskutieren religiöse Fragen, aber auch alle anderen Themen, die junge Frauen interessieren. Der Imam hatte mit den Jugendlichen über die Bedeutung der Religion für die Entwicklung von Moral und Wertvorstellungen des Menschen gesprochen. Seiner Ansicht nach kann ein Mensch ohne Religion auch keine Moral haben. „Wir drei machen uns seit letztem Freitag Gedanken über diese Aussage", berichtet Nazifa an die Gruppe

gewandt. „Wir haben hier in Deutschland beobachtet, dass Religion für viele Menschen keine Rolle mehr zu spielen scheint. Wir haben gemeinsam an einem Sonntag eine Kirche besucht, aber sie war fast leer, obwohl gerade eine Messe stattfand. Nur ein paar ältere Menschen saßen in den Bänken und eine kleine Gruppe von Kindern war dort, die sich auf die Konfirmation vorbereiteten. Die Pastorin hat uns nach der Messe erklärt, was Konfirmation bedeutet. Wir waren sehr erstaunt, eine Frau in dieser Funktion zu sehen – das gibt es bei uns nicht. Und wir fanden es gut, dass wir teilnehmen durften und sie sich hinterher Zeit für uns genommen hat. Sie hat uns auch erzählt, dass die Kirchen nur an den christlichen Feiertagen wie Weihnachten oder Ostern voll sind. Leben die Menschen in Deutschland ihre Religion denn zu Hause oder hat sie gar keine Bedeutung mehr für sie? Und was bedeutet das dann für ihre Moral und Werte?" fragt Nazifa.

Fatima antwortet: „Auch wenn sich viele Menschen in Deutschland heute nicht mehr als aktive Christen bezeichnen und vielleicht aus unterschiedlichen Gründen ‚aus der Kirche ausgetreten' sind oder nie Mitglied der Institution Kirche waren, bilden das christliche Moral- und Wertesystem und Ideen, die aus der Religion erwachsen sind, die Basis der deutschen Gesellschaft. Über viele Generationen hinweg stellte die Religion den Rahmen für die Alltagsgestaltung des Lebens dar und die Verhal-

⌂ Luther und die Reformation waren prägend für viele deutsche Verhaltensweisen

Woher stammt die deutsche Rationalität und Sachlichkeit?

Die Epoche der Aufklärung hat nach der Zeit des Mittelalters, das von Aberglauben und Irrationalität geprägt war, dazu beigetragen, dass die Rolle der „mystischen Mächte" in den Hintergrund trat. Man ging dazu über, Lebensprobleme intellektuell zu behandeln. Die Übersetzung der Bibel ins Deutsche durch den Reformator Luther ermöglichte breiten Bevölkerungsschichten das Bibelstudium und sorgte auf diese Weise für mehr Unabhängigkeit von religiösen Gelehrten.

Da jedem Individuum in der protestantischen Tradition Selbstverantwortung für sein Seelenheil zugeschrieben wird, ist ein Mittler zwischen Mensch und Gott nicht mehr nötig. Der Christ hat die Freiheit, aus persönlicher Entscheidung eine freie Bindung mit Gott einzugehen – und wird damit für sein Schicksal selbst verantwortlich. Im Protestantismus kam es also erneut zu einer Verdrängung des Mystischen und Emotionalen, wodurch sich das Verhältnis der Menschen zur Religion änderte. Es gestaltete sich weniger leidenschaftlich, wurde nüchterner und bekam eine eher intellektuelle Ausrichtung. Dies erstreckte sich zunächst nur auf sakrale Handlungen, die z. B. während des Gottesdienstes in Kirchen durchgeführt wurden, ging dann aber auch auf andere Verhaltensweisen über. Vielleicht hat dies über die Jahre und Jahrhunderte zu einer Verstärkung und Betonung von Rationalität und Sachlichkeit geführt, wie wir es heute als Wesensmerkmal des deutschen Verhaltens beobachten können.

tensweisen, die daraus entstanden sind, werden bis heute bewahrt und weitergegeben. Dies geschieht auch ohne direkte Bezugnahme auf die christlichen Wurzeln und ohne die ursprünglich damit verbundenen Beweggründe. Das könnt Ihr nicht nur am Festhalten an christlichen Feiertagen wie Ostern, Weihnachten oder Pfingsten sehen, sondern auch an Verhaltensweisen, denen bestimmte Werte zugrunde liegen. Dazu gehören beispielsweise Nächstenliebe und Wohltätigkeit, die immer noch große Bedeutung in der Gesellschaft haben. Aber auch Fleiß und Pflichtbewusstsein, die den deutschen Alltag und die Einstellung zur Arbeit prägen. Im Lauf der Geschichte sind aber auch immer wieder Einflüsse von verschiedenen Geistesströmungen dazugekommen, die jeweils auch eine Weiterentwicklung der Religion bedingten und sich wiederum auf Verhaltensweisen auswirkten."

„Mir fallen noch mehr Beispiele ein, an denen deutlich wird, dass auch heute in Deutschland und anderen westlichen Ländern die Religion noch eine Rolle spielt, auch wenn nicht viele Menschen sie aktiv praktizieren", meldet sich Yasemin zu Wort. „Ein gutes Beispiel ist die Politik: Das ‚Christliche' in dem Parteinamen der Christdemokraten (CDU) in Deutschland deutet darauf hin, dass christliche Werte und Fundamente eine bedeutende Rolle in dem Gesellschafts- und Politikverständnis der Vertreter und Anhänger der Partei spielen. Wenn ihr die Programme der unterschiedlichen Parteien vergleicht, werdet ihr sehen, wie sich manche Ansichten im Vergleich zu den Sozialdemokraten (SPD) oder den Grünen unterscheiden. Auch in anderen europäischen Ländern, beispielsweise Polen, nehmen konservative christliche Werte starken Einfluss auf die Politik. In Russland ist eine Verknüpfung der Orthodoxen Kirche mit dem Staatsapparat stark ausgeprägt und auch in der US-Politik ist der Einfluss der christlichen Fundamentalisten sichtbar. Sie sind teilweise noch konservativer als euer Imam in der Stadtteilmoschee", sagt Yasemin lachend und blickt auf die Mädchengruppe.

„Yasemin hat recht", schaltet sich Fatima ein, „es sind immer wieder dieselben gesellschaftlichen Fragestellungen und Diskussionen, die in diesen gleichzeitig politischen und christlich-religiösen Kontexten auftauchen: ein konservatives Familienmodell und die Annahme einer ‚gottgewollten' Ungleichheit zwischen den Geschlechtern, das Recht auf Abtreibung und die Gleichstellung und Akzeptanz von Schwulen und Lesben in der Gesellschaft sowie die Möglichkeit der homosexuellen Eheschließung. Einige Gruppen gehen so weit, die wissenschaftlich-basierte Evolutionstheorie abzulehnen und ihr eine biblisch-fundierte Schöpfungsgeschichte entgegenzusetzen. Bei den meisten Fragestellungen teilen konservative Imame und Kirchenvertreter die gleiche Meinung – da gibt es mehr Ähnlichkeiten als Unterschiede!"

Fünftes Gespräch: Wie gehen Frauen und Männer in Deutschland miteinander um – und welches Verhalten wird von uns erwartet?

Die heutige Diskussion in der Begegnungsstätte entzündet sich an einer Geschichte, die Yasemin mit in die Runde bringt. Eine Bekannte von ihr arbeitet in einem Verein, der muslimischen Mädchen Schutz und Unterstützung in persönlichen Notlagen anbietet. Ein siebzehnjähriges Mädchen hatte sich in den Schutz dieses Vereins begeben müssen, weil ihr Leben von der eigenen Familie bedroht wurde. In der Schule hatte sie einen Jungen kennengelernt und sich mit ihm in der Freizeit getroffen, dabei

war sie von Freunden ihres Bruders beobachtet worden. Als sie sich der Anweisung ihrer Eltern, diesen Jungen nie wieder zu treffen, widersetzte, wurde sie geschlagen und eingesperrt. Sie konnte sich befreien und zu ihrer Freundin flüchten, wurde aber von ihrem Bruder ausfindig gemacht. Er warf ihr vor, durch ihr Verhalten die Ehre der ganzen Familie in den Schmutz gezogen zu haben, und drohte ihr an, sie zu töten, um die Sache „zu bereinigen". So landete sie schließlich in dem Schutzhaus und lebt nun in ständiger Angst, von ihrer Familie gefunden zu werden. Auch ihr Freund wurde bedroht und hat sich von ihr zurückgezogen.

Yasemin ist tief bewegt vom Schicksal des Mädchens: „Ich kann nicht verstehen, warum sich die Familie und besonders der junge Bruder nicht von ihren Traditionen verabschieden. Ich verurteile diese Selbstjustiz auch, wenn sie in einem arabischen Dorf stattfindet, aber weil sie seit Jahren in Deutschland leben, ist es noch einmal etwas anderes. Ich finde, sie müssen akzeptieren, dass hier andere Werte und Normen gelten und dass die Kinder, die hier aufwachsen, in einem ganz anderen Umfeld sozialisiert werden."

Junge Paare in Deutschland drücken auch in der Öffentlichkeit ihre Zuneigung füreinander aus

Ali und Hassan, die beiden Brüder aus Afghanistan, sind offensichtlich anderer Meinung. Hassan entgegnet: „Aber der Bruder lebt doch auch schon seit Jahren in Deutschland und trotzdem handelt er so, wie es seine Tradition und Religion verlangt. Ich kann ihn gut verstehen, denn seine Schwester hat sich falsch verhalten und Schande über die Familie gebracht. Jetzt ist seine Ehre beschmutzt, wie soll er damit umgehen? Wie steht er vor den Verwandten und seinen Freunden da? Der Bruder ist der Beschützer seiner Schwester und hat versagt, damit hat er sein Ansehen verloren – alle werden sich über ihn lustig machen. Ich verstehe auch nicht, dass diese Mädchen einen Schutzverein brauchen, sie haben doch

Freie Partnerwahl in der westlichen Welt

Die Partnerwahl in der westlichen Welt gilt als „frei", zufällig und durch das Verliebtsein bestimmt. Frauen und Männer suchen sich ihre Partner und Partnerinnen selbst, die Familie spielt in diesem Prozess keine bedeutende Rolle mehr (vielleicht mit Ausnahme von gesellschaftlichen Gruppen, in denen alte Adelstitel, große Vermögen oder bedeutendes Familienerbe relevant sind). Auch die Art der Beziehung oder gemeinsamen Lebensform ist frei wählbar, seien es offene Beziehungen, eheähnliche Gemeinschaften oder hetero- und homosexuelle Ehen. Bei aller Freiheit sprechen die Kriterienkataloge, die bei der Partnerwahl durch Institute oder Internetportale verwendet werden, aber auch eine andere Sprache. Herkunft und Bildungsniveau stellen weiterhin wichtige Aspekte dar, auch Beruf, Höhe des Einkommens, Wohlstand, aber auch Hobbys und Freizeitgestaltung. Ähnlich wie bei arrangierten Partnerschaften müssen Fragen beantwortet werden, die Grundlegendes offenbaren. Sind sie ein Kompromiss aus bewusster Wahl und Romantik? Wir haben Idealbilder vom Wunschpartner und der perfekten Beziehung im Kopf und diese Bilder speisen sich aus den unterschiedlichsten Quellen. Die meisten Menschen würden als entscheidende Faktoren nennen, wie attraktiv wir den potenziellen Partner finden und welcher Grad der emotionalen Nähe aufgebaut werden kann. Trotz der Freiheit, die entscheidenden Kriterien selbst definieren zu können und der vielfältigen Möglichkeiten, den idealen Partner zu suchen, nimmt die Zahl der (nach Eigenaussage ungewollten) Singles zu. Die Zahl der Eheschließungen sinkt und wir sind mit einer ständig steigenden Scheidungsquote konfrontiert. Selbstverwirklichung, eigenständige Lebensentwürfe und wirtschaftliche Unabhängigkeit bedingen auch Scheidungen von Paaren, die viele Jahre miteinander verheiratet waren.

ihre Familien, die sie beschützen. Das alles ist Familiensache, da sollte sich niemand sonst einmischen!"

Mit dieser Aussage löst Hassan eine hitzige Debatte aus. Die meisten der Anwesenden sind der Meinung, dass in dieser Angelegenheit Tradition und Religion vermischt würden und es im Islam keinerlei Hinweis auf die Rechtfertigung solchen Verhaltens gäbe. Außerdem wäre es in Deutschland nicht rechtmäßig, die „Sache selbst in die Hand zu nehmen" und als Familienangelegenheit zu behandeln. „Es gibt hier keine Selbstjustiz, Hassan, und Ehrverbrechen werden in Deutschland nicht als Kavaliersdelikt behandelt, wie es vielleicht in Afghanistan der Fall ist", belehrt ihn Yasemin. „Nach dem deutschen Grundgesetz darf jeder frei für sich entscheiden und so leben, wie er oder sie möchte. Und über einen Menschen richten darf hier nur die Justiz, nicht die Familie", fügt sie hinzu.
Ali hat eine Frage zum Umgang mit Frauen in Deutschland, er ist unsicher und möchte gern wissen, wie er sich ihnen gegenüber verhalten soll. In seinem Dorf in Afghanistan hat er nur seine weiblichen Verwandten unverschleiert gesehen, Körperkontakt zu fremden Frauen ist dort unüblich. „Darf ich hier eigentlich jeder Frau die Hand zur Begrüßung reichen? Und wie würden deutsche Frauen reagieren, wenn ich ihnen aus religiösen Gründen nicht die Hand reichen möchte", fragt er in die Runde. Es wird ihm versichert, dass Händeschütteln zum normalen Grußverhalten auch zwischen den Geschlechtern gehört und es diesbezüglich keine Unterschiede gibt. Fatima ist unsicher, wie es in einer Begrüßungssituation aufgefasst wird, wenn er Frauen bewusst nicht die Hand reicht: „Das Handreichen gehört bei einer höflichen Begrüßung dazu – eine Frau wird Dir ganz automatisch die Hand hinstrecken und wäre vielleicht verblüfft, wenn Du sie nicht ergreifst. Wenn Du es wirklich nicht möchtest, lässt Du es einfach und grüßt stattdessen nur verbal. Ich rate Dir aber, Dich in dieser Hinsicht anzupassen, um Deinem Gegenüber nicht vor den Kopf zu stoßen."

Auch der Kleidungsstil mancher Frauen und Mädchen irritiert Ali: „Viele Frauen kleiden sich sehr freizügig und laufen halbnackt durch die Straßen. Ich finde, sie laden damit Männer ein, sie anzustarren oder anzufassen. Sogar manche muslimischen Mädchen halten sich nicht an die vorgeschriebenen Bekleidungsregeln. Du, Yasemin, trägst ein Kopftuch, da weiß ich gleich, woran ich bin. Wie weit darf ich gehen, wenn mich eine Frau durch ihr Auftreten und ihr Verhalten zur Kontaktaufnahme auffordert?" Yasemin antwortet: „Ich trage das Kopftuch, weil es für mich als Muslimin dazugehört. Aber das ist meine ganz persönliche Sache und meine freie Entscheidung. Und auch der Kleidungsstil anderer muslimischer und nichtmuslimischer Frauen ist ihre persönliche Sache. Hier ist jeder frei, zu tragen, was er oder sie möchte. Ein kurzer Rock oder ein ärmelloses T-Shirt sind keine Aufforderung an Männer, sondern Ausdruck der persönlichen Freiheit und des eigenen Geschmacks. Die Art der Kleidung oder von Dir als ‚freizügig' interpretiertes Verhalten ist keine Einladung an Dich!"

Osman arbeitet in seinem Betrieb mit einer jungen Frau zusammen, die er sehr sympathisch findet. In den Pausen sitzen sie oft zusammen und unterhalten sich; die Kollegin interessiert sich sehr für sein Heimatland und stellt ihm viele Fragen über seine Kultur und Religion. „Ich habe mir tagelang Gedanken darüber gemacht, wie ich es anstellen kann, dass sie sich auch einmal in der Freizeit mit mir trifft", berichtet Osman. „Bevor ich meinen Mut zusammennehmen konnte, hat sie mich einfach gefragt, ob wir nach der Arbeit noch in den Biergarten gehen. Natürlich habe ich mich gefreut und sofort zugesagt, aber ich war erst mal völlig überrumpelt. Ist es normal, dass Mädchen die Initiative ergreifen? Bei uns geht das immer vom Mann aus und sie sagt auch nur dann zu, wenn er feste Absichten hat. Jetzt haben wir uns schon mehrere Male getroffen und ich bin mir nicht sicher, ob ich mich bei ihrem Vater vorstellen soll – schließlich will er doch bestimmt wissen, mit wem seine Tochter ausgeht", sagt Osman. Fatima antwortet ihm: „Es ist in Deutschland völlig normal, wenn ein Mädchen die Initiative ergreift und sich mit Dir verabredet. Es wird viel Wert auf die Gleichberechtigung der Geschlechter gelegt und das spiegelt sich auch im Verhalten der Menschen wider. Mädchen sind selbstbewusst und

suchen sich selbst ihren Freundes- und Bekanntenkreis aus. In den meisten deutschen Familien mischen sich die Eltern nicht in die Partnerwahl ihrer Kinder ein. Wenn Deine Freundin möchte, dass Du ihre Eltern triffst, wird sie Dich dazu auffordern – warte einfach ab!"

Hamid meldet sich zu Wort: „Ich habe noch eine Frage zum deutschen Familienleben und besonders, was Gleichberechtigung und Eigenständigkeit von Frauen angeht. Wie wirkt sich dies auf die Familie aus? Ich habe gelesen, wie hoch die Scheidungsraten in Deutschland sind und dass es immer weniger Kinder gibt. Dabei ist es doch unsere Aufgabe, uns fortzupflanzen, oder? Und welcher Ort ist besser geeignet, um Kinder aufzuziehen, als eine normale Familie – Vater, Mutter und Kinder, meine ich damit. Wenn Gleichberechtigung und Selbstverwirklichung der Frauen auf Kosten der Familie gehen, finde ich das ziemlich egoistisch – Frauen opfern das Familienleben für ihre Karriere! Es gibt so viele Alleinerziehende, wie können sie ihren Aufgaben gerecht werden? In Deutschland habe ich auch das erste Mal den Begriff der ‚Patchwork-Familie' gehört; für mich ist das nur Durcheinander. Ich frage mich auch, ob Männer gar keinen Wert mehr darauf legen, ob die Kinder von ihnen sind? Eine klare Rollenteilung gibt den Menschen Sicherheit und hat Vorbildfunktion für die Kinder, aber hier kann ich sie nicht erkennen. Männer versorgen die Kinder zu Hause, während die Frau arbeiten geht; ich habe sogar schon einen Mann getroffen, der in einem Kindergarten beschäftigt ist. Das alles muss für die Kinder doch verwirrend sein, oder?" Nazifa meldet sich zu Wort: „Du hast sehr traditionelle Vorstellungen vom Familienleben, Hamid. Wenn Du Dir gesellschaftliche Gruppen in den großen Städten in unseren Heimatländern anschaust, sind doch schon ähnliche Phänomene zu beobachten. Vielleicht ist es nicht so ausgeprägt wie in Deutschland, aber in Kairo, Damaskus oder Istanbul findest Du auch moderne Familienkonstellationen: Frauen sind berufstätig, die Kinderzahl ist viel niedriger als auf dem Land und Scheidungen sind keine Katastrophe mehr. In den islamischen Ländern würden sich auch mehr Menschen scheiden lassen, wenn die gesellschaftliche Akzeptanz höher wäre. Viele Frauen sind auch wirtschaftlich von ihren Männern abhängig und können sich schon allein aus diesem Grund nicht von ihnen trennen. Also bleibt man lieber in einer unglücklichen Beziehung zusammen – das erscheint mir auch nicht erstrebenswert."

< Junge Metallbau-Konstrukteure präsentieren ein Projekt –
in Deutschland arbeiten Frauen und Männer Seite an Seite

Gesellschaftliche Umbrüche in den 1960er-Jahren in Deutschland

Die deutsche Gesellschaft, viele Verhaltensweisen und auch die Rollenverteilung von Männern und Frauen, sind stark von sozialen und ideologischen Veränderungen der 1968er-Generation beeinflusst worden – so wie es in vielen anderen westlichen Ländern auch der Fall war. In dieser Zeit wurden in Deutschland viele traditionelle Muster und Rollen aufgebrochen und gesellschaftliche Bereiche erhielten eine neue Prägung. Mitte und Ende der 1960er-Jahre wurden viele Bürgerrechtsbewegungen gegründet; die einzelnen Bewegungen unterschieden sich deutlich voneinander, einige waren politisch linksgerichtet.

Sie griffen aber nicht nur politische, sondern auch gesellschaftliche und soziale Themen auf: Dazu gehörten der Protest gegen den laufenden Vietnamkrieg, der Kampf gegen Autorität in Bildung und Erziehung und für die Gleichstellung von Minderheiten und mehr sexuelle Freiheiten. Das hatte Auswirkungen auf die Gestaltung der Beziehung zwischen Frauen und Männern, Gleichstellungsbestrebungen von Frauen, die Erziehung von Kindern und vieles mehr. Artikel 3 des Grundgesetzes der Bundesrepublik Deutschland lautet seit 1949 zwar „Männer und Frauen sind gleichberechtigt", aber die Realität sah bis in die 1960er- und 70er-Jahre anders aus. In diesen Jahren entstanden in Deutschland politische Zirkel und Frauengruppen, die sich mit dem Gleichberechtigungsthema befassten.

Gleichzeitig verbreitete sich mit dem Bestreben, die deutsche Vergangenheit aufzuarbeiten, eine Tendenz, die von Offenheit, aber auch Diskussions- und Konfliktbereitschaft geprägt war. Zu den prägenden Elementen der Erziehung gehörten fortan eine kritische Grundeinstellung, ein „gesunder" Skeptizismus und die Einstellung, alles zu hinterfragen – es sollte nichts mehr akzeptiert werden, was nicht überzeugend dargelegt werden konnte. Kinder lernen überall auf der Welt von klein auf, sich an Normen zu halten, aber in dem neuen, als „antiautoritär" bezeichneten Erziehungssystem in Deutschland wurden sie mit den Kindern ausgehandelt, statt dass sie ihnen autoritär aufgezwungen werden.

Darauf basiert auch die heutige Tendenz, Überzeugungen und Erklärungen in der Erziehung einzusetzen; sie spielen bei der Vermittlung von Geboten und Verboten eine große Rolle und es wird auf Vernunft und Einsicht des Kindes gebaut. Kinder sollen früh Eigenverantwortung übernehmen und eigenen Entscheidungen wird dabei viel Freiraum eingeräumt. Konstruktive Kritik löste die traditionelle Bestrafung ab.

Fatima pflichtet ihr bei: „Wenn Wohlstand und Bildungsniveau steigen, verändert sich auch das Familienleben, das können wir überall auf der Welt beobachten. Die Verwandtschaft hat in Deutschland stark an Bedeutung eingebüßt. Die Kernfamilie und ihre Mitglieder sind zunehmend unabhängig und selbstständig geworden. Der Einfluss der Verwandtschaft als kontrollierende und entscheidende Instanz ging zurück und hat sich bis heute weitgehend aufgelöst. Im Zuge der allgemeinen gesellschaftlichen Modernisierung ließ die Verbindlichkeit sozialer Normen und Kontrollen nach. In Deutschland ist die finanzielle Unabhängigkeit der Frauen höher, weil die meisten berufstätig sind und eigenes Geld verdienen, und dann gibt es ja auch noch die sozialen Sicherheitssysteme des Staates. Familien haben sich auch durch die zunehmende Gleichstellung der Geschlechter verändert. Vor ziemlich genau 60 Jahren verabschiedete der Deutsche Bundestag das Gesetz über die Gleichberechtigung von Mann und Frau, laut Artikel 3 des Grundgesetzes sind Männer und Frauen gleichberechtigt. Natürlich erstreckt sich das noch nicht auf alle Bereiche, in technischen Berufen, im Geschäftsleben und in der Politik sind Frauen immer noch unterrepräsentiert und sie verdienen häufig auch weniger als Männer, aber ihre Situation hat sich bedeutend verbessert. Was Du als Egoismus bezeichnest, Hamid, ist das Recht der Frauen auf Bildung und Berufstätigkeit – und die Möglichkeit, sich so zu verwirklichen wie die Männer!" Yasemin fügt hinzu: „Ich glaube nicht, dass sich veränderte Rollenmodelle negativ auf Kinder auswirken, ganz im Gegenteil! Dadurch ergibt sich eine größere Bandbreite von Entwicklungsmöglichkeiten und Verhaltensweisen; man kann den eigenen Neigungen nachgehen, ohne gleich gesellschaftliche Sanktionen erwarten zu müssen. Viele Väter hier in Deutschland haben nicht nur die Sicherstellung der Abstammung im Kopf, sondern wollen auch aktiv an der Erziehung ihrer Kinder teilhaben und sie aufwachsen sehen. Die Elternzeit beispielsweise, die auch Männer in Anspruch nehmen können, ist doch perfekt dafür."

Anhang

Glossar | 234

Literaturangaben | 248

Empfohlene Einführungen zum Thema Islam | 251

Internetseiten | 251

Register | 256

Karte: Die Verbreitung des Islam | 262

Die Autorin | 264

◁ Bazarszene in Sanaa im Jemen (083ki-st)

Glossar

- **Abaya:** langer schwarzer Übermantel, der von Frauen im arabischen Raum getragen wird. Die Abaya reicht bis zum Fußknöchel und hat lange Ärmel. Dazu wird traditionell ein Kopftuch getragen, das auch den Haaransatz verbirgt.
- **Abraham** (arab. Ibrahim) gilt den drei Religionen Judentum, Christentum und Islam als Stammvater. Er wird im Islam als Erbauer der Kaaba und damit Begründer der damit verbundenen Pilgerfahrt verehrt.
- **Adat:** regionale Traditionen, Gewohnheitsrecht
- **Ahmadiyya:** Die in den 1880er-Jahren in Britisch-Indien gegründete Religionsgemeinschaft geht auf Mirza Ghulam Ahmad zurück (s. S. 51).
- **Ajatollah** (arab. für „Zeichen Gottes"): hochstehender Religionsgelehrter in der Hierarchie der schiitischen Geistlichkeit. Mit der Etablierung der islamischen Republik Iran wuchs die Zahl stark an; es gibt im Iran ca. 5000 Ajatollahs.
- **Aleviten** (arab. für „Anhänger Alis") sind Mitglieder einer Glaubensrichtung, die im 13. und 14. Jahrhundert in der Türkei entstand. Die Zuordnung des Alevitentums in seiner heutigen Form zum (schiitischen) Islam ist umstritten. Da die meisten der für Sunniten und Schiiten geltenden Gebote aus dem Koran und den Überlieferungen von ihnen nicht befolgt werden, sind die Aleviten seit osmanischer Zeit Unterdrückung und Verfolgung ausgesetzt.
- **Alhamdulillah** (arab. für „Lobpreis für Gott") wird immer ausgesprochen, wenn einem Gutes widerfährt und auch als Antwort auf die Frage nach dem Befinden verwendet, denn Gott hat dieses Wohlbefinden beschert.
- **Alim:** arab. für Religionsgelehrter, Lehrer
- **Allah:** arab. Bezeichnung für Gott. Daneben existieren andere Bezeichnungen für Gott in der islamisch geprägten Welt, z. B. persisch „Khoda". Semitischsprachige Christen nennen ihren Gott ebenfalls „Allah".
- **Allahu akbar** (arab. für „Gott ist allmächtig"): So beginnt der Ruf zum Gebet, der von den Minaretten zu hören ist.
- **Al-Azhar-Universität** (arab. für „die Strahlende"): Im 10. Jahrhundert in Kairo gegründet, ist sie eine der bedeutendsten Lehrinstitutionen der sunnitisch-islamischen Welt. Sie gilt vielen Sunniten als höchste Instanz in Glaubensfragen.
- **Animistische Glaubensvorstellungen:** Vorstellung einer beseelten Natur, deren Phänomene mit Geistern in Verbindung gebracht werden
- **Apostasie:** Der Abfall vom muslimischen Glauben wird als große Sünde betrachtet und kann mit dem Tod bestraft werden.

- **Aqd:** arab. für Ehevertrag (als Bestandteil der Scharia, s. dort)
- **Ashura:** Todestag Hussains (s. S. 70) am 10. Muharram und schiitischer Feiertag
- **Bahai** berufen sich auf die Lehren des pers. Stifters Bahaullah (1817–1892) und sind nach ihm benannt. Das Werk des Gründers wird als Gottesoffenbarung betrachtet; die heiligen Schriften aller Weltreligionen gehören laut Bahai zum gemeinsamen religiösen Erbe der Menschheit. Die formelle Trennung vom Islam erfolgte 1948 als Ergebnis eines Konzils. In ihrem Ursprungsland Iran bilden sie eine der größten religiösen Minderheiten, sind dort aber Verfolgung und Diskriminierung ausgesetzt.
- **Baraka(t):** Segen spendende Kraft und spirituelle Energie eines Heiligen. Der Ausdruck kann auch als gottgegebene Befähigung verstanden werden, ein besonders frommes und asketisches Leben zu führen und Wunder zu bewirken.
- **Bilderverbot:** Im Koran werden bildliche Darstellungen nicht verboten, aber in Überlieferungen (s. auch Hadith) wird die Nachbildung von Mensch und Tier als blasphemisch bezeichnet: Nur Gott dürfe Lebewesen erschaffen. Seit dem 8. Jahrhundert entwickelte sich die bilderfeindliche Haltung.
- **Burka:** Ganzkörperschleier aus plissiertem Stoff, der in Augenhöhe ein Stoffgitter aufweist, durch das hinausgeschaut werden kann
- **Burkini:** Kunstwort (aus Burka und Bikini) für Badeanzüge für muslimische Frauen, die den ganzen Körper und die Haare bedecken und nur Hände und Füße freilassen
- **Derwisch** bedeutet im Persischen „armer Mensch", aber auch „Bettler" und „Wanderer". Bezeichnet einen Vertreter des mystischen Islam. Derwische sind für ihre Trancetechniken und Tänze bekannt, die zu religiöser Verzückung führen.
- **Dhikr** (arab. für „Anrufung Gottes"): Wiederholung der 99 schönen Namen Gottes oder einer religiösen Formel
- **Diaspora** (griech. für „Verstreutheit"): Der Begriff bezeichnet hauptsächlich religiöse oder ethnische Gruppen, die ihre traditionelle Heimat verlassen haben und über weite Teile der Welt verstreut sind. Er kann aber auch einfach eine Minderheitensituation bezeichnen, z. B. einer Religionsgruppe wie die der Muslime in Deutschland.
- **Diwan:** Der persische Begriff bedeutet „Gedichtsammlung", aber auch „Liste" oder „Aufstellung". Der zweite Kalif Omar nannte so die erste islamische Verwaltungseinrichtung, die Kriegsbeute und Steuern der eroberten Provinzen verwaltete.
- **Drusen** (arab. für „Bekenner der Einheit Gottes") sind als Religionsgemeinschaft seit dem 11. Jahrhundert in Ägypten bekannt und leben

heute vor allem im Nahen Osten. Sie gelten als Abspaltung der ismaelitischen Schia und sind von dieser Tradition geprägt, aufgrund der Vermischung mit anderen religiösen Elementen sieht man die Drusen inzwischen aber nicht mehr als eine Richtung des Islam an.

- **Dschihad** (arab. für „Anstrengung für die Sache Gottes"): Der Dschihad, auch als „heiliger Krieg" bezeichnet, ist der kämpferische Einsatz jeden Muslims für „die Sache des Propheten" gegen seine Widersacher. Dschihad ist nicht Krieg im üblichen Sinn, sondern ein aufopferungsvoller Dienst für Gott und seinen Propheten; er wird zur Pflicht bei Angriffen von außen.
- **Dschihadisten:** radikale Islamisten, die nicht vor Gewalt zurückschrecken, um ihre Ziele zu erreichen. Angestrebt wird die Vereinigung von Politik und Religion in einem islamischen Staat, der sich ausschließlich an der Scharia orientiert; einige Gruppen beabsichtigen auch, ein „islamisches Weltreich" aufzubauen.
- **Dschihadismus:** Verschiedene islamische Gruppierungen vertreten die Ansicht, die Errichtung der göttlichen Ordnung verlange einen permanenten Dschihad, in dem die vermeintlichen Feinde des Islam mit allen Mitteln bekämpft werden müssen. Dschihad wird dabei im Sinne des sogenannten „heiligen Kriegs" verwendet, obwohl die eigentliche Wortbedeutung die „Anstrengung" im religiösen Kontext bezeichnet und somit auch anders interpretiert werden kann.
- **Dschuma** (arab. für „Freitag") bezeichnet das Freitagsgebet.
- **Dschinn** ist der arab. Ausdruck für übernatürliche Geistwesen, die im Umfeld des Volksislam meist als Plagegeister des Menschen auftreten. Sie verursachen Schaden und Krankheiten.
- **Fakir:** Der Begriff bedeutet Bettler oder armer Mensch. Fakire sind Asketen, die von Almosen leben; sie gehören oft einem Sufi-Orden an. Sie sind berühmt für ihre enorme Körperbeherrschung, die es ihnen erlaubt, in einem besonderen mentalen Zustand Schmerzen zu ertragen.
- **Fatwa** ist der arab. Ausdruck für ein religiöses Rechtsgutachten, das ein Mufti im Auftrag eines Gläubigen angefertigt hat, der um Auskunft bezüglich der Scharia bittet. Rechtsverbindliche Folgen hat die Fatwa nicht, sie ist eine Empfehlung.
- **Fiqh:** arab. für islamische Jurisprudenz
- **Fitna** (arab. für „schwere Prüfung"): Der Begriff wird auch im Sinne von Chaos und Unordnung in Verbindung mit Sittsamkeitskonzepten und der ungezügelten weiblichen Sexualität gebraucht.
- **Freitag:** gilt als Tag der Versammlung; das gemeinsame mittägliche Gebet ist Pflicht für alle Muslime. Im Gegensatz zum jüdischen Sabbat

und dem christlichen Sonntag ist der islamische Freitag traditionell kein Ruhetag.
- **Fünf Säulen des Islam:** Sie stellen das Grundgerüst der islamischen Religion dar und beinhalten das Glaubensbekenntnis, die obligatorischen fünf Gebete am Tag, das Fasten im Monat Ramadan, das Almosengeben und die Pilgerreise nach Mekka.
- **Fundamentalismus** ist eine politische Anschauung oder Art, Religion auszulegen, die sich dogmatisch an die ursprünglichen Inhalte der Lehre hält. Er stellt eine Überzeugung oder eine Geisteshaltung dar, die ihre Interpretation einer inhaltlichen Grundlage als die einzig wahre annimmt.
- **Gebetskette:** Die islamische Gebetskette entspricht dem christlichen Rosenkranz. Sie besteht meist aus 33 Perlen. Sie dreimal durch die Hände gleiten zu lassen, steht symbolisch für die 99 herrlichen Eigenschaften und Namen Allahs („der Barmherzige", „der Weise", „der Milde" usw.).
- **Großajatollah:** Ajatollah mit vorbildlicher Lebensführung und Verfasser bedeutender schiitischer theologischer Schriften. Weltweit führen rund 20 Menschen diesen Titel.
- **Hadith, Hadithe** (arab. für „Gespräch, Mitteilung"): verbindliche Berichte über Worte und Taten des Propheten, die den Gläubigen als Verhaltensrichtlinien dienen.
- **Hadsch:** Pilgerfahrt nach Mekka, die jeder Gläubige einmal im Leben unternehmen soll – wenn die finanziellen Verhältnisse es zulassen. Die Hadsch ist eine der Fünf Säulen des Islam. Die große Pilgerreise muss im Monat Dhu al-hidja unternommen werden. Die kleine Pilgerfahrt, die nur Teilbereiche der kompletten Hadsch beinhaltet, kann zu jeder Zeit im Jahr durchgeführt werden (s. auch Umrah).
- **Hadscha:** Ehrentitel und Bezeichnung für eine Frau, die die Pilgerreise nach Mekka unternommen hat
- **Hadschi:** Ehrentitel und Bezeichnung für einen Mann, der die Pilgerfahrt nach Mekka unternommen hat
- **Hafiz:** Person, die den Koran auswendig gelernt hat und ihn rezitieren kann
- **Halal** bezeichnet Dinge, die nach islamischem Gesetz rein und erlaubt sind; dazu gehört beispielsweise das Fleisch geschächteter Tiere.
- **Hamas** ist eine sunnitische und islamistische Widerstandsbewegung, die 1987 als Zweig der Muslimbruderschaft gegründet wurde. Sie besteht aus paramilitärischen Brigaden, einem Hilfswerk und einer politischen Partei. Die Hamas hat u. a. das Ziel, den Staat Israel mit militärischen Mitteln zu beseitigen und einen islamischen Staat zu errichten.

- **Hanafiten** ist die Bezeichnung für eine der vier Rechtsschulen des sunnitischen Islam, die sich auf Abu Hanifa gründet. Vier Rechtsquellen werden anerkannt: der Koran, die Überlieferungen, der Konsens und der Analogieschluss. Sie ist die am weitesten verbreitete Rechtsschule, der etwa die Hälfte der Sunniten folgt.
- **Hanbaliten** gehören einer der vier sunnitischen Rechtsschulen an, die sich auf den Juristen Ahmad Hanbal gründet. Als Rechtsquellen werden nur der Koran und die Überlieferungen anerkannt; jede Form der menschlichen Rechtsfindung wird abgelehnt. Der Wahabismus ist eine Weiterentwicklung der hanbalitischen Rechtsschule, die überwiegend in Saudi-Arabien, Quatar und den Vereinigten Arabischen Emiraten zu finden ist.
- **Haram** bezeichnet Dinge, die nach islamischem Gesetz unrein und verboten sind; dazu gehören beispielsweise Schweinefleisch und Alkohol.
- **Harem** (arab. für den „geschützten, unverletzlichen Ort") bezeichnet in der islamischen Welt den privaten Wohnbereich, der den weiblichen Angehörigen des Haushalts vorbehalten ist. Auch die abgetrennten Palastbereiche von muslimischen Herrschern und Würdenträgern, in denen Ehefrauen und manchmal Hunderte von Konkubinen und Sklavinnen lebten, werden als Harem bezeichnet.
- **Hazara** sind eine ethnische Gruppe in Afghanistan und umliegenden Regionen. Ihr Hauptsiedlungsgebiet ist das Hazaradschat mit der Hauptstadt Bamiyan in Zentralafghanistan. Die Hazara sind persischsprachig und gehören, anders als die sunnitische Mehrheit des Landes, überwiegend der schiitischen Konfession an. Dies ist einer der Gründe für ihre Diskriminierung in der Vergangenheit und für aktuelle Repressionen durch die sunnitisch-islamistischen Taliban.
- **Hidschra:** Auswanderung des Propheten Muhammad von Mekka nach Medina im Jahr 622 nach Christus. In diesem Jahr wurde die muslimische Gemeinde selbstständig und die islamische Zeitrechnung begann.
- **Hidschab:** arab. Begriff aus dem Koran, der gleichzeitig moralische Zurückhaltung und das Kopftuch bezeichnet
- **Hisbollah** ist eine schiitische Partei und Miliz im Libanon. Seit 1992 ist die Hisbollah auch in der libanesischen Nationalversammlung vertreten. Sie stellt Parlamentsabgeordnete und war schon in mehreren Kabinetten der libanesischen Regierung vertreten.
- **Hudschra:** Gäste- und Männerhaus der paschtunischen Volksgruppe in Afghanistan und Pakistan. Frauen ist der Zugang zu diesen Räumlichkeiten nicht erlaubt.

- **Idschtihad** ist eine Methode zur Rechtsfindung, bei der Koran und Hadith weitgehend selbstständig ausgelegt werden können, im Gegensatz zur Übernahme schon bestehender, früherer Auslegungen. Seit der Moderne existieren verstärkte Bemühungen, mithlfe von Idschtihad dss islamische Recht an die Anforderungen der Gegenwart anzupassen.
- **Imam:** Der arabische Titel bezeichnet eine religiöse Autorität, die z. B. als Vorbeter der muslimischen Gemeinde in einer Moschee fungieren kann. Er benennt aber auch das religiös-politische Oberhaupt aller Muslime. In der Schia (s. auch Schiiten) gilt der Imam als religiöser Führer der Gemeinde; er orientiert sich an den ersten sieben oder zwölf Imamen, die dem Propheten Muhammad nachgefolgt sind.
- **Inshallah** (arab. für „So Gott will"): Diese Redewendung ist allgegenwärtig und wird besonders dann angefügt, wenn auf ein zukünftiges Ereignis Bezug genommen wird. Da alles in Gottes Hand liegt, steht diese Satzergänzung auch für eine gott- und schicksalsergebene Lebenshaltung vieler islamischer Menschen.
- **Intifada** (arab. für „sich erheben, abschütteln") bezeichnet zwei palästinensische Aufstände gegen Israel.
- **IS:** Der sogenannte „Islamische Staat" (IS) ist eine seit 2003 aktive terroristisch agierende islamische Organisation mit Zehntausenden überwiegend sunnitischen Mitgliedern. Sie kontrolliert derzeit Teile des Irak und Syriens, wo sie seit Juni 2014 ein „Kalifat" unterhält. Die Organisation ist auch in anderen Staaten aktiv und wirbt ständig um Mitglieder für Bürgerkriege und Terroranschläge. Die organisatorischen Anfänge gehen auf den irakischen Widerstand zurück. 2004 war die Organisation als „al-Qaida im Irak" (AQI), ab 2007 als „Islamischer Staat im Irak" (ISI) und von 2011 bis Juni 2014 als „Islamischer Staat im Irak und in Syrien" (ISIS) bzw. „Islamischer Staat im Irak und der Levante" (ISIL) sowie unter dem arabischen Namen „Daesh" bekannt.
- **Islam** (arab. für „Ergebung in den Willen Gottes"): Bezeichnung für die vom Propheten Muhammad gegründete islamische Religion.
- **Islamismus:** Der Begriff (manchmal gleichbedeutend mit „islamischer Fundamentalismus" verwendet) bezeichnet die Politisierung des Islam. Die Ziele islamistischer Gruppierungen sind die Errichtung eines islamischen Staats oder die Umwandlung eines existierenden Staats in einen islamischen. Die Anwendung der Sharia ist einer der zentralen Inhalte des Islamismus. Von Dschihadisten werden gewaltsame Mittel zur Verwirklichung ihrer Ziele eingesetzt.
- **Ismaeliten** bilden eine relativ kleine schiitische Strömung, die einer Reihe von Imamen folgt, die über Ismael ibn Dschafar führt. Sie stim-

men mit den Zwölfer-Schiiten in der Reihe der anerkannten Imame bis zum sechsten Imam Jafar as-Sadiq überein und spalten sich dann beim siebten Imam ab, weshalb sie auch als **Siebener-Schiiten** bezeichnet werden. Bei ihnen ist eine Tendenz zur Vergöttlichung der Imame vorhanden; der siebte und letzte Imam wird als lebender Imam, der in der Verborgenheit lebt, verehrt.
- **Ittihad:** Vereinigung mit Gott, aber auch Einheit und Bündnis
- **Jelabiya:** langes, loses und hemdartiges Gewand, das in verschiedensten Abwandlungen von muslimischen Männern und Frauen getragen wird, stammt ursprünglich aus Ägypten und dem Sudan
- **Jesus:** Für die Christen der Sohn Gottes, gilt Jesus (arab. Isa) als einer der wichtigsten Propheten im Koran. Die christliche Trinität wird vom Islam aber als polytheistisch verworfen.
- **Kaaba:** zentrales islamisches Heiligtum in Mekka, zu dem jährlich Millionen von Gläubigen pilgern. Die Kaaba soll aus den Überresten des Tempels bestehen, den Abraham (arab. Ibrahim) zu Ehren Gottes gebaut hat. Schon in vorislamischer Zeit war die Kaaba ein bedeutendes Heiligtum.
- **Kafir:** arab. für „Ungläubiger"
- **Kalif:** „Stellvertreter Gottes auf Erden". Nach orthodoxer islamischer Doktrin ist der Kalif als Nachfolger des Propheten Muhammad mit der religiösen und politischen Führung der muslimischen Gemeinde betraut. Er hat die Kontrolle über die Armee und ist somit in der Lage, Krieg zu führen, was notwendig sein kann, um die religiöse Pflicht des Dschihad, des heiligen Krieges, zu erfüllen. 1924, wenige Jahre nach dem Zusammenbruch des Osmanischen Reichs, erklärte Türkei-Gründer Mustafa Kemal („Atatürk") das Kalifat für abgeschafft.
- **Koran** (arab. für „Vortrag, Lesung"): Er gilt Muslimen als das Wort Gottes, das dem Propheten Muhammad offenbart und nach dessen Tod niedergeschrieben wurde. Kürzere Texteinheiten der Offenbarung wurden zu Suren (Kapiteln) zusammengefasst und der Länge nach geordnet. Gläubige nennen den Koran immer mit dem Zusatz *al-Karim* („der Erhabene").
- **Madhab:** arab. für Islamische Rechtsschule
- **Madrasa:** arab. für religiöse Hochschule, in der Muslime in den klassischen Wissenschaften des Islam unterwiesen werden, zu denen neben religiösen Themen auch die Bereiche Mathematik, Medizin, Astronomie, Geografie und Philosophie gehören
- **Mahdi:** arab. für einen von Gott Rechtgeleiteten und Entrückten, der eines Tages als Erlöser auf die Erde zurückkehren wird. Mit seiner Ankunft wird das Ende der Welt eingeleitet. Diese Figur wurde zunächst

mit Jesus identifiziert, später wurde angenommen, er sei ein Nachkomme des Propheten Muhammad.
- **Maktab:** arab. für Schule
- **Malang:** wandernde Asketen im persisch-indischen Kulturraum mit charakteristischen bunten Flickengewändern und Essensschalen. Besuchen regelmäßig die Heiligengräber. Viele von ihnen sind Menschen, die unter psychischen Störungen leiden.
- **Malikiten** sind die Anhänger einer der vier sunnitischen Rechtsschulen. Sie gründet sich auf den Juristen Malik ibn Anas und erkennt vier Rechtsquellen an (Koran, Überlieferungen, Konsens und Analogieschluss). Der Rechtsschule von Medina wird besondere Bedeutung beigemessen. Malikiten finden sich in Nord-, West- und Zentralafrika, Kuwait und Bahrain.
- **Marabout** ist die in Nord- und Westafrika und besonders in Marokko gebräuchliche Bezeichnung für einen „Heiligen" im Kontext der Sufi-Mystik. Auch sein von Gläubigen und Pilgern besuchtes Grabmal wird als Marabout bezeichnet.
- **Maulawi:** arab. für Religionsgelehrter
- **Mazar:** Grabstätte eines religiös bedeutsamen Menschen
- **Mekka:** Geburtsort des Propheten Muhammad. Mekka gilt als heilige Stadt und ist das Hauptziel der Pilgerfahrt.
- **Mihrab:** arab. Bezeichnung für eine halbrunde überwölbte Nische, die sich mittig in der Hauptwand des Betraumes der Moschee befindet. Sie zeigt die Richtung an, in der sich die Gläubigen beim Gebet gen Mekka verneigen müssen. Die Mihrab ist oft geschmückt mit Fliesen, Mosaiken, Ornamenten und Koranversen. Auf Gebetsteppichen findet sich häufig die Form der Mihrab-Nische.
- **Minarett:** von arab. Manara, „Leuchtturm"; alle großen Moscheen weisen mindestens ein Minarett auf, von dessen Außengalerie der Muezzin (s. auch Muezzin) fünfmal täglich zum Gebet ruft. Vorbilder der ersten Minarette waren antike Wachttürme.
- **Minbar:** arab. für Predigtstuhl in einer Moschee, von dem aus die Freitagspredigt gehalten wird. Der Minbar ist ein erhöhter Sitz, der aus Stein oder Holz besteht und über einen kleinen Baldachin verfügt. Er befindet sich rechts neben dem Mihrab, der Gebetsnische.
- **Moschee oder Masdschid** (arab. für „Ort der Niederwerfung"): Das ursprüngliche Vorbild der Moschee ist das Haus des Propheten in Medina, in dessen Innenhof sich die Gläubigen zum Gebet versammelten. Der Betraum einer Moschee ist gegen Mekka ausgerichtet. Sie verfügt über wenig Ausstattung (zu der nur Kerzen, Lampen und Koranständer gehören) und keinerlei Kultgegenstände.

- **Muhammad** ist der Prophet, Religionsgründer und Verkünder des Wortes Gottes der Muslime. Er wurde 570 in Mekka geboren und empfing im Alter von 40 Jahren die erste Offenbarung Gottes durch den Erzengel Gabriel (arab. Djibril). Von den Muslimen wird er als Gesandter Gottes verehrt und als Vorbild in allen Lebensbereichen betrachtet.
- **Mudschahed** (plural: Mudschaheddin): arab. für „Kämpfer für die Angelegenheiten Gottes und den Glauben an ihn". Die Bezeichnung wurde in dem langjährigen Krieg der Afghanen gegen die sowjetischen Besatzer für die islamistischen Widerstandskämpfer verwendet und weltweit bekannt.
- **Muezzin:** arab. für Ausrufer der Gebetszeit vom Minarett einer Moschee
- **Mufti:** arab. für einen islamischen Rechtsgelehrten und obersten Richter, der auch Rechtsgutachten erstellen darf
- **Muharram:** der erste Monat im islamischen Kalender. Für die Schiiten hat dieser Monat eine besondere Bedeutung, weil dann der Ermordung des Prophetenenkels Hussain gedacht wird.
- **Mullah** (arab. für einen islamischen Geistlichen): Mullahs sind meist einfache Geistliche mit Korankenntnissen, die in dörflichen Gemeinden arbeiten. Sie predigen in Dorfmoscheen und begleiten Lebensübergangsriten.
- **Muslim:** arab. für „einer, der sich Gott hingibt"
- **Muslimbruderschaft** ist die Bezeichnung für die erste revolutionäre islamische Bewegung. Sie wurde 1928 von Hasan al-Banna in Ägypten gegründet und gilt heute als eine der einflussreichsten sunnitisch-islamischen Bewegungen im Nahen Osten. Viele muslimische und islamistische Organisationen orientieren sich an der Ideologie und dem Aufbau der Muslimbrüder. Sie sind besonders in Syrien und Jordanien verbreitet, stellen aber mit Ablegern Teile der Regierungen von Tunesien und Algerien. Im Gazastreifen nimmt ihr Ableger, die Hamas, Einfluss auf die politischen Prozesse, in Libyen gilt die Partei für Gerechtigkeit und Aufbau als eine der politischen Hauptfraktionen des Landes.
- **Namaz:** arab. Bezeichnung für das Pflichtgebet und eine der Fünf Säulen des Islam
- **Nauruz** bedeutet „Neuer Tag" im Persischen; Neujahrs- und Frühlingsfest am 21. März (bzw. am 20. März im Schaltjahr) in vielen Ländern der islamischen Welt. Nauroz hat seinen Ursprung in vorislamischer Zeit.
- **Orthodoxie** bezeichnet in seiner Grundbedeutung die vorherrschende Lehrmeinung und ihre Richtigkeit im Gegensatz zu davon abweichen-

den Lehrmeinungen, die in bestimmten Zusammenhängen für falsch erachtet und abgelehnt werden. Auch die Anhängerschaft der „richtigen Lehrmeinung" kann als Orthodoxie bezeichnet werden.
- **Pir:** geistiger Führer, Lehrer des Sufismus und Besitzer spiritueller Segenskraft. Das Wort entstammt der persischen Sprache und bedeutet „alter Mann" oder „ältere Respektsperson". Seine Entsprechung hat der Begriff im arabischen Sheikh.
- **Polygamie** ist die Mehrehe; im islamischen Kontext handelt es sich um die Möglichkeit für Männer, bis zu vier Ehefrauen zu heiraten. Umgekehrt ist Frauen die Mehrehe nicht erlaubt. In Deutschland ist bereits die Bigamie, also das Eingehen einer zweiten Ehe, unzulässig. Grundsätzlich ist nur die Schließung einer weiteren Ehe strafrechtlich verboten, nicht die Führung der Ehe an sich. Für die Fälle, in denen eine Mehrehe zulässigerweise eingegangen wurde, enthält das deutsche Ausländerrecht auch explizite Regelungen zum Ehegattennachzug.
- **Propheten:** In allen drei Religionen – Judentum, Christentum und Islam – treten Propheten (arab. *anbija*) in Erscheinung, die das Wort Gottes verkünden. Für Muslime sind Adam, Abraham und Jesus bedeutende Propheten, aber Muhammad ist der letzte in der Reihe der Propheten und wird als „Siegel der Propheten" bezeichnet.
- **Purdah** bedeutet „Vorhang". Das Wort wird im südasiatischen Kulturraum benutzt, um das System der Abgrenzung des öffentlichen vom privaten Raum zu bezeichnen. Der private Raum wird dabei den Frauen zugeschrieben, gleichzeitig wird ihnen der Zutritt zum öffentlichen Raum verwehrt. Die Interaktion zwischen nicht verwandten Männern und Frauen wird auf ein Mindestmaß reduziert und möglichst unter ständige Kontrolle gestellt. Purdah bringt eine Einschränkung der Bewegungsfreiheit der Frauen und eine bestimmte Kleiderordnung mit sich.
- **Qadi oder Qazi:** arab. für islamischer Richter
- **Qalandar** (pers. für „Wanderer"): Vertreter des mystischen Islam, der oftmals als Wanderprediger durch die Lande zieht
- **Qanoon:** arab. für Gesetz
- **Ramadan:** 9. Monat des Mondkalenders und muslimischer Fastenmonat. In diesem Monat wurde dem Propheten Muhammad der Koran offenbart; die Gläubigen sollen sich intensiv auf ihre Religion besinnen. Der Koran legt die Bedingungen der Enthaltsamkeit von der Morgendämmerung bis zum Sonnenuntergang fest.
- **Salafija, Salafisten:** Der arabische Ausdruck *al-Salaf al Salih* bezeichnet die erste Generationen der Muslime, die Zeit der „frommen Altvorderen"; beinhaltet die Erneuerung des Islam durch Rückbesinnung auf die Werte der islamischen Frühzeit. Im Zusammenhang mit

reformistischen Tendenzen spielten Modernisierung und Bildung eine Rolle; die heutige Salafija hat sich ins Gegenteil verkehrt und lehnt Reformen und Modernisierung radikal ab. Der Begriff Salafismus oder Salafija wird oft gleichbedeutend mit Islamismus, Wahabismus und Dschihadismus verwendet.

- **Salam Aleikum** (arab. für „Friede sei mit Euch"): Formel zur Begrüßung und Verabschiedung
- **Salat** (arab. für „Pflichtgebet"): eine der Fünf Säulen des Islam
- **Satan:** In allen drei Religionen – Judentum, Christentum und Islam – tritt der Satan (arab. Shaitan oder Iblis) in Erscheinung. Laut Koran ist er der Feind der Menschen und stiftet Unfrieden zwischen ihnen. Satan, der einst im Paradies weilte, gilt als der Verführer der Gläubigen.
- **Sayyid:** arabische Bezeichnung für einen Nachkommen des Propheten
- **Schächtung:** Blut gilt im Islam als unrein, deshalb müssen Tiere bei der Schlachtung komplett ausbluten. Dem noch lebenden Tier wird die Halsschlagader geöffnet, damit der noch funktionierende Kreislauf das Blut herausbefördern kann.
- **Schafiiten** sind die Anhänger einer der vier sunnitischen Rechtsschulen, die sich auf den berühmten Juristen asch-Schafii gründet. Seiner Lehre zufolge hat der Koran immer Vorrang vor den Überlieferungen. Schafiiten sind in Südostasien, besonders Indonesien, Ostafrika und Teilen Arabiens verbreitet.
- **Scharia:** arab. für die islamische Lebens- und Rechtsordnung, in der das menschliche Handeln im Einklang mit der göttlichen Weltordnung geregelt wird. Scharia bedeutet wörtlich „Rechter Weg" und gründet auf Gott und seinem Propheten Muhammad.
- **Schiiten:** Der Begriff geht auf das arabische Wort für „Partei" zurück, womit die Partei Alis, des Schwiegersohn des Propheten gemeint ist. Die Spaltung des Islam in Sunniten und Schiiten reicht in die Zeit nach dem Ableben des Propheten zurück; der Konflikt entstand durch die Nachfolgeregelung. Die späteren Sunniten plädierten für die Wahl von Nachfolgern in der Führung der frühen muslimischen Gemeinde; die späteren Schiiten hielten nur die Nachfolge in der Linie der Blutsverwandtschaft für legitim.
- **Shahid** (arab. für Märtyrer, wörtlich „Zeuge"): Wer für die Religion kämpft und dabei zu Tode kommt, gilt als Märtyrer. Ihm ist nach der Tradition der direkte Eingang ins Paradies versprochen, wo 72 Jungfrauen auf ihn warten. Der Begriff wird aber auch dazu genutzt, um den religiös-motivierten Tod zu überhöhen und Gläubige zu fanatisieren. So können auch Attentäter zu Märtyrern werden, obwohl einige Islamgelehrte ihnen diesen Status in Fatwas absprechen.

- **Sheikh:** arabischer Ehrentitel („ehrwürdiger Mann"); Lehrer und Führer auf dem Pfad des mystischen Islam; Bezeichnung für einen Sufi-Meister. Auch das Oberhaupt eines Stammes oder ein Islamgelehrter kann den Ehrentitel erhalten. Die Rektoren der al-Azhar-Universität in Kairo und auch anderer islamischer Universitäten tragen ebenfalls diesen Titel.
- **Shaytan:** siehe Satan
- **Schura:** arab. für beratende Versammlung, Ratsversammlung, Rat der Ältesten
- **Stamm:** Der Stamm ist eine Gruppe, die sich auf einen gemeinsamen Ursprung beruft und eine gemeinsame geschichtliche Vergangenheit hat. Die Mitglieder des Stamms sprechen eine gemeinsame Sprache und bewohnen ihr eigenes Territorium. Ein Stamm kann in gleichrangige Untergruppen aufgeteilt sein und sich vorübergehend oder ständig mit anderen Stämmen zusammenschließen.
- **Sufismus:** islamische Mystik (Wortursprung von arab. Suf, „Wolle"; bezieht sich auf das lange wollene Gewand, das die ersten Wanderprediger getragen haben sollen). Im Sufismus wird die esoterische Wahrheit des Islam offenbart. Der Kern des Sufismus ist die innere Beziehung zwischen dem „Liebenden" (Sufi) und dem „Geliebten" (Gott). Wanderprediger (Sufis) zogen durch islamisch geprägte Länder und lehrten die Liebe zu Gott, zu seinem Propheten Muhammad und die praktizierte Nächstenliebe. Sufis sind bestrebt, die (mystische) Wahrheit schon zu Lebzeiten zu finden und nicht auf das Jenseits warten zu müssen. Einige Bezeichnungen für die prominenten Vertreter der Sufi-Mystik sind Pir, Sheikh, Derwisch oder Marabout. Seit dem 11. Jahrhundert formierten sich Bruderschaften, sie sich auf einen spirituellen Meister zurückführten. Bezeichnend für den Sufismus ist die volkstümliche Interpretation des Islam.
- **Sunna:** die mustergültige Lebensweise des Propheten als Verhaltensrichtlinie für die Gläubigen, überliefert durch Prophetenaussprüche und Beobachtungen der Gefährten und ersten Gläubigen. Sunna bedeutet „Brauch" (arab.).
- **Sunniten** leiten ihren Namen von der „Sunna", dem Leben des Propheten Muhammad ab. Die Schiiten stellen dem Vorbild des Propheten die Überlieferungen ihrer Imame an die Seite. Die Sunna wurde in sechs kanonischen Büchern gesammelt, die Überlieferungen der Imame der Schiiten in vier Büchern. Weltweit bilden die Sunniten mit 90 Prozent die Mehrheit der Muslime.
- **Sure** bezeichnet ein Kapitel des Korans. Die 114 Suren des Korans sind jeweils in sich abgeschlossen und werden in Verse (Aya, arab. „Wun-

derzeichen") unterteilt. Die Namen der Suren lehnen sich an deren Inhalt an und sind meist dem Text entnommene Schlüsselwörter. Die Suren, deren Versanzahl variiert, werden, nach dem Zeitpunkt (und Ort) ihrer Offenbarung, in mekkanische und medinensische Suren unterteilt.

- **Takfir:** arab. für „für ungläubig erklären" (s. auch Apostasie)
- **Taqwa:** arab. für Gottesehrfurcht oder auch Demut gegenüber Allah
- **Talaq:** arab. für die islamische Scheidungsformel
- **Talib:** arab. für Schüler oder Religionsschüler (mit dem persischen Plural ergibt sich der geläufige Begriff „Taliban")
- **Taliban:** Die Taliban sind eine islamistische Gruppierung, die, zunächst von Pakistan aus operierend, ab 1994 ihren Machtbereich in Afghanistan ausbaute, ein Emirat errichtete und bis Ende 2001 das Land beherrschte. Kinder aus ultraorthodoxen Koranschulen und junge Männer aus den afghanischen Flüchtlingslagern in Pakistan wurden rekrutiert und von den Taliban ausgebildet. Die Taliban sind heute die größte bewaffnete Aufstandsbewegung in Afghanistan; sie führen regelmäßig terroristische Anschläge durch und liefern sich Auseinandersetzungen mit den afghanischen Streitkräften. Die Fortsetzung des Emirats auf afghanischem Boden ist das erklärte Ziel der Gruppierung.
- **Tariqa:** arab. für sufischer Pfad oder Sufi-Bruderschaft im übertragenen Sinn
- **Tschador:** großes (meist schwarzes) Tuch, das als Ganzkörperschleier getragen wird, aber das Gesicht der Trägerin freilässt. Der Tschador wird überwiegend im iranischen Kulturraum verwendet.
- **Ulema** (arab. für „Gelehrte", singular Alim): Bezeichnung für Menschen, die ein Studium der Religionswissenschaft abgeschlossen haben. Sie haben den Koran, die Hadithe und die Scharia studiert. Mit dieser Ausbildung können sie Lehrer, Richter oder Prediger werden.
- **Ummah** (arab. für „Volk" oder „Gemeinschaft"): Dieser Begriff bezeichnet die islamische Gemeinde und die Gemeinschaft aller Muslime und geht über die ursprünglichen Identitätsgrößen von Stämmen oder Clans hinaus.
- **Umrah:** die kleine Pilgerreise, deren Hauptbestandteil das Umrunden der Kaaba ist. Die Durchführung der kleinen Pilgerreise ist an keine zeitlichen Vorgaben gebunden.
- **Urs:** Bezeichnung aus dem südasiatischen Raum für den Todestag eines Heiligen; im übertragenen Sinn „Hochzeit des Heiligen mit Gott". Die Urs sind mit Wallfahrten und Jahrmärkten verbunden.
- **Ustad:** „Lehrer", „Meister", dient auch als respektvolle Anrede

- **Volksislam:** Unter diesem Begriff werden lokale Traditionen zusammengefasst, die nicht zum ohnehin schon heterogenen orthodoxen Islam gehören. Aufgrund ihres teilweise vorislamischen Ursprungs, ihrer mystischen Ausrichtung und Elementen des sogenannten „Aberglaubens" wird die Ausübung des Volksislam von Schriftgelehrten oftmals abgelehnt. Fundamentalistische und islamistische Gruppierungen wenden sich gegen volkstümliche Interpretationen des Islam.
- **Wahabismus:** geht auf die Lehre von Muhammad Abd al-Wahab aus dem heutigen Saudi-Arabien zurück, der die Rückbesinnung auf Koran und Sunna forderte und die Zeit der frommen Altvorderen glorifizierte. Die Zeit des Islam in den ersten Jahrhunderten nach der Religionsgründung ist dabei der entscheidende historische Orientierungspunkt. Neuerungen, Interpretationen und Formen des Volksislam werden abgelehnt.
- **Waqf** (Plural: Auqaf): arab. für religiöse Stiftung als Institution des islamischen Rechts
- **Zakat** (arab. für „Armensteuer"): Die Verpflichtung, Bedürftigen einen Teil des eigenen Besitzes als Almosen zu geben, ist eine der Fünf Säulen des Islam.
- **Zarathustra:** persischer Religionsstifter und Gelehrter. Andere Namen für ihn sind Zoroaster und Zardusht. Elemente aus dieser vorislamischen Religion sind teilweise in den Islam in Südasien mit eingeflossen (s. auch Zoroastrier und Volksislam).
- **Ziyarat:** abgeleitet vom arab. „Besuch", werden damit Grabstätten eines Sufi-Meisters oder „Heiligen" bezeichnet; sie sind teilweise zu bedeutenden Wallfahrts- und Pilgerorten geworden.
- **Zoroastrier:** Anhänger der von Zarathustra (oder Zoroaster) gegründeten Religion im persisch-afghanischen Kulturraum. Die zoroastrische Glaubensrichtung hat heute nur noch wenige Anhänger in Südasien; im 20. Jahrhundert wanderten zahlreiche Zoroastrier aus Indien und dem Iran in die Großstädte Amerikas und Großbritanniens aus. Sozial und beruflich sind sie völlig integriert, Eheschließungen finden jedoch meistens innerhalb der Glaubensgemeinschaft statt.
- **Zwölfer-Schiiten** bilden die größte schiitische Strömung (mit ca. 85 % aller Schiiten) die einer Reihe von zwölf Imamen folgen. Der letzte Imam soll in der Verborgenheit leben, aber am Ende der Zeiten zurückkehren, um in Gerechtigkeit zu herrschen. Unterscheidungsmerkmale zu anderen schiitischen Strömungen (siehe Ismaeliten oder Siebener-Schiiten) sind in erster Linie die Anzahl der „anerkannten" Imame und die Position, die diese im Heilsdenken einnehmen.

Literaturangaben

- Ahadi, Mina (mit Sina Vogt). **Ich habe abgeschworen.** Heyne Verlag, 2008. Für die Autorin ist die Abkehr vom Glauben ein Grundrecht, nach islamischem Recht ist sie inakzeptabel. In diesem Buch wird aufgezeigt, wie problematisch eine muslimische Parallelgesellschaft in Deutschland ist und welche Gefahren der Islamismus mit sich bringt.
- Baumann, Christoph Peter. **Der Knigge der Weltreligionen. Fest, Brauchtum und richtiges Verhalten auf einen Blick.** Herder Verlag, 2011. Immer häufiger treffen wir als Touristen im Ausland, aber auch in unserem Alltag zu Hause mit Angehörigen anderer Religionsgemeinschaften zusammen. Dieses Buch informiert fundiert über Umgangsformen im Miteinander und behandelt Tradition, Alltagskultur, Wertvorstellungen und Tabus der einzelnen Glaubensgemeinschaften.
- El Masrar, Sineb: **Muslim Girls: Wer wir sind, wie wir leben.** Eichborn, 2010. In diesem Buch zum Thema Musliminnen in Deutschland erzählt Sineb El Masrar, welchen Vorurteilen Frauen aufgrund ihres muslimischen Glaubens und ihres Migrationshintergrunds ausgesetzt sind. Sie trifft die jungen Frauen an der Uni und am Arbeitsplatz, in Moscheen oder auf Partys. Sie beschreibt, wie diese Frauen mitten unter uns aufgewachsen sind und heute ihr Leben gestalten, wie sie um Unabhängigkeit kämpfen und wo sie ihren Platz in der Gesellschaft sehen.
- Esther-Geiger, Ruth: **Ihr seid Deutschland, wir auch: Junge Migranten erzählen.** Suhrkamp Taschenbuch, 2008. Ruth-Esther Geiger besucht junge begabte Migranten in ganz Deutschland und schildert deren Schicksal, Familienverhältnisse und besonderes Engagement. Die vorgestellten Jugendlichen wollen mit ihren hohen schulischen Leistungen und ihrer fast selbstverständlichen sozialen Einsatzfreude Teil eines neuen – wie sie es sehen – multikulturellen Deutschlands sein. Die einen nehmen schon an internationalen wissenschaftlichen Wettbewerben teil, andere arbeiten in den Ferien z. B. mit behinderten Kindern.
- Gerlach, Julia: **Zwischen Pop und Dschihad: muslimische Jugendliche in Deutschland.** Bundeszentrale für politische Bildung, 2006. Gerlach beschreibt, dass die überwiegende Mehrheit der Muslime mit Terror und Gewalt nichts zu tun haben will und ganz anderen Maximen folgt. Sie berichtet von einer neuen islamischen Jugendbewegung, die sich als Gegenpol zu extremistischen Gruppierungen versteht: statt langer Bärte und Schleier trägt man Jeans und modische Kopftücher. Die Stars dieser pop-islamischen Bewegung regen die Jugendlichen dazu an, sich in der modernen Gesellschaft zu behaupten, zu engagieren und zugleich die Regeln eines konservativen Islam zu befolgen.

- Hansen, Eric T. **Planet Germany. Eine Expedition in die Heimat des Hawaii-Toasts.** Fischer Taschenbuch Verlag, 2007. Warum tun sich Deutsche so schwer mit ihrer Identität? Weil sie sonst keine Deutschen wären, meint der Autor, der – aus dem sonnigen Hawaii kommend – einen Großteil seines Lebens in Deutschland verbracht hat. Er beschreibt deutsche Eigenarten komisch, klug und unterhaltsam.
- Kaddor, Lamya: **Die Zerreißprobe: Wie die Angst vor dem Fremden unsere Demokratie bedroht.** Rowohlt, 2016. Lamya Kaddor stellt die Frage: Muss sich nicht auch die Mehrheitsgesellschaft ändern, damit sich Flüchtlinge und Einwanderer integrieren können? Mit Sorge beobachtet sie, dass die Angst vor den Flüchtlingen und dem Islam die Demokratie in Deutschland schwächt; dass sich Denkweisen etablieren, für die die Beschränkung der Freiheit zugunsten einer angeblichen Sicherheit legitim ist. Sie stellt ebenfalls dar, dass keine Ideologie und Weltanschauung über dem deutschen Grundgesetz stehen darf: Auch hier droht der Demokratie in Deutschland Gefahr.
- Kermani, Navid. **Gott ist schön. Das ästhetische Erleben des Koran.** C.H. Beck Verlag, 2015. Die musikalische Rezitation des göttlichen Wortes ist für gläubige Muslime eine ästhetische Grunderfahrung und Ausgangspunkt faszinierender Gedankenreisen, die im Mittelpunkt des sehr informativen Buches von Navid Kermani stehen. Er erzählt die aufregende und im Westen kaum bekannte Geschichte der ästhetischen Rezeption des Koran und untersucht die Relevanz des Ästhetischen für die muslimische Heilsgeschichte. Gleichzeitig wird die komplexe, spannungsreiche Beziehung von Offenbarung und Poesie, Prophet und Dichter in der islamischen Tradition erörtert.
- Kermani, Navid. **Wer ist Wir? Deutschland und seine Muslime.** C.H. Beck Verlag, 2016. Navid Kermani erzählt von seinem Leben als Kind iranischer Eltern in Deutschland und berichtet von seinen Erfahrungen als Mitglied der Deutschen Islamkonferenz. Der Fokus seines Buches liegt auf den Möglichkeiten und der Motivation, die multikulturelle Gesellschaft gemeinsam zu gestalten. Das Buch ist meisterhaft erzählt und bietet sehr kluge Einblicke in Aspekte der multikulturellen Gesellschaft.
- Mernissi, Fatima. **Geschlecht, Ideologie, Islam.** Frauenbuchverlag, 1987. Grundlegende Frauenrechtsliteratur des arabischen Raums. Mernissi, in Ägypten geboren, beschäftigt sich seit Jahrzehnten mit Fragen der Gleichberechtigung von Frauen und vorherrschenden patriarchalen Strukturen im Kontext islamischer Länder. Sie schreibt plastisch und klar und trägt zu einem besseren Verständnis der Situation der Frauen im Islam bei.

- Rohe, Mathias. **Das Islamische Recht: Geschichte und Gegenwart.** Beck, 2009. Mathias Rohe trägt mit seiner Einführung in das islamische Recht zu einer Versachlichung der Diskussion bei. Im Westen ist die Scharia weithin zum Schreckensbegriff geworden, für viele Muslime aber ist sie ein wesentlicher Teil ihres Selbstverständnisses. Er zeigt, auf welche Quellen das Recht der Scharia zurückgeht, welches seine wesentlichen Inhalte sind und wie es sich gegenwärtig in der islamischen Welt, aber auch in Deutschland und Europa entwickelt.
- Rohe, Mathias. **Der Islam in Deutschland: Eine Bestandsaufnahme.** Beck, 2016. Mathias Rohe wirft einen fundierten und unaufgeregten Blick auf das Thema. Seit Jahrzehnten leben Muslime in Deutschland und doch werden sie von vielen als fremd, ja als Bedrohung empfunden. Das Buch beschreibt die Geschichte des Islams in Deutschland und die Vielfalt muslimischen Lebens in der Gegenwart. Es schildert die Bedeutung unterschiedlicher Glaubensrichtungen und Kulturen und durchleuchtet die Vielzahl an muslimischen Organisationen, Initiativen und Positionen. Im Mittelpunkt steht die Frage, wie sich muslimisches Leben im Alltag entfalten kann.
- Schirrmacher, Christine und Spuler-Stegemann, Ursula. **Frauen und die Scharia. Die Menschenrechte im Islam.** Diederichs Verlag, 2004. Die Autorinnen untersuchen den Zugang zu Menschenrechten für islamische Frauen im Kontext der Scharia, des islamischen Erb-, Ehe- und Zeugenrechts. Sie verdeutlichen die Anwendung der Scharia in der islamischen Welt und innerhalb der Diaspora-Gemeinden; gleichzeitig richten sie ihren Blick auf mutige Frauen, die sich gegen ihre Benachteiligung durch das islamische Recht wehren.
- Toprak, Ahmet: **Das schwache Geschlecht, die türkischen Männer. Zwangsheirat, häusliche Gewalt, Doppelmoral der Ehre.** Lambertus-Verlag, 2007. Das Buch beschäftigt sich mit dem Thema, ob Zwangsheirat nur für muslimische Frauen relevant ist oder auch die Männer betrifft. Im Kontext der Zwangsehe ist das öffentliche und politische Augenmerk auf die Frauen gerichtet und die Männer werden kaum thematisiert. Der Autor untersucht, was Männer über Zwangsehen, Familiengründung, innerfamiliäre Kommunikation, Sexualität, Gewalt in der Ehe und sexuelle Gewalt in Form von Vergewaltigung denken. Diese Themen sind aus Sicht der Männer nie beleuchtet worden, weil sie von der türkisch-muslimischen Community tabuisiert werden. Toprak befragt Männer, die in Deutschland geboren oder aufgewachsen sind, sich ihre Ehefrauen aber bewusst in der Türkei aussuchen.

Empfohlene Einführungen zum Thema Islam

- Antes, Peter/Khalid, Duran/Nagel, Tilman/Wiebke, Walther. **Der Islam: Religion, Ethik, Politik.** Kohlhammer, 1991.
- Bobzin, Hartmut. **Mohammed.** Beck, 2006.
- Halm, Heinz. **Der Islam: Geschichte und Gegenwart.** Beck, 2007.
- Halm, Heinz. **Die Schiiten.** Beck, 2005.
- Küng, Hans. **Der Islam: Geschichte, Gegenwart, Zukunft.** Piper, 2004.
- Özsoy, Ömer. **Die fünf Aspekte der Scharia und die Menschenrechte – Die Auslegung des Koran auf neuen Wegen.** Universität Frankfurt Reihe Forschung, 2008.
- Schimmel, Annemarie. **Die Religion des Islam: eine Einführung.** Reclam Verlag, 2010 (11. Auflage. Erstausgabe als „Der Islam", 1990).
- Schimmel, Annemarie. **Sufismus: Eine Einführung in die islamische Mystik.** Beck, 2005.
- Tibi, Bassam. **Im Schatten Allahs. Der Islam und die Menschenrechte.** Ullstein,1996.

Koranübersetzungen

- Bobzin, Hartmut. **Der Koran. Aus dem Arabischen neu übertragen unter Mitarbeit von Katharina Bobzin.** C.H. Beck, 2010.
- Henning, Max (Übersetzer). **Der Koran.** Reclam, 1996.
- Kaddor, Lamya & Rabeya Müller. **Der Koran für Kinder und Erwachsene.** C. H. Beck, 2008.
- Khoury, Adel Theodor. **Der Koran.** Gütersloher Verlag-Haus, 2007.
- Paret, Rudi. **Der Koran.** Kohlhammer, 2007.

Internetseiten

- **www.cube-mag.de:** Das ehrenamtlich produzierte Magazin Cube-Mag richtet sich vor allem an junge Muslime. In deutscher Sprache informiert es über gesellschaftliche und politische Entwicklungen in der arabischen und islamischen Welt. Darüber hinaus werden religiöse Themen diskutiert und Bücher, Filme und Musik vorgestellt.
- **www.forumamfreitag.zdf.de:** Das Forum am Freitag ist eine wöchentliche Online-Sendung. Sie bietet Muslimen in Deutschland die Möglichkeit, ihre Erfahrungen einzubringen, ihre Religion zu erklären und ihre Alltagserfahrungen zu teilen. Der Internetauftritt ist auch eine

Plattform für den Dialog und eine differenzierte Auseinandersetzung mit religiösen Fragestellungen. In moderierten Chats und Foren können die Nutzer Fragen stellen und Meinungen sowie Ansichten austauschen.

- **www.gazelle-magazin.de:** Gazelle ist ein unabhängiges Frauenmagazin, das erste und einzige mit multikulturellem Fokus in Deutschland. Es beschäftigt sich mit den spezifischen Problemen, Bedürfnissen und Interessen von in der Bundesrepublik lebenden Migrantinnen ebenso wie von deutschen Mitbürgerinnen und fördert daher den interkulturellen Austausch auf Augenhöhe.
- **www.hikma-online.com:** HIKMA ist eine Publikation der Universität Osnabrück. Sie versteht sich als Plattform zur Förderung theologischer und religionspädagogischer Theoriebildung und Praxisgestaltung zum Islam in Europa, insbesondere im deutschsprachigen Raum.
- **www.islam.de/1624.php:** HUDA – Netzwerk für muslimische Frauen e. V. ist ein unabhängiger Zusammenschluss muslimischer Frauen in Deutschland und Herausgeber der gleichnamigen Zeitschrift. Das Netzwerk dient als Forum für den Dialog zwischen muslimischen Frauen in Deutschland unabhängig von nationaler, sozialer oder kultureller Herkunft. Des Weiteren ist HUDA ein Informationspool für die Selbstorganisation muslimischer Frauenprojekte.
- **www.islam.de:** islam.de ist ein Projekt des Zentralrats der Muslime in Deutschland e. V. (ZMD) und versteht sich als Informations- und Serviceangebot für alle interessierten Nutzer. Thematisiert werden unter anderem politische Ereignisse und die Darstellung des Islam in den Medien. Außerdem gibt die Seite Veranstaltungshinweise und bietet Informationen zu religiösen Fragestellungen.
- **www.migration-religion.net:** Das Netzwerk Migration und Religion geht auf eine Initiative der Beauftragten der Bundesregierung für Migration, Flüchtlinge und Integration und des Religionswissenschaftlichen Medien- und Informationsdienstes e. V. (REMID) zurück. Auf der Internetseite werden Projekte und Publikationen zu den Themen Religion, Integration und Migration vorgestellt und teilweise zum Download bereitgestellt.
- **www.muslimische-stimmen.de:** Die Seite versteht sich als Projekt, das Muslime und Nichtmuslime zur gemeinsamen Lösung von gesellschaftlichen Problemen zusammenbringen soll. Besucher der Website können ihre Meinung zu religiösen, gesellschaftlichen und politischen Fragen zum Ausdruck bringen, sich austauschen sowie ihre Projekte vorstellen. Muslimische-stimmen.de möchte gezielt Schüler, Studen-

Extrainfo 19 (s. S. 8): Die GIZ hat eine Vielzahl von Informationen zu allen islamisch geprägten Ländern zusammengestellt. Die Portale werden regelmäßig aktualisiert.

ten, Imame, Wissenschaftler und Vereine ansprechen und für die aktive Teilnahme an der öffentlichen Debatte gewinnen. Die Website gehörte 2010 zu den Integrationspreisträgern der Deutschen Islamkonferenz.
- **www.nafisa.de:** Mit nafisa.de informieren drei muslimische Wissenschaftlerinnen über ihre Arbeit zu den Themenbereichen „Frau", „Geschlecht" und „Islam". Damit beteiligen sie sich einerseits an der gesellschaftlichen Debatte über den Islam und muslimische Frauen und gleichzeitig an innerislamischen Diskussionen um das Thema Geschlechterverhältnis.
- **www.qantara.de:** Qantara.de ist ein Projekt der Deutschen Welle, an dem auch das Goethe-Institut, das Institut für Auslandsbeziehungen und die Bundeszentrale für politische Bildung beteiligt sind. Das Projekt soll zum Dialog mit der islamischen Welt beitragen und wird vom Auswärtigen Amt gefördert. Auf der Website finden sich aktuelle Informationen und Hintergrundberichte über die arabische Welt, außerdem Dossiers zu zentralen Fragen aus den Bereichen Integration und Kultur. Zu dem breiten politischen und kulturellen Spektrum gehören beispielsweise Gespräche aus dem Museum für Islamische Kunst aus Berlin oder deutsch-arabische Weihnachtsklänge.
- **www.ufuq.de:** Der Verein ufuq.de bemüht sich um eine Versachlichung der Debatte um Parallelgesellschaften, „home-grown terrorists" und die vermeintliche Islamisierung Deutschlands und Europas. In seiner publizistischen, wissenschaftlichen und pädagogischen Arbeit wird unterstrichen, dass nicht die Präsenz des Islam in der Gesellschaft als solche diskutiert werden kann, sondern lediglich die Formen des Umgangs und des Austauschs. Die beteiligten Islam- und Sozialwissenschaftler arbeiten an der Schnittstelle von Wissenschaft, Medien, Jugendkultur und pädagogischer Praxis.
- **www.zenithonline.de:** zenith – Zeitschrift für den Orient – ist ein deutschsprachiges Magazin zum Nahen Osten, dem Maghreb und der islamischen Welt. Täglich aktuell berichtet ein weltweites Netzwerk von Journalisten vor Ort online über die neuesten Entwicklungen und Geschehnisse in der Region.
- **www.zif-koeln.de:** Website des Zentrums für Islamische Frauenforschung und Frauenförderung (ZIF). Zur Aufgabe des Zentrums gehört die Erarbeitung einer frauenbezogenen islamischen Theologie durch das Aufzeigen neuer Paradigmen in hermeneutischer Arbeit. Mithilfe der Website und durch Tagungen, Symposien und Schulungen sollen die gewonnenen Erkenntnisse verbreitet und differenzierte Diskussionen angeregt werden.

Das komplette Programm zum Reisen und Entdecken
von REISE KNOW-HOW

- **Reiseführer** – alle praktischen Reisetipps von kompetenten Landeskennern
- **CityTrip** – kompakte Informationen für Städtekurztrips
- **CityTrip**^{PLUS} – umfangreiche Informationen für ausgedehnte Städtetouren
- **InselTrip** – kompakte Informationen für den Kurztrip auf beliebte Urlaubsinseln
- **Wohnmobil-Tourguides** – alle praktischen Reisetipps für Wohnmobil-Reisende
- **Wanderführer** – exakte Tourenbeschreibungen mit Karten und Anforderungsprofilen
- **KulturSchock** – Orientierungshilfe im Reisealltag
- **Die Fremdenversteher** – kulturelle Unterschiede humorvoll auf den Punkt gebracht
- **Kauderwelsch Sprachführer** – vermitteln schnell und einfach die Landessprache
- **Kauderwelsch plus** – Sprachführer mit umfangreichem Wörterbuch
- **world mapping project™** – aktuelle Landkarten, wasserfest und unzerreißbar
- **Edition REISE KNOW-HOW** – Geschichten, Reportagen und Abenteuerberichte

www.reise-know-how.de   Reisen? We know how!

Humorvolles bei REISE KNOW-HOW:
So sind sie, die ...

Die Fremdenversteher

Die Reihe, die kulturellen Unterschieden unterhaltsam auf den Grund geht.

Amüsant und sachkundig. Locker und heiter. Ironisch und feinsinnig. Über die Lebensumstände, die Psyche, die Stärken und Schwächen unserer europäischen Nachbarn, der Amerikaner und Japaner.

So sind sie eben, die Fremden!
Die Fremdenversteher: Deutsche Ausgabe der englischen Xenophobe's® Guides.

108 Seiten | 8,90 Euro [D]

www.reise-know-how.de   Reisen? We know how!

Register

A

Abaya 234
Aberglaube 12
Abgrenzungs-
  mechanismen 149
Abraham 72, 234
Abtreibung 97, 103
Abu Bakr 48
Adat 234
Ahmadiyya 51, 234
Ajatollah 234
Al-Azhar-
  Universität 234
Aleviten 50, 234
Alhamdulillah 234
Ali ibn Abi 48
Alim 234
Alkohol 12, 153
Allah 40, 234
Allahu akbar 234
Alltags-
  probleme 138
Almosengeben 47
Alter,
  Umgang mit 165
Amulette 62
Animistische
  Glaubensvorstellungen 234
Ansehen 13
Antisemitismus 169
Antizionismus 169
Apostasie 143, 234
Aqd 235
Arbeit,
  Einstellung zur 215
Armut 14
Ashura 235
Ashura-Fest 69

B

Bahai 51, 235
Baraka 235
Bedrohung 160
Begrüßung 14
Beschneidung 97
Bestattungsriten 166
Beten 15
Betteln 14
Bilderverbot 235
Blickverhalten 108
Bruderschaften 57
Burka 118, 235
Burkini 120, 235

C, D

Christentum 221
Demokratie 44
Derwisch 23, 58, 235
Deutschland 135
Dhikr 235
Dialog 165, 202
Diaspora 235
Direktheit 215
Distanz 95
DITIB 140
Diwan 58, 235
Drogen 30
Druck,
  sozialer 201
Drusen 50, 235
Dschalabiyas 192
Dschihad 236
Dschihadismus 81
Dschihadisten 236
Dschinn 236
Dschuma 236

E

Ehe 97
Ehevertrag 100, 111

Ehrbegriff 124
Ehre 17, 90
Ehre-und-Schande-
 Konzept 110, 116
Einführungswerke 251
Einladungen 18
Entstehung des Islam 40
Erbrecht 113
Ernüchterung
 (nach Migration) 201
Erziehungs-
 konzepte 89
Expansion 197
Extrainfos 8
Extremismus 77, 80, 183, 195

F
Fakir 236
Familie 84, 209
Familienplanung 97
Faqir 58
Fasten 47, 67
Fatwa 45, 236
Feiertage 66
Feilschen 23
Fest des
 Fastenbrechens 66
Feste 66
Fiqh 236
Fitna 236
Flüchtlinge 136, 185, 200
Fotografieren 19
Frauen 17, 19, 107,
 111, 177, 224
Frauenfrage 107
Freitagsgebet 20, 236
Freundschaften 20
Friedhof 102, 166
Fundamentalismus 77, 80, 237
Fünf Säulen
 des Islam 46, 237

G
Gastfreundschaft 21, 94
Gebet 46
Gebetskette 237
Gebetsraum 143
Geburt 96
Geduld 21
Gehorsam 89
Geistlichkeit 52
Gemeindezentren 143
Gerichte 112
Geschenke 21
Geschlechterdynamik 107
Geschlechterrollen 19
Geschlechtertrennung 107
Gesellschaft 83, 136
Gesellschaftliche
 Umbrüche 230
Gesetze 206
Gespräche 22
Gesprächsordnung 104
Glaubens-
 bekenntnis 46
Gott 40
Großajatollah 237
Großfamilie 84
Grundgesetz 165

H
Hadith 237
Hadith-Sammlungen 42
Hadsch 47, 237
Hadscha 237
Hadschi 237
Hafiz 237
Halal 22, 63, 237
Hamas 237
Hanafiten 238
Hanbaliten 238
Hand der Fatima 61
Handeln 23

Haram 22, 63, 238
Harem 238
Harmonie-
  streben 90, 105
Hazara 238
Heiligenkult 23
Heiligen-
  verehrung 57
Heimat 155
Hennafest 100
Hidschab 118, 238
Hidschra 41, 238
Hierarchien 92
Hisbollah 238
Hochzeit 24, 97, 99
Homo-
  sexualität 24, 110
Hudschra 238

I
Id al-Fitr 66
Identität 155, 173
Identitäts-
  bildung 149
Idschtihad 239
Imam 49, 239
Individuen 209, 212
Inshallah 239
Internet 179, 181, 191
Internet-
  seiten 251
Intifada 239
Islam 239
Islamischer
  Staat (IS) 184, 196, 239
Islamismus 80, 160, 183, 239
Islamkonferenz 138
Islam-Pop 178
Islamrat 140
Ismaeliten 49, 239
Ittihad 240

J
Jelabiya 240
Jesus 73, 240
Judentum 72, 169
Jugendkultur,
  muslimische 171
JUMA 172
Jungfräulichkeit 99

K
Kaaba 47, 240
Kafir 240
Kalif 240
Kalifat 49, 196
Keuschheit 110, 117
Kinder 25, 92, 113, 122
Kinderehen 154
Kindheit 96
Kleidung 15, 117, 192
Kollegen 88
Kolonialherrschaft 46
Kolonialzeit 76
Kommunikation 104
Konfessionen 48, 50
Konflikte 203
Koordinierungsrat
  der Muslime 140
Kopftuch 36, 117, 129, 174, 192
Koran 25, 41, 65, 240
Koranübersetzungen 251
Korruption 36
Krankheit 103
Kritik 26, 106
Kultur 83
Kulturschock 199

L
Land 84, 87
Lehrer 93
Liebe 102
Literaturangaben 248

M

Madari 58
Madhab 240
Magie 60
Mahdi 49, 240
Maktab 241
Malang 58, 241
Malikiten 241
Männer 19, 224
Marabout 23, 241
Masdschid 241
Maulawi 53, 241
Mazar 241
Medien 156, 181
Medina 41
Mekka 40, 47, 241
Migranten 136, 200
Mihrab 241
Milli-Görüs-
  Vereinigung 140
Minarett 241
Minbar 241
Misstrauen 95
Missverständnisse 204
Mitgift 101
Mondkalender 26
Moscheen 26, 143, 241
Mose 72
Mudschahed 242
Muezzin 242
Muftis 53, 242
Muhammad 40, 242
Muharram 242
Müll 27
Mullahs 54, 242
Muslim 242
Muslimbruderschaft 242
Muslime
  in Deutschland 135
Mütter 111
Mystik 55

N

Nachbarn 88
Namaz 242
Nauruz 28, 69, 242
Nikab 118

O

Öffentlichkeit 107
Omaiyaden 48
Opferfest 66
Orthodoxie 80, 242

P

Partnerwahl 97, 226
Patriarchat 85
Pflichtgebet 46
Pilgerfahrt 47
Pir 23, 243
Politik 71
Polygamie 112, 150, 243
Popkultur, muslimische 194
Privatsphäre 28, 94
Prophet 40
Propheten 243
Prostitution 28
Pünktlichkeit 29
Purdah 243

Q

Qadi 53, 243
Qalandar 58, 243
Qanoon 243
Qazi 243

R

Radikalisierung 187
Ramadan 29, 47, 67, 243
Rapper, muslimische 178
Rationalität 223
Rauchen 29
Räuspern 64

Rechtsschulen 52
Reform-
   bewegungen 79
Regeln 206
Reinheits-
   vorstellungen 63
Religion 39
Respekt 31, 86, 90
Richter 53
Rollenverständnis 123

S
Sachlichkeit 223
Salafija 243
Salafismus 80
Salafisten 243
Salat 244
Satan 244
Sauberkeit 64
Sayed 52
Sayyid 244
Schächten 168, 244
Schafiiten 244
Schamhaftigkeit 110
Scharia 42, 244
Scheidung 112
Schiiten 48, 70, 244
Schleier 36
Schlepper 200
Schleuser 200
Schlichter 114
Schreine 57
Schrift 32
Schuhe 32
Schule 93
Schura 245
Schwarze Magie 60
Seklusion 128
Selbstmorde 103
Sexualität 110
Sexualtheorien 108

Shahid 244
Shaytan 245
Sheikh 23, 245
Siebener-
   Schiiten 49, 240
Sittsamkeits-
   konzepte 109
Söhne 96, 122
Solidaritäts-
   gruppen 87
Speisegebote 33
Spiegel 61
Spucken 33, 64
Staat,
   Verhältnis zum 212
Stadt 84, 87
Stamm 245
Strukturen,
   familiäre 87
Subkultur,
   islamische 176
Sufismus 55, 245
Sunna 42, 245
Sunniten 48, 70, 245
Sure 245
Symbole 62, 65

T
Tabus 34
Takfir 246
Talaq 246
Talib 246
Taliban 246
Taqwa 246
Tariqa 246
Tiere 34
Tierschutz 168
Tischsitten 18
Töchter 96, 122
Tod 102, 166
Toiletten 34

Traditionen 54, 132
Tschador 118, 246

U
Ulema 52, 246
Ummah 246
Umrah 246
Untreue 116
Urs 246
Ustad 246

V
Verbote 35
Verhaltenstipps 11
Verliebtsein 101
Verlobung 101
Verschleierung 36, 117, 129
Verwandten-
  ehen 98
Veschleierung 174
Vetternwirtschaft 86
Volksislam 60, 247
Vorschriften 206

W
Wahabismus 81, 247
Wallfahrtsorte 57
Waqf 247
Werte 144, 147, 156
Westen 74

Z
Zahlen 32, 62
Zakat 47, 247
Zarathustra 247
Zärtlichkeiten 37
Zauberei 60
Zeitrechnung 37
Zeitverständnis 37
Zentralrat der
  Ex-Muslime 142
Zentralrat der Muslime
  in Deutschland 141
Ziyarat 247
Zoroastrier 247
Zugehörigkeitsgefühl 155
Zwangsehen 101
Zwölfer-Schiiten 49, 247

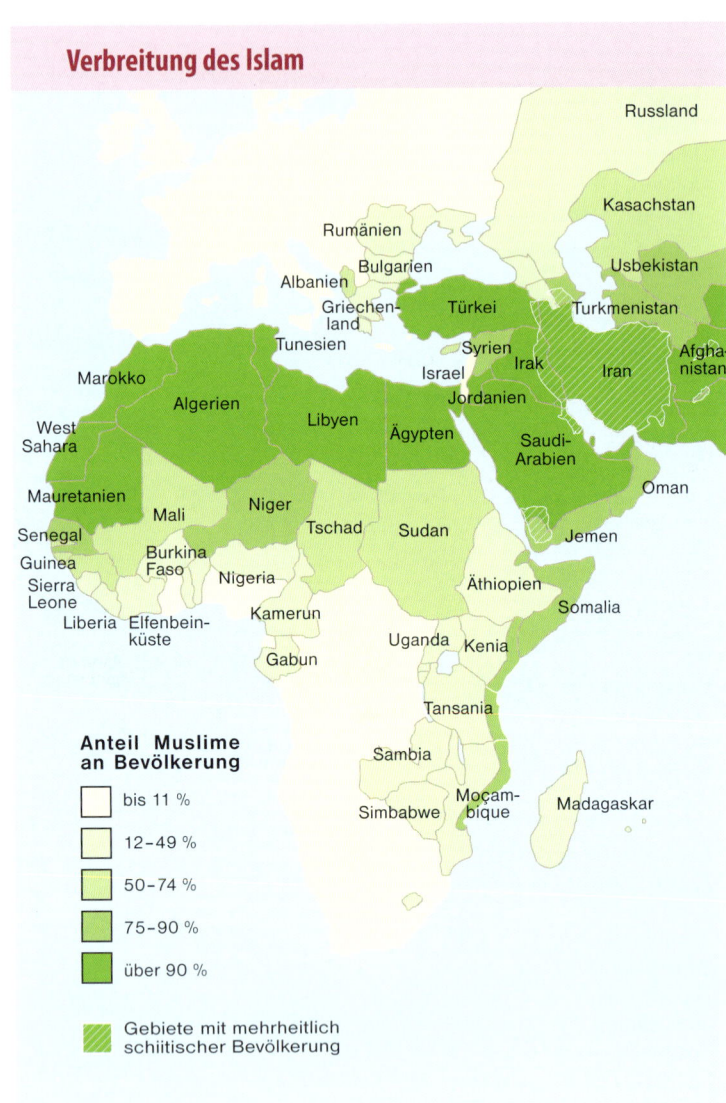

Verbreitung des Islam

Die Autorin

Susanne Thiel ist seit den 1990er-Jahren im Rahmen der Internationalen Entwicklungszusammenarbeit tätig. Sie hat viele Jahre in Pakistan und Afghanistan gelebt und gearbeitet. Die Auseinandersetzung mit islamischen Gesellschaften und Kulturen, die sie im Arbeitskontext, aber auch auf zahlreichen Reisen und durch persönliche Kontakte kennen und schätzen gelernt hat, gehört zu ihren Spezialgebieten. Als Trainerin für die Regionen Asien, Nordafrika und den Vorderen Orient bereitet sie auf interkulturelle Begegnung und Kommunikation vor. Gleichzeitig arbeitet sie als freie Beraterin für Entwicklungsvorhaben und ist Autorin von Fachpublikationen.

Danksagung

Danke, Jutta, Christian und Stephan, für die geduldige und hilfreiche Unterstützung im Entstehungsprozess des Buches. Hirbod, Carine und Stephan, Euch vielen Dank für die tollen Fotos, die Ihr beisteuert. Und herzlichen Dank allen Menschen, die das Buch mit ihren Beiträgen und Geschichten bereichern.

Für alle Menschen, die sich um ein friedliches und verständnisvolles Miteinander der verschiedenen Kulturen und Religionen bemühen.